JOSÉ MANUEL PUERTAS

GIANNIS

ANTETOKOUNMPO

EL MVP QUE SURGIÓ DE LA MISERIA

Prólogo Fotis Katsikaris
Epílogo Fran Fermoso

Colección **Baloncesto para leer**
EDICIONES JC

DISEÑO DE CUBIERTA
Pepe Regidor

EDICIONES JC. Colección Baloncesto para leer
Primera edición: marzo 2021

Rodríguez San Pedro, 2. 28015 Madrid (España).
Tfno/Fax: 91 446 96 92
edicionesjc@telefonica.net
www.edicionesjc.com

ISBN: 978-84-15448-54-9
Depósito Legal: M-6823-2021

Impreso en España – *Printed in Spain*
Técnicas Gráficas Talavera
C/ Victoria Kent, 20
Pol. Ind. "La Floresta"
45600 Talavera de la Reina (Toledo)

ÍNDICE

PRÓLOGO

"UNA VIDA SACADA DE LAS PÁGINAS DE UN LIBRO", así podría uno definir la historia de Giannis Antetokounmpo. Una vida llena de sentimientos fuertes y acontecimientos extraordinarios. Aunque aún más extraordinario es el propio carácter de Giannis. Para las personas que tenemos la suerte de haber formado parte de su vida, es sencillo identificarlo como único. Por la mezcla perfectamente equilibrada de los elementos que forman su carácter, que incluso parecen contradictorios algunas veces. Destaca en él la fuerza de un guerrero innato, luchando en cada momento, que va de la mano con la calma y la tranquilidad de una persona que sabe medir sus palabras y lanzar su mensaje, incluso frente a la injusticia, el *bullying* y el racismo.

Impresiona su manera de haber aprendido a disfrutar de los focos, la admiración y la atención después de haber pasado la mayor parte de su adolescencia intentando ser invisible y evitar conflictos. Emociona el brillo en sus ojos y su orgullo cuando habla de su familia, pero cómo, a la vez, consigue mantenerla al margen del personaje estrella, llevando una vida discreta.

Extraña su forma de superar dificultades y afrontar hazañas, pero sin olvidar nada, como si todo lo vivido le sirviera para trabajar más duro y esforzarse aún más. Impacta su actitud de alumno disciplinado, siempre dando el máximo, siempre con la misma hambre e intensidad. Aun estando en la cima de su deporte, en el momento más dulce de su carrera, incluso en este momento, él no da nada por hecho.

Humilde, trabajador, impresionante, discreto, educado, luchador, orgulloso, hombre de familia, hombre de valores. Así es Giannis Antetokounmpo, la redefinición de la superestrella.

Fotis Katsikaris
Entrenador de baloncesto y exseleccionador griego

EL PEOR CONTEXTO POSIBLE

EL 25 DE JUNIO DE 2019 el espectacular Barker Hangar de Santa Mónica (California) acoge la gala de premios de la temporada NBA. Para el final queda el galardón principal, que reconoce al MVP del ejercicio en la liga más poderosa del planeta. En román paladino, se nombra al mejor jugador del mundo. El elegido es Giannis Antetokounmpo, que supera a James Harden y Paul George. Viene de firmar un curso colosal, con promedios de 27,7 puntos, 12,5 rebotes y 5,9 asistencias por partido, liderando a los Milwaukee Bucks. Se convierte en el primer miembro de la franquicia de Wisconsin que gana el MVP desde que lo hiciera Lew Alcindor –posteriormente Kareem Abdul-Jabbar– en tres ocasiones a comienzos de la década de los setenta. Igualmente, a sus veinticuatro años, es el tercer jugador más joven de la historia en lograrlo, sólo superado por Derrick Rose, ganador con veintidós años en 2011, y por LeBron James, vencedor en 2009 siendo apenas unas semanas más joven que el portento griego.

No es una sorpresa que Adam Silver, comisionado de la NBA desde 2014, nombre a Antetokounmpo ganador. Pero, cuando el heleno sube al escenario, las emociones se desbordan. "Estoy nervioso", son sus primeras y entrecortadas palabras. Las lágrimas lo acompañarán en los siguientes cuatro minutos y medio, tiempo que dura su discurso, en el que su gigantesca mano debe secar su rostro en varias ocasiones. Con dificultad, recuerda y agradece en primer lugar a Dios, así como a compañeros, agentes y entrenadores. Su voz se quiebra recordando la confianza de los Milwaukee Bucks –para liderar una franquicia en tiempos bajos– en un chaval de dieciocho años que estaba en Grecia. Pero todo adquiere un tinte mucho más emotivo si cabe cuando hace alusión a su familia, comenzando por su padre, Charles, fallecido en septiembre de 2017 de un repentino ataque al corazón. "Hace dos años me metí en la cabeza ser el mejor de la liga, hacer todo lo posible para que mi equipo gane. Todo lo que he hecho en la cancha ha sido pensando en él. Me motivó y empujó a jugar más fuerte, por encima del dolor, y a presentarme a jugar aunque no estuviera preparado", afirma. Acto seguido, es turno para sus hermanos: Francis, Thanasis, Kostas y Alexis. "Os amo, chicos. Sois mis modelos y agradezco todo eso que hacéis por mí", recuerda. Por último, le toca a Veronica, su "fantástica" madre. "Es mi auténtica heroína. Siempre se dedicó a nosotros, vio nuestro futuro. Creyó en nosotros y siempre estuvo ahí", evoca. En la cima del mundo, a Giannis le rompe recordar las no pocas miserias por las que tuvieron que pasar él y los suyos durante muchos años. Durante casi toda una vida. El suyo es un cuento que se diría imposible, que no podríamos creer si no fuera porque lo hemos visto con nuestros propios ojos. Una oportunidad de final inimaginable. Una historia que merece ser contada como estímulo para los más jóvenes.

Lagos, Nigeria, año 1991. Charles y Veronica eran una joven pareja que, como tantas otras, buscaba ganarse la vida lo mejor posible. Ambos se encontraban cerca de la treintena y con escasas oportunidades laborales. Tampoco la situación familiar era sencilla. A él, miembro de la tribu yoruba, una lesión en la rodilla le cercenó sus deseos de llegar a ser futbolista profesional, después de haber practicado también balonmano o voleibol en su juventud. Ella, antigua saltadora de altura, es igbo. Ambos procedían de familias muy numerosas y su distinta etnicidad generaba algún recelo sobre su relación incluso tras la llegada de su primer hijo, Francis. Por ello, y dada también la falta de empleo, tomaron la decisión que tantos otros adoptaron antes y seguirían tomando después: emigrar a Europa, donde muchos jóvenes africanos anhelaban conseguir una vida mejor. Lo peor, sin duda, fue que el joven Francis, con algo más de dos años, debió quedarse atrás bajo el cuidado de sus abuelos.

Ahí comenzaba un escenario de incertidumbre para el matrimonio Adetokunbo –el significado del apellido en yoruba es "la corona ha regresado desde ultramar"–. Una vez que llegaron a Europa, todo fue mucho más difícil de lo que algunas voces les habían prometido. La caída del Muro de Berlín había hecho que muchos otros ciudadanos pasaran por Grecia en busca de oportunidades. Albaneses, búlgaros, georgianos, rumanos, rusos o ucranianos llegaban en grandes cantidades, mientras que kurdos, afganos y otros migrantes asiáticos también lo eligieron como país de paso hacia otros destinos del Viejo Continente. En cuanto a Nigeria, Grecia era razonablemente accesible para sus habitantes. La construcción por parte de empresas búlgaras de pozos de petróleo en el país más poblado del continente negro había establecido una ruta comercial y de viajeros entre ambos territorios. Una vez allí, desde Bulgaria no resultaba difícil saltar a Grecia y, lógicamente, a Atenas.

Pero la capital de la democracia tampoco era el lugar más acogedor para una familia que, sin papeles y por supuesto sin trabajo, buscaba establecerse y arrancar casi desde cero. El primer barrio en el que se instalaron los Adetokunbo fue Kypseli, donde encontraron la ayuda de la que acabaría siendo la 'señora Victoria', una compatriota que llevaba ya algún tiempo en la capital griega. Durante su estancia allí nació su segundo hijo, Athanasios (Thanasis), el 18 de julio de 1992, pero la falta de oportunidades era desesperante, lo que les llevó a Alemania persiguiendo mejores opciones que tampoco aparecerían. De regreso a Atenas, se instalaron en un modestísimo apartamento de piso bajo en Ampelokipoi, céntrico barrio y sede principal del Panathinaikos durante años. Al poco tiempo, el 6 de diciembre de 1994, Veronica dio a luz a su tercer vástago, Giannis. Fue en Ampelokipoi donde la familia encontró el apoyo, entre otros africanos, de un migrante nigeriano de la tribu igbo, Okoronkwo Williams, al que todo el mundo llamaba cariñosamente entonces, y sigue haciendo hoy, 'Chike'. Y sin ningún lujo y no sin problemas, consiguieron encontrar una cierta estabilidad. Charles trabajaba de todo un poco, principalmente en temas de mantenimiento, y Veronica, principal motor del núcleo familiar, ejercía cuando podía como cuidadora de niños. Otra opción habitual fue la venta ambulante. También, en temporada, ambos recogían naranjas en fincas próximas a Atenas. Labores no demasiado agradecidas ni reconfortantes ninguna de ellas. De ese modo, mal que bien, poco a poco fueron haciendo un camino en su nuevo país. Aunque desde luego no el esperado al dejar Nigeria.

La situación no era más que de pura supervivencia. Y, claro, algunos vínculos se reforzaron, principalmente con los que se compartía origen y quizá destino. "Éramos como una familia, pasábamos mucho tiempo juntos y estábamos ahí los unos y los otros para lo que necesitábamos, pero eran tiempos en los que nada era fácil para casi nadie y simplemente nos ayudábamos como buenas personas, como cualquiera habría hecho en ese momento", evoca 'Chike' Williams, vecino de bloque durante tiempo y que incluso recuerda cómo, durante un par de meses, llegó a convivir con los Adetokunbo. Por allí ya correteaba el pequeño Giannis. "Sentía devoción por su madre, realmente no tenía muchos amigos, ella era su gran aliada", rememora. Desde muy pronto, la relación de Giannis con su futura "heroína" fue muy sólida. En casa o en la calle.

'Chike' Williams al rescate

Ya se ha comentado que uno de los trabajos más habituales de los Adetokunbo era la venta en las calles. Y, sin tardar demasiado, Thanasis y Giannis se unieron a echar una mano en la economía del grupo. Carteras, DVD, relojes, bolsos, sombreros, gafas de sol y otras baratijas como los *kombolói*, un objeto típico en Grecia –parecido a un rosario pero sin carácter religioso y que se usa como pasatiempo–, formaban parte del modesto catálogo a la venta en diferentes ubicaciones estratégicas. La más habitual era bajo la Torre Atenas, el edificio más alto de la capital helena, repleto de oficinas y muy cerca de la estación de metro de Ampelokipoi. Pero también se situaban en otros puntos de frecuente paso de turistas, en una metrópoli repleta de rincones propicios para ello. E incluso fuera de Atenas, en ciudades como Tebas o Egio, cuando ello era posible. Cuentan, y él mismo presume de ello, que el joven Giannis tenía una sagacidad y persistencia especiales para embaucar al comprador, superior a la de Thanasis. Quizá por ello disfrutaba tanto de acudir con sus padres a ayudarles a ganar unos euros. Y cada céntimo ganado, obvio, era motivo de orgullo para los hermanos.

Trabajar desde jóvenes de forma más o menos regular no es la infancia soñada por los pedagogos. Aparte de eso, el desarrollo de los Adetokunbo tuvo una mezcla cultural. La educación en el colegio era griega, así como la ropa o la comida, pero en casa eran nigerianos. Escuchaban música de su país de origen y Veronica les hablaba en igbo, uno de los mayoritarios entre los 250 dialectos nigerianos, aunque nunca llegaron a controlarlo suficientemente. Y en el día a día, la disciplina era férrea. "Era una cuestión de respetar a tus mayores y tener moral", explicaría el propio Giannis en *The Undefeated* en 2019. Pero también de sacrificio. De observar a su padre rechazando un plato de la escasa comida del día para que comieran los demás. "No, no, primero los chicos." Aunque allí, normalmente, si había comida para uno, la había para todos. De su progenitor aprendieron también a huir de un racismo que palpaban en el quehacer diario, en la escuela en la que sólo ellos eran negros entre blancos o cuando les tocaba apoyar en el trabajo a sus padres. "Yo no era de pequeño consciente de lo que significaba que mi piel fuera de otro color, e hice buenos amigos. Algunos lo siguen siendo hoy. No sentía racismo de forma directa. Mi padre siempre nos ayudó a huir de él. Nunca dejó que el dolor creciera en nuestro corazón, siempre le quitó importancia", narra Giannis en el documental *Raíces y Alas* de Movistar.

Y es que, en cierto modo, los Adetokunbo eran felices, pese a no tener casi nada más que deudas y una situación permanentemente irregular. La nevera, casi siempre al día. Y el temor a una deportación, inevitable. Hasta en alguna ocasión fueron arrestados por la policía griega durante sus ventas ambulantes, para acabar siendo liberados. Hay quien recuerda incluso a Veronica arrodillada a las puertas de un juzgado ateniense frente a sus hijos, pidiendo clemencia. Años más tarde, Giannis lo explicó en *Sport Illustrated*: "Cada vez que nos detenían, mi madre decía que se había dejado los papeles en casa. Si los policías hubieran querido, la habrían mandado de vuelta. Pero le dijeron que se fuera a casa. Dios estuvo con nosotros". Regularizar la situación en el país era un anhelo. Obtener un pasaporte, un sueño casi imposible. Vivieron también algún desahucio, como si nada pudiera faltarles. O la inundación de su piso en Ampelokipoi, tras la que 'Chike' Williams jugó un papel fundamental, aunque se reste mérito. "Me plantearon una serie de necesidades en aquel momento y yo les ayudé con algunas, pero luego me marché un tiempo y cuando volví ya habían conseguido mudarse a un nuevo lugar. Me dijeron que el dinero que les di lo usaron para eso y me pareció bien, esto es todo", explica, huyendo de ponerse medalla alguna. Sin embargo, varias fuentes aseguran que su ayuda económica directa y logística con la compañía de aguas ateniense resultó crucial para que sus compatriotas pudieran mudarse a un piso incluso más cómodo en otro barrio de la capital, hacia el oeste: Sepolia.

Aquel cambio, que llegó en 2003, resultó notable por ubicarse en un entorno completamente nuevo y dejar atrás la escasísima zona de confort que habían podido hallar en Atenas. Aunque definitivamente merecía la pena, pues el nuevo piso ofrecía mayores comodidades que cualquiera de los previos. Además, la familia siguió ampliándose, con la llegada de dos hijos más, Kostas (20 de noviembre de 1997) y Alexandros (26 de agosto de 2001). Por cierto, un detalle que no cabe obviar y que refrenda la multiculturalidad en la que Veronica y Charles buscaron formar a sus hijos se refleja en sus nombres. El de los cuatro nacidos en Europa tiene una parte griega y otra nigeriana: Athanasios Rotimi, Giannis Sina Ugo, Kostas Ndubuisi y Alexandros Emeka. Y en el caso del segundo, además, refleja la diferente procedencia de ambos progenitores. Sina es una palabra yoruba que significa "puertas abiertas", mientras Ugo –diminutivo de Ugochukwu– es una voz igbo que significa "el águila de Dios".

En todo caso, aunque se ganara algo de espacio en el día a día, las dificultades no fueron a menos. Aún tendrían varios cambios más de ubicación, ya sin volver a vivir fuera de Sepolia durante bastantes años, pues seguían lejanas la quimérica regularización y una mínima estabilidad económica. Ganarse la vida siguió siendo una cuestión para la que había que moverse continuamente. Con Veronica siempre tirando del carro y los jóvenes siguiéndola desde la Torre Atenas hasta ciudades del extrarradio cuando era necesario. Y sin dejar de tener que correr ante la policía en demasiadas ocasiones. Tras varios cambios, el último alojamiento de los Adetokunbo en Sepolia fue un modestísimo apartamento con dos pequeñas habitaciones. En una de ellas, con una doble litera, dormirían durante años los cuatro hermanos, que no destacaban precisamente por su escaso tamaño corporal.

Eso sí, dentro de las complejidades también había tiempo en ocasiones para el ocio. En Giannis quedó impregnado el amor paterno por su gran pasión: el fútbol. Pese a haberse criado en territorio verde, el joven se hizo pronto aficionado del eterno rival. Sus sueños pasaban por jugar algún día en los mejores estadios europeos, y en la enconada rivalidad en la capital griega eligió el Olympiakos por encima del Panathinaikos. El motivo principal fue el brasileño Giovanni Silva, referente de los de El Pireo –equipo al que llegó procedente del Fútbol Club Barcelona– entre 1999 y 2005 y el auténtico ídolo de la juventud de Giannis, junto al francés Thierry Henry, otro fino estilista en las proximidades del área, líder durante casi una década del Arsenal inglés. No fue algo demasiado habitual –por razones obvias–, pero siempre que surgía alguna oportunidad, Charles y Giannis acudían al estadio Georgios Karaiskakis para animar al Olympiakos. Muy cerca de allí se ubica el pabellón de la Paz y la Amistad, guarida de la versión baloncestística de los rojiblancos, por la que los Adetokunbo no sentían en su primera juventud ni el más mínimo interés.

EL FAROL QUE CAMBIÓ LA HISTORIA

"Allí estaba él, con sus dos hermanos pequeños, ante mis ojos y sin que nadie más pareciera verlo. ¿Cómo es posible que nadie apreciase el talento físico y el potencial de este chico? Estaba alucinando con lo que tenía delante de mí." Quien habla es Spiros Velliniatis, entrenador de baloncesto y seguramente el principal responsable de iniciar el proceso que hoy lleva a escribir este libro. Tiene grabada a fuego en su memoria aquella tarde primaveral de 2007 en el barrio de Sepolia. Amante en su juventud de leer biografías de jugadores de baloncesto e hijo de una responsable de recursos humanos de la que heredó la capacidad de extraer conclusiones a primera vista, asegura haber tenido claro desde ese momento que estaba ante una futura estrella de la NBA.

Mitad griego, mitad alemán –por parte de madre–, Velliniatis había tenido una corta carrera como jugador. Dotado de cierta habilidad técnica, el físico siempre fue un lastre para él. Llegó incluso a jugar en el Cape Coral High School en Florida con el sueño de alcanzar la NBA, pero un accidente de moto y, ante todo, su escasa capacidad atlética, evitaron cualquier opción. Posteriormente compitió en divisiones inferiores en Alemania. Allí llevó a cabo su servicio militar, al tener la doble nacionalidad, con el objetivo de tener una visión diferente a la de la sociedad helena. Poco después regresó a Grecia, donde no tardaría en hacerse entrenador de baloncesto como método de escape al desamor de su novia americana, con quien las cosas no terminarían de salir del todo bien. Sus primeros pasos los dio a principios de la década de los noventa en el modesto Ethnikos Kato Patision, una entidad con equipos en prácticamente todas las categorías de la liga local de Atenas, a la que había llegado después de que el entrenador Manolis Perris le ofreciera un puesto de técnico asistente. Dentro de la filosofía del club se incluía dar la oportunidad a algunos de los muchos inmigrantes en situación desfavorecida que había en Kato Patisia –un vecindario con muchos problemas de drogas, e incluso varios casos de suicidio de adolescentes– de aferrarse al baloncesto como vía de escape.

Como ya hemos comentado, a comienzos de la década de los noventa Atenas tenía mucha población extranjera. Pero, como suele ser habitual, la integración completa no resultaría sencilla. Era evidente que existía cierto recelo social. Ciñéndonos al ámbito deportivo, resultaba extrañísimo ver a clubes griegos contar con jugadores extranjeros antes de que estos cumplieran los dieciséis años. Es por ello que, con el objetivo de evitar la "formación de un gueto" –según reconoce el entrenador– en Kato Patisia, desde el Ethnikos trataron de expandir el baloncesto por el barrio. "No captábamos chicos con un potencial más o menos importante, simplemente les abríamos las puertas para que jugaran y apartarlos de las calles", evoca Velliniatis, que recuerda cómo los grandes clubes griegos estaban en todo caso de espaldas al nuevo talento que surgía en las calles de Atenas. "Era algo por lo que no mostraban interés, pero esa decisión no estaba relacionada con el color de la piel, sino más bien con el bolsillo. Las categorías inferiores necesitaban autofinanciarse, y si no tenías dinero no valías para ese tipo de clubes, por mucho potencial que tuvieras sencillamente nunca lo iban a descubrir ni por supuesto a echarte una mano."

Y así fue el propio Perris quien encargó a Velliniatis ampliar la captación. La labor social seguía, pero querían crecer en lo deportivo. "Tenía cierta habilidad para detectar el talento por mi formación, y además me cabreaba mucho el pasotismo de los equipos grandes. Por el origen de mi madre sé lo que le costó entrar en una sociedad como la griega, ¡siendo centroeuropea! Así que cuánto más difícil no sería para chicos con padres albaneses o africanos. El reto era ayudar a los chicos, y puse todo mi conocimiento y energía en ello", relata el técnico, que se define como alguien muy observador y cuenta que su habilidad en la captación de jóvenes se basa en mirarlos a los ojos. Si ve una mirada comprometida y con ganas, su informe es positivo. Ya habrá tiempo de mejorar en la cancha. De ese modo, Velliniatis estuvo durante años encargado de buscar por algunos de los barrios más conflictivos del norte de Atenas, con el reto de encontrar zagales dispuestos a jugar en el Ethnikos. Aparte de Kato Patisia, recorrió las calles de zonas como Kypseli, donde estaba la mayor parte de la inmigración africana.

La filosofía inclusiva implantada por Perris quedó grabada a fuego en el espíritu de Velliniatis, marcado también por su origen. Aunque se apartara poco después del baloncesto durante un largo tiempo para trabajar como comercial, dedicando el resto de su tiempo a cuidar de sus padres –ambos con un delicado estado de salud–, la experiencia en el Ethnikos le ha marcado el resto de su vida. No volvió a entrenar hasta 2003, concretamente en el Pegasus Kypseli de categoría sénior, cuando el empeoramiento de sus padres le obligó a dejar su trabajo. Cuidaba de ellos por la mañana y por las tardes regresaba a la cancha para ganar algunos euros. Coincidiendo con ese tiempo, se acercó a visitar a su viejo amigo Vasilis 'Bill' Xenarios, entrenador del club Tritonas, el más representativo de Sepolia, el barrio anexo a Kato Patisia. Paradójicamente, pese a que allí apenas había inmigración africana, sino mayoritariamente europea, un chaval de raza negra llamó poderosamente su atención. No jugaba al baloncesto, simplemente caminaba, pero sus hechuras llamaban la atención de cualquiera. "¿Quién es este chico, Bill?", preguntó a Xenarios. "Se llama Thanasis, pertenece a una familia nigeriana, a veces viene a jugar y me gustaría que lo hiciera de forma regular, pero no parece muy por la labor", replicó el entrenador del Tritonas. El impactante recuerdo de aquel adolescente quedó en la mente de Velliniatis, que en sus frecuentes conversaciones con Xenarios durante los siguientes meses solía preguntarle si había conseguido reclutarlo. Siempre obtenía un no por respuesta. Durante sus charlas, por cierto, también surgió que aquel joven Thanasis tenía tres hermanos menores. De hecho, el entrenador reconoce que esa imagen no desapareció del todo de su cabeza en los dos siguientes años. Sin embargo, su interés no fue mucho más allá, pues en su nuevo puesto entrenaba a jugadores en categoría sénior.

Un par de años más tarde, para la temporada 2006/07, Velliniatis se incorporó al Enosi Filathlitikou Athlitikou Omilou Zografou, popularmente conocido como Filathlitikos BC, y que era el club más representativo del barrio de Zografou, al este de la capital helena. Concretamente, llegó al equipo infantil. Sin embargo, no pasaba la entidad por sus mejores momentos deportivos. Takis Zivas, el técnico del primer equipo y cara y ojos del club, estaba descontento. Consideraba que a las categorías inferiores les faltaba talento para nutrir al primer equipo. Por eso aprovechó la llegada de Velliniatis para encargarle la tarea que ya había llevado a cabo años antes: captar jugadores, incluso fuera de Zografou. Su primer destino fueron lógicamente los barrios más cercanos. Tras ello volvió una vez más a Kypseli. Y también, por qué no, aprovechó para visitar a Bill Xenarios en Sepolia. Aunque no tenía un objetivo concreto, el recuerdo de aquel Thanasis reapareció. ¿Qué habría sido de él? Regresamos a la tarde primaveral de 2007 donde apareció ante sus ojos por primera vez Giannis Adetokunbo.

"Me encontré en la cancha a tres chavales corriendo, persiguiéndose. No estaban jugando al baloncesto. De inmediato pensé que eran los hermanos de Thanasis, porque en Sepolia no había africanos y eran físicos muy característicos. Los estuve mirando media hora y no podía creerlo. Tenía algunos conceptos claros para identificar el talento, pero yo no era ninguna lumbrera. El asunto es que nadie en el deporte griego se preocupaba de observar a esos chavales inmigrantes. Parecía que sólo yo veía que estaban allí. Giannis tenía una enorme habilidad para cambiar de dirección, manos gigantes y un cuerpo preparado para crecer. Cuando vi a los tres corretear, pensé que había encontrado a Magic Johnson, Michael Jordan y Julius Erving, todos allí juntos", relata Velliniatis. Resopló hondo, incrédulo, y se acercó al mayor de los tres jovenzuelos:

"–¿Cómo te llamas, chico? ¿Y cuántos años tienes?
–Giannis, señor. Tengo doce años –contestó ante el asombro de su interlocutor por la respuesta.
–¿De dónde eres?
–Soy de Nigeria.
–¿Te gustaría jugar al baloncesto?
–No. A mí lo que me gusta es el fútbol.
–Me gustaría probar a hablar con tus padres. ¿Te importaría decirles que vengan?".

Velliniatis había tardado poco en convencerse de que en aquellos cuerpos tan particulares podría estar la solución a parte de los problemas del Filathlitikos y, por qué no, un espaldarazo a su carrera como entrenador y buscador de jóvenes valores. Eso sí, tenía claro que no quería hacer un trato directamente con un chaval de doce años enamorado del fútbol, como la mayoría de los oriundos de Nigeria que llegaban a Grecia. Su apuesta tenía que pasar por convencer directamente a los padres; incluso embaucándolos con una propuesta económica. Quizá por esas cosas del destino, cuando Giannis Adetokunbo salía de la cancha para buscar a su madre, Veronica, ella llegaba al recinto de Tritonas. En ese tiempo, el entrenador pudo confirmar –aunque no había mucha duda– que aquellos tres efebos eran los hermanos del anhelado Thanasis.

"A simple vista podías ver que estaban muy por debajo de un peso ideal, demasiado delgados y con problemas de alimentación. Era una familia con problemas y no había que ser muy agudo para ser consciente de ello. Pensé que la clave, como dice el proverbio chino, no era darles el pescado para un día sino la caña para enseñarles a pescar", relata Velliniatis, consciente de la dificultad logística de llevar a los chicos desde Sepolia hasta Zografou, dos zonas bastante alejadas en Atenas. La charla concluyó con el entrenador ofreciendo a la señora Adetokunbo dos empleos, uno para ella y otro para su marido, por 800 euros cada uno, a cambio de que sus dos hijos mayores, inicialmente, pasaran a jugar en las categorías inferiores del Filathlitikos. No era una oferta cualquiera, pues ambos estaban como ilegales en Grecia. Veronica era el principal sustento familiar, con lo que lograba limpiando algunas casas y a través de la venta ambulante junto a sus hijos. Así que la madre aceptó.

A entrenar con cuentagotas

Hasta aquí, la parte de la historia que es más o menos conocida. En no pocos foros se ha dado a entender que los jóvenes Adetokunbo fueron captados por el Filathlitikos, y a partir de ahí, con base en su arduo esfuerzo, se convirtieron en jugadores profesionales, y uno de ellos incluso en MVP de la NBA. Algo que suena a cuento de hadas y que no deja de tener parte de verdad, pero existen una serie de esquirlas que es necesario dar a conocer para entender que, efectivamente, los milagros no existen. Por mucho que lo sucedido sea lo más parecido a un cuento, no fue un fenómeno producido por arte de magia y sólo con pesas en un gimnasio. Quizás eso es lo que hace el relato tan interesante y maravilloso.

Para comenzar con las complejidades, lo que Spiros Velliniatis acababa de hacer era tirarse un farol. Nadie en el Filathlitikos le había autorizado a ofrecer dos trabajos a cambio de reclutar a dos jugadores. Era una apuesta personal de máximo riesgo, tanto si el club no la apoyaba como si lo hacía, por la exigencia que le iba a suponer durante años, especialmente si los chicos no llegaban a nada en el baloncesto. Hoy reconoce haber dormido mal durante bastante tiempo, consciente de que su credibilidad estaba en buena medida en juego con esa operación. El primer paso de Velliniatis fue buscar una cara amiga que lo reforzara, sabedor de que la directiva del club no era muy amiga de asumir según qué tipo de riesgos. Acudió a Lukas Karakousis, tesorero de la cantera, con el que le unía cierta confianza. Le contó la historia y lo usó de puente para conseguir que Giannis Smyrlis, el mánager general del Filathlitikos, proporcionara los dos puestos de trabajo en su empresa de limpieza. Esa era la llave para que Takis

Zivas llevara a cabo la prueba que abriría la puerta del club a los hermanos, y Velliniatis sabía que su colega no tardaría en ver el potencial que le iba a presentar; el factor clave era lograr convencer a los padres a través de la oferta laboral. Por suerte para él, todo funcionó y la empresa de Smyrlis terminó ofreciendo los empleos.

Pero no tardaría demasiado el plan inicial en torcerse. Pocos días después de que los Adetokunbo comenzaran a entrenar en Zografou, sus padres renunciaron a los trabajos. La vida de Charles nunca había sido la más ordenada y para Veronica no resultaba sencillo desplazarse a tanta distancia y mantener una ocupación que requería un desempeño de ocho horas diarias. Thanasis y Giannis dejaron temporalmente de entrenar. Es ahí donde toma protagonismo de nuevo Lukas Karakousis, el "auténtico héroe", afirma Spiros Velliniatis. El MVP de la NBA en 2019 ha reconocido abiertamente que el Filathlitikos pasó un buen tiempo abonando a su familia quinientos euros para que él y su hermano mayor pudieran mantenerse en el club. Un dinero que, asegura Velliniatis, salió en más de una ocasión del propio bolsillo personal de Karakousis. "Era el plan B para evitar que los chavales volvieran a estar tirados en la calle vendiendo", concluye el entrenador. Sea como fuere, la realidad es que los dos hermanos volvieron a entrenar con relativa normalidad. Aunque no por mucho tiempo.

Xristophoros Kelaidis era el capitán del joven equipo del Filathlitikos al que se incorporó, bien avanzada la temporada, un espigadísimo chaval de raza negra de nombre Giannis Adetokunbo. La carrera profesional de Kelaidis se ha desarrollado principalmente en las divisiones inferiores del baloncesto griego. Jugador habilidoso y notable tirador, el físico nunca le acompañó. Paradójicamente fue el primer espejo del joven Giannis. En aquella época era el líder del equipo y Adetokunbo apenas sabía botar el balón o hacer una simple bandeja. "Además de su gran delgadez era evidente que apenas había tocado un balón en su vida antes. No sabía hacer nada, y por otra parte tampoco venía a entrenar de forma consistente", relata Kelaidis, quien sin embargo sí destaca una característica especial de ese mozalbete que daba sus primeros pasos en el mundo de la canasta. "No le gustaba perder a nada, era enormemente competitivo; cualquier cosa que intentara lo hacía con espíritu gigante", evoca mientras admite, eso sí con cierta modestia, que en buena medida es cierto que Giannis lo buscó como faro y reto. "Seguramente fue así, aunque en esa edad coges un poco cosas de todo el mundo, de compañeros y rivales. Lo que sí puedo asegurar es que hemos jugado muchísimos uno contra uno tras los entrenamientos, desde su llegada hasta poco antes de que fuera drafteado en 2013." En todo caso, no olvida que los inicios de su excompañero en el baloncesto fueron abruptos. "Tuvo que pasar algo así como un año para que dejara de perderse entrenamientos y viniera de forma constante", aclara.

Tras la ayuda económica de quinientos euros todo recobró una cierta normalidad, pese al entorno de inmediatez en el que vivían sumidos los Adetokunbo y que el propio Giannis ha relatado en alguna ocasión: "Necesitábamos dinero para toda la familia de manera inmediata y si no íbamos a buscarlo nadie nos lo iba a dar. Había que comprar comida a diario, vivíamos al día". Pero regresar a Nigeria no entraba en los planes. No era fácil asumir ese paso. Por complicada que fuera la vida europea, la noción que tenían era la de un entorno con más posibilidades. Y volver tenía dos problemas principales. El primero, hacerlo sin poder aportar ayuda real al comienzo. El segundo, algún recelo que Charles y Veronica reconocían que podían padecer en su país por haberse unido en matrimonio perteneciendo a tribus distintas.

Por otro lado, el hecho de vivir en Sepolia les hacía ser una familia un tanto aislada de la comunidad africana. Las ayudas no sobraban. Giannis empezaba a ser consciente de las muchas voces a su alrededor que le decían que el baloncesto podría ser la mejor forma de ayudar a su familia a medio plazo. Pero el presente pesaba demasiado como para elucubrar nada. "¿Cómo íbamos a hablar de futuro si no teníamos qué echarnos a la boca? Simplemente necesitábamos comer", recordó años después. Las necesidades básicas eran obviamente el aspecto clave de la incertidumbre, pero había un punto secundario con no poco peso que volvió a emerger. A Giannis Adetokunbo no le gustaba el baloncesto. Su pasión, por herencia paterna, era el fútbol.

"Durante tres o cuatro meses vino a entrenar con regularidad, pero luego lo dejó aludiendo que quería jugar al fútbol", rememora Spiros Velliniatis. De nuevo, vuelta al trabajo de persuasión, aunque fuera tocando la fibra económica. El entrenador necesitaba ganar tiempo. "Sabía que en cuanto entendiera su talento no querría dejarlo nunca más, pero como además apenas sabía jugar en ese momento y su progreso todavía era muy lento, estaba muy obstinado en jugar al fútbol. Lo tuve que convencer diciéndole que aguantara unos meses hasta el final de temporada para poder seguir llevando el dinero a casa, porque, si se iba, la familia perdería parte de los quinientos euros", recuerda. No, lo de Giannis con la pelota naranja no fue un amor a primera vista, sino que hubo de cimentarse con el paso del tiempo y la evidencia del desarrollo de un potencial de límites incalculables. De hecho, lo que él ha dejado entrever siempre es que quien le contagió la pasión por el juego fue Thanasis –quien, por cierto, dio sus primeros pasos en el atletismo, en pruebas de vallas–.

Seguramente fue la insistencia de Spiros Velliniatis la que cambió para siempre la historia de los Adetokunbo. Un farol que salió bien, pero del que hoy queda algún amargor. Prácticamente nada más llegar a la NBA, en un reportaje de Jim Owczarski en *On Milwaukee*, la futura estrella de la franquicia de Wisconsin se deshacía en elogios para su primer mentor en las canchas. "Es como un segundo padre para mí. Sin él, yo no estaría aquí en este momento", aseguraba. También Veronica se mostraba agradecida en el mismo texto al apoyo del entrenador grecoalemán a su hijo. "Llegó a darnos un dinero que no tenía –la economía de Velliniatis nunca fue demasiado boyante, dados sus problemas familiares–. Nos quería mucho. No alcanzo a saber de dónde salía su amor hacia nosotros. Apareció como un desconocido y nos ayudó muchísimo", afirmaba. Sin embargo, las cosas parece que no acabaron del todo bien entre ellos. Velliniatis, curtido en bastantes más historias con inmigrantes, recuerda hoy cómo tras su insistencia en que sus hijos no dejaran el baloncesto, Charles Adetokunbo le preguntó los motivos. Él afirma que le prometió que jugarían en una liga de alto nivel. "No les hablé de la NBA porque realmente no tenían muy claro lo que era", asegura. Cuestionado por la contraprestación, dijo a Charles que no quería nada inicialmente. Eso sí, pidió un 7% del primer contrato cuando llegara a esa competición de "máximo nivel", con, señala, el beneplácito familiar. Pero Spiros afirma que nunca lo cobró.

LA VIEJA PELOTA DE GIANNIS ADETOKUNBO, EL JUGADOR DE LOS LAKERS

En los albores del siglo XXI, Sepolia no era el lugar más acogedor del planeta. Situado al oeste de Atenas, contaba con un notable censo de inmigrantes, en muchos casos sin legalizar. Afganos, pakistaníes o turcos en su mayoría. También algunas familias africanas, si bien no eran mayoría. Ya fueran solicitantes de asilo o gente que sólo pasaba por allí de camino hacia otras zonas de Europa, la realidad es que su llegada tanto a Sepolia como a otros barrios atenienses había terminado degenerando en un incremento del apoyo popular a las ideas de extrema derecha de Amanecer Dorado. No pocos vecinos miraban con recelo a los llegados desde el exterior, perseguidos en múltiples ocasiones por los simpatizantes más radicales del partido. Fue en ese contexto un tanto hostil donde la familia Adetokunbo, prácticamente la única de raza negra en su vecindario, intentaba echar raíces en la capital helena.

Accediendo a Sepolia desde el vecino barrio de Peristeri, en el número 104 de la calle Dirrachiou, se encuentra uno de los puntos clave de la juventud de Giannis Adetokunbo: la iglesia ortodoxa de San Melecio. Es el lugar donde se labró su profunda fe cristiana y gran parte de su personalidad. No en vano, la mayor parte de aquellos años los destinó a cuatro tareas fundamentales en su vida. En primer lugar, y siempre por encima de todo, la familia. Trabajando en la calle por unos euros o dejando de comer si era necesario para que lo hicieran sus hermanos menores. Esa era la primera e indiscutible prioridad. Familia e, indirectamente, trabajo. Detrás de ella llegaban, y no necesariamente en ese orden, el colegio, la iglesia y, a partir de un cierto momento, la cancha de baloncesto.

En San Melecio imparte aún su doctrina el padre Evangelos Ghanas, confesor espiritual de Giannis en su juventud. El religioso se ha labrado un importante prestigioso en Sepolia, entre otras razones por la forma en la que siempre ha acogido a los hijos de los numerosos inmigrantes de las calles anexas, cualquiera que fuera su origen. Siempre ha mostrado una postura abiertamente enfrentada y activa contra todo indicio de racismo hacia ellos, y no fueron pocos en el barrio en los años del auge de Amanecer Dorado. Los vecinos valoran muy positivamente la forma en la que Ghanas ha ayudado a lo largo de los años a los jóvenes. "Cuando era niño iba los domingos a catequesis y allí había un hombre que nos ayudó mucho a todos. No puedo explicar cuánto hizo. Por eso es por lo que yo ahora ayudo a los demás", ha descrito en alguna ocasión el propio Giannis, con el recuerdo de aquel aprendizaje marcado a fuego. No en vano era un fijo los domingos en San Melecio, por donde pasaba varias veces más a la semana, pues también colaboraba en diferentes servicios a la comunidad. El sacerdote evoca al joven como el enlace entre los suyos y la religión. "Era una familia con fe y buena relación con la iglesia, pero especialmente por él, pues le encantaba venir cada domingo", señala, con el convencimiento de que las experiencias vividas en la fe cristiana resultaron fundamentales para la forja de un férreo carácter que hoy día conoce todo el mundo del baloncesto. "Esa familia lo pasó muy mal para ganarse la vida y es bonito ver ahora cómo salieron adelante", señala Vassilis Mousakas, vecino del barrio que apostilla recordar a Giannis "alguna vez vendiendo a las dos de la madrugada y cosas así que no debe hacer un niño, pero siempre decía que buscaba la fuerza en Dios y desde luego la encontró para llegar a lo que es hoy".

Curiosamente, y pese a ser practicante confeso, su bautizo como ortodoxo se retrasó hasta bien avanzados los diecisiete años, en una fecha para nada al azar. En Grecia hay dos fiestas nacionales. Una es el 25 de marzo, que conmemora el inicio de la revolución contra la ocupación turca en 1821. La otra es el 28 de octubre, cuando se celebra el '*όχι*' o 'Día del No', recordando lo sucedido en 1940. Entonces, el general Ioannis Metaxás rechazó el ultimátum de Benito Mussolini. Representa uno de los grandes símbolos de la resistencia helena a la ocupación de las potencias del Eje durante la Segunda Guerra Mundial y un acto del que presumen los griegos. Hay varias paradojas en todo esto. La primera, que Metaxás era un dictador fascista, pero que antepuso su orgullo heleno a plegarse al Eje. La segunda, que en Grecia se celebra el inicio de las guerras, y no el final, en sus dos fiestas nacionales.

Fue precisamente el 28 de octubre de 2012 cuando el futuro astro de la NBA se bautizó ortodoxo. Así quería mostrar su profundo patriotismo heleno pese a las muchas vicisitudes sufridas en su juventud por el rechazo de muchos de sus compatriotas. Nada era casual en la elección del día en el que se bautizó junto a su hermano menor, Alexandros (Thanasis y Kostas habían recibido el sacramento con anterioridad). Obviamente, sus medidas antropométricas no eran las más habituales en un bautizado. Los presentes recuerdan con cariño tan relevante acto: "Para él era un día muy importante, porque es realmente muy cristiano, muy devoto. Le pusimos una túnica blanca, pero debía medir ya más de dos metros y lógicamente no entraba en la pila bautismal, por lo que nos las apañamos como buenamente pudimos. ¡La verdad es que fue muy divertido!", relata Giannis Tzikas, dueño de la cafetería Kivotos, de la que se hablará en el próximo capítulo de este libro. Aquel bautizo fue una celebración íntima, sin demasiados invitados. Un hecho propiciado porque la férrea relación, casi paternal, de Giannis con sus hermanos pequeños le hizo precisar de una maduración acelerada que, a la postre, le llevó a no tener demasiados amigos de su edad. Los Adetokunbo anteponían el *family first* (la familia es lo primero) a cualquier relación de amistad. Quizá por ello, y por el hecho de que en Sepolia no hubiera casi ninguna familia africana más, no estaban demasiado integrados en la comunidad negra de Atenas. Sin ir más lejos, el padrino del acto fue un antiguo compañero del Filathlitikos, Ntinos Ntifantis, varios años mayor que él. Con el paso del tiempo, la fe en Dios y la relación de Antetokounmpo con la religión han seguido siendo intensas. Incluso ha aprovechado algunas de sus visitas a Grecia para ejercer, junto a Thanasis, como padrino en bautizos ortodoxos.

Lo que no puede olvidar Evangelos Ghanas de su antiguo feligrés es la fuerza de sus ojos. "Es difícil describirlo", aclara. Pero lo intenta: "En esa mirada había inocencia, pero también esperanza. Nada de miedo o resentimiento, pese a los problemas por los que pasaba su familia. No le recuerdo una sola queja por su pobreza o por haberse sentido maltratado por la vida que le hiciera ser agresivo hacia la sociedad, como sí ocurría con algunos chavales en circunstancias similares a la suya". En esa forma de afrontar los problemas, su madre, Veronica, jugó un papel fundamental: "Siempre lo apoyó para estar en la parroquia, pero no por sobrevivir a los problemas económicos, sino para que se sintiera una persona integrada en la comunidad", relata el sacerdote.

La de Giannis no fue precisamente una juventud ideal. Baste una anécdota para reafirmar que sus problemas nutricionales, incluso ya como adolescente, eran más que evidentes. Giannis Adetokunbo no se hizo una analítica hasta bien entrado 2011, a punto de cumplir los dieciséis años. Cuando volvió a la consulta del médico a recoger los resultados, lo que a priori no era más que un mero trámite para un chico como él se convirtió en poco menos que un drama, a tenor de la cara del doctor cuando observó las cifras. Sus valores sanguíneos encajaban poco o nada con lo previsible en alguien de su edad. Mucho menos en alguien físicamente activo, como era su caso. Sus niveles correspondían más a los de una persona de setenta años, como consecuencia del desorden alimenticio que llevaba. Tenía un hígado enormemente envejecido, a tenor de sus parámetros analíticos. Durante la mayor parte de aquel tiempo, el joven Giannis apenas podía prestar atención alguna a su alimentación. Comía, básicamente, lo que le daban. Incluso en muchos casos él y Thanasis se quedaban sin hacerlo para que no les faltara bocado a Kostas y Alexis. Cuentan que su dieta, durante la mayoría de días, se basaba en pan y cruasanes. Cuando había queso en casa ya era un auténtico lujo.

"¿Qué pretendes con el baloncesto?"

Tampoco en el aspecto académico las cosas eran las mejores. Ni el tiempo invertido en el estudio era el deseable, ni la relación con sus compañeros de clase era la acorde a niños, ni sus actividades en el colegio eran las más propicias. Ni el descanso, desde luego. Ya fuera por trabajo o baloncesto, apenas había tiempo para el reposo, pues la distancia entre Sepolia y Zografou lo complicaba todo. La rutina diaria era de enorme complejidad. De casa al colegio, de ahí a entrenar, volver a casa, comer cualquier cosa y de nuevo a entrenar. Todo ello cuando había posibilidad de mantener unos hábitos, pues las ausencias a los entrenamientos en el Filathlitikos fueron muchas y repetidas durante años. En muchas ocasiones, la necesidad de colaborar en casa obligaba a los hermanos a perderse sesiones de trabajo en el pabellón. Tan intensa era la agenda que en más de una ocasión los hermanos tuvieron que dormir en el pabellón. "Ocurrió muchas veces, porque venían directamente de clase a entrenar; en cierto modo, transformaron el pabellón en su segunda casa", confirma Spiros Velliniatis.

Otro de los motivos que provocó esa situación tan compleja fue que Thanasis y Giannis fueron matriculados, tan pronto se vincularon al Filathlitikos, en el Instituto Liceo de Vyronas. En esta escuela estudiaron también otros reconocidos jugadores de baloncesto, como Nikos Pappas, poco antes que los Adetokunbo. Tras un par de cursos, y cuando ambos empezaron a destacar algo más con la pelota naranja, dejaron Vyronas para enrolarse en el Instituto Egaleo, una suerte de centro de alto rendimiento deportivo. Ambas instituciones escolares están ubicadas mucho más cerca de Zografou que de Sepolia, lo que provocaba que casi toda la vida de los jóvenes nigerianos transcurriera bastante lejos de casa, y obviamente sin grandes lujos para el transporte. "En más de una ocasión, tras alguna sesión de entrenamiento perdieron el último autobús, por lo que tuvieron que volver a casa andando a eso de la medianoche", evoca Velliniatis. Un paso más allá va Xristophoros Kelaidis: "Yo nunca estuve allí para verlos, quiero decir a primera hora de la mañana viéndolos despertarse o acostándose por la noche, pero sé que más de una vez pasaron la noche al completo en el pabellón. Las calles eran peligrosas, más para dos chavales, y la distancia era muy grande hasta su casa, por lo que en muchos casos la mejor opción para entrenar por la mañana era sencillamente quedarse allí". Entre el pabellón de Zografou y el apartamento de Sepolia donde entonces vivían los Adetokunbo la distancia es de aproximadamente siete kilómetros. Hora y media a pie.

En lo estrictamente académico, a Giannis Adetokunbo se le recuerda como un zagal de notable inteligencia, pero no un buen estudiante. Uno de sus compañeros en Egaleo era Giannoulis Larentzakis. Ambos defenderían juntos la camiseta de Grecia en la Copa del Mundo de China de 2019, pero por aquel entonces era difícil pensar algo así. "Recuerdo que a veces jugábamos 3x3 o 4x4, e incluso en ocasiones lo dejábamos fuera porque no era demasiado bueno en ese momento", evoca Larentzakis. Cuando se conocieron tenía dieciséis años y Adetokunbo, quince. "Era muy prudente, muy sencillo, nunca le escuchabas hacer ruido y nunca se quejaba. Quería jugar, claro, pero no protestaba si lo dejábamos fuera", rememora sobre la personalidad de Giannis, seguramente con otras preocupaciones en la cabeza más importantes que ser excluido de una pachanga. "Eran momentos muy jodidos para él, su familia lo pasaba mal y él sufría. No por el baloncesto, sino por la vida. Hágame caso. Sólo le preocupaba qué iban a comer y cómo iban a sobrevivir", añade Larentzakis. Efectivamente, Giannis apenas cumplía con sus deberes y tareas para casa. La prioridad absoluta era subsistir. Después ya estaba el colegio, incluso, llegado un momento, por detrás del baloncesto. "Mi madre me preguntaba por los deberes y yo le decía que tenía que entrenar. Ella, que también había sido deportista, simplemente aceptaba mi decisión recordándome que tenía que trabajar muy duro si quería llegar lejos", declaró el propio Giannis a *Eurohoops*. Pero había más factores que ocupaban el tiempo. "Hay que entender que muchos días después de clase, o después de entrenar, se iba al metro a vender esas baratijas. Y que más de una vez acabó corriendo para huir de la policía. Eso fue muy difícil para él, pero llegó un momento en que estaba convencido de que iba a lograr llegar lejos, que lo iba a conseguir. Y lo hizo", continúa Larentzakis. Y eso que el entorno no siempre facilitó las cosas. "Giannis, ¿qué pretendes con el baloncesto? ¿Sabes cuántos lo han intentado y no han llegado a nada?", solía escuchar, así como a muchos compañeros que se burlaban de su ambición de llegar algún día a Estados Unidos.

Evidentemente, el baloncesto fue otro de los pilares clave en la adolescencia de Adetokunbo. Una relación que arrancó con pies de barro pero que progresivamente se fue consolidando hasta dar como resultado lo que hoy día conoce el aficionado. En cuanto sus dudas iniciales desaparecieron, Giannis siempre jugó con una pasión desmedida por el deporte y la competición. Para ello, además del trabajo más reglado en Filathlitikos, invirtió una cantidad enorme de horas en canchas callejeras. En Sepolia, su barrio, es sabido que no había demasiados inmigrantes africanos, pero fueron innumerables las pachangas junto a Rahmad, un chico pakistaní, Panagiotis y Andrianos, ambos también de origen nigeriano, y Alexandros Zogas, cuyas raíces estaban en Albania. Apenas seis meses más joven que Giannis, terminaría convirtiéndose en socio de muchas fatigas. No en vano fueron prácticamente vecinos durante años. Su primer encuentro fue en catequesis, allá por el verano de 2007, cuando Giannis apenas llevaba unos meses practicando baloncesto y todavía las dudas y el mayor apego al fútbol arreciaban en su cabeza. "No era demasiado bueno, pero era muy evidente que siempre quería ser mejor que el día anterior. Y ganar a todo el mundo en la cancha. Siempre estaba retando a cualquiera a jugar. Estaba muy delgado, pero tenía unos brazos y unas piernas larguísimas y eso ya hacía que fuera difícil defenderle. Además, poco a poco comenzó a mejorar y a hacerse cada vez más largo", relata Zogas. Ambos compartieron muchísimas horas, generando una confianza especial. Tanto, que Giannis incluso empujó para que su amigo acabara fichando por el Filathlitikos. "Notó que yo era también un apasionado del baloncesto y por eso ayudó a llevarme al equipo, porque él entendía que era el sitio perfecto para aprender y mejorar", comenta Zogas. En cierto modo, también fue una estrategia con la que quizás el club quería conseguir que su gran perla no se sintiera demasiado sola en Zografou.

Con el tiempo, Zogas llegó a ser algo más que un compañero de pachangas y entrenamientos para Giannis. Su raza blanca le hizo ser casi un salvoconducto para su amigo ante los simpatizantes más agresivos de Amanecer Dorado, pese a que él tampoco fuera "puramente griego". "Todo el mundo sabe ya lo que pasaba en los barrios menos favorecidos de Grecia entre 2009 y 2013. Había grupos racistas atacando a la gente de otros países, sobre todo a negros y asiáticos, y fueron momentos muy complicados para mucha gente", recuerda. Compartieron gran cantidad de viajes de bus en la línea 732, atravesando el barrio de Omonia hasta la plaza Attiki, punto de encuentro habitual de algunos grupos neonazis. "Casi todos los días los veías pegando a pakistaníes o africanos, y solían otear el bus por si había inmigrantes", declara Zogas, que varias veces tuvo incluso que acompañar a Giannis hacia su casa tras los entrenamientos. "A veces se ponían en una plaza cercana a mi casa y por eso él me pedía que le ayudara a llegar hasta la suya, porque realmente tenía miedo", apunta. Años más tarde, Zogas resta mérito a su acción: "Era simplemente mi obligación como ciudadano". Pero en aquellos tiempos, desde luego, fue una ayuda imprescindible para aumentar la seguridad de un adolescente y aún demasiado frágil Giannis Adetokunbo en las inhóspitas calles de Atenas.

Las anécdotas de los dos amigos ligadas al baloncesto son variopintas. En una ocasión, por error, Alexandros se llevó a casa el viejo balón de su amigo. "Al día siguiente estaba como loco preguntando por él", narra. "Le dije que por qué se preocupaba tanto, que se lo daría otro día, que estuviera tranquilo." Zogas no puede olvidar la impactante respuesta de su colega. "No es sólo un balón de baloncesto. Algún día dirás que tuviste la pelota de Giannis Adetokunbo, el jugador de los Lakers", le espetó. "No le hice mucho caso, pero el puñetero tenía razón", refleja el hijo de albaneses, que se queda con otro momento de su juventud en Sepolia. Fue a finales de 2008, semanas antes de que Barack Obama fuera proclamado presidente de los Estados Unidos. Por aquel entonces, Giannis, consciente de la relevancia de tal movimiento para los que, como él, habían sufrido serios problemas de racismo, solía decir: "Eh, tíos, cuando haya un presidente negro en USA, yo seré aquí el jefe". En cierto modo, aquello fue una premonición.

SIETE SOUVLAKIS, UN BOCADILLO Y UNA MANZANA

PUEDE RESULTAR PARADÓJICO leerlo con la perspectiva del tiempo, pero un MVP de la NBA se alimentó durante muchos años en buena medida gracias a la caridad de los que de forma desinteresada, sin pedir nada a cambio y desde luego sin imaginar en lo que se convertiría el desgarbado Giannis Adetokunbo, le ayudaron a llevarse algo a la boca cuando aquello no estaba ni mucho menos garantizado para él y su familia.

Amén de la importancia que tuvieron compatriotas nigerianos de Charles y Veronica, como la 'señora Victoria' o 'Chike' Williams en los primeros años en Ampelokipoi y para el traslado a Sepolia, una vez allí resultó crucial el apoyo de un veterano taxista griego-nigeriano al que todo el mundo en el barrio llamaba Cidi. Gracias a él, la mesa de los Adetokunbo se mostró más completa varias veces e incluso en alguna ocasión pudieron cobijarse bajo un techo después de alguno de sus turbulentos desahucios. Vivir al límite exigía un apoyo externo casi permanente. Y éste no tardaría en llegar tampoco por parte de algunos miembros del Filathlitikos, añadiéndose a la cobertura económica con la que el club sufragó la apuesta por los hermanos Adetokunbo.

Para Spiros Velliniatis no eran noticia las carencias alimenticias de sus nuevos descubrimientos, pero al entrenador le costó abrir los ojos a los gestores del club sobre el caso tan especial que tenían ante ellos. Un paso relevante para ello se dio al inicio de la temporada 2007/08, la primera completa de los Adetokunbo en el Filathlitikos. El club de Zografou –ya con Thanasis en sus filas,

Giannis aún era muy joven y estaba demasiado verde para saltar al primer equipo– jugaba ante el Pagrati, otro de los clásicos del baloncesto ateniense. En honor a la verdad, el rendimiento de Thanasis aquel día fue descorazonador y hubiera hecho a cualquiera dudar sobre su apuesta. Pese a jugar una gran cantidad de minutos, apenas fue capaz de anotar alguna canasta y, lo que resultó mucho más preocupante, su despliegue físico resultó paupérrimo, con evidentes muestras de cansancio que le hacían ser un auténtico lastre en defensa para sus compañeros. A la conclusión del partido, y visiblemente sorprendido por lo contemplado, Lukas Karakousis se acercó a Velliniatis. "¿De verdad estos chicos son tan buenos? ¿No estaremos tirando el dinero?", le cuestionó. El técnico se limitó a responder: "Soy el primer sorprendido por lo que ha pasado, pero ¿estamos seguros de que el chico ha comido hoy?". Minutos más tarde, y tras confirmar la veracidad de la sospecha de Velliniatis, ambos acompañaron a Thanasis a un local cercano especializado en souvlakis, un típico plato heleno que mezcla distintos tipos de carne con verdura u otros añadidos, bien en un pan de pita o bien en forma de brocheta. "Y se comió siete souvlakis dobles", recuerda ahora Velliniatis, aún impactado por la escena del adolescente devorando tal cantidad de comida.

Aquella no fue ni mucho menos la única vez que los Adetokunbo fueron invitados a comer por miembros del Filathlitikos. El propio Spiros Velliniatis asegura haber estado durante aproximadamente un año haciéndose cargo de no pocas cenas, principalmente de Thanasis, pero habitualmente con Giannis también presente. Durante este tiempo, ambos se convirtieron en clientes habituales de Dennis Pita, un típico restaurante ateniense especializado precisamente en souvlakis. Más adelante, también Takis Zivas se involucró en la manutención de sus discípulos, e incluso durante muchos meses les abrió las puertas de su casa para asegurarse de que comieran de forma regular y razonablemente equilibrada. Así no dependerían de otros factores que no siempre estaban bajo control. De forma un tanto sorprendente, toda esta parte ha sido un tanto olvidada en el relato oficial que ha saltado a la mayor parte de medios de comunicación sobre la historia de la familia Adetokunbo. Más conocido, y sí aireado por doquier, es lo que se cuenta a partir de ahora.

Muy cerca de San Melecio, en la misma calle Dirrachiou pero en el número 63, se ubica otro lugar estratégico. Se trata de la modesta cafetería Kivotos, cuya traducción al castellano sería El Arca de Noé, en alusión al relato bíblico. El local, inaugurado en 1964, lo regenta el matrimonio Tzikas, formado por Giannis y Kaiti, una pareja de grandes aficionados al baloncesto. Así se refleja en la decoración del negocio, repleto de fotografías y artículos relacionados con el deporte de la canasta. Por encima del resto, destacan dos: las camisetas, enmarcadas, que usó Giannis Antetokounmpo con la selección de Grecia en la Copa del Mundo de 2014 y, más tarde y ya convertido en una estrella de la NBA, en el All-Star de 2018 celebrado en el Staples Center de Los Ángeles. Eso no es, en absoluto, fruto de una casualidad, sino que se trata de una muestra de agradecimiento.

Los Tzikas son dos de esos apasionados que invierten buena parte de su tiempo libre y sus ahorros en su deporte favorito. Sin ir más lejos, él estuvo presente en el Mundobasket de Japón en 2006, tanto en aquella inolvidable semifinal con triunfo heleno ante Estados Unidos como en el posterior duelo por el título en el que una España sin Pau Gasol, algo que todavía le duele en el alma, evitó el título mundial de Grecia. Años más tarde, la pareja condujo durante 48 horas para cubrir, en un antiguo vehículo de 1970 decorado con los colores del Panathinaikos, el equipo del que son seguidores, los más de 1.000 kilómetros que separan Atenas de Estambul para asistir a la Final Four de la Euroliga de 2012 en el Sinan Erdem de la ciudad turca. Ese viaje lo recuerdan con cariño, aunque terminara ganando la competición el Olympiacos en una de las finales más increíbles que se recuerdan, épica remontada ante un CSKA de Moscú descompuesto en la recta final.

Giannis Tzikas lo evoca de forma imprecisa, pero debió ser mediada la primera década del siglo XXI cuando los hermanos Adetokunbo comenzaron a pasar casi cada día por la puerta de la cafetería, inconfundible por su acogedora terraza acristalada.

En muchas ocasiones su destino estaba cruzando la calle, en una pista exterior donde el modesto club Tritonas solía entrenar y jugar sus partidos de liga local. Para los Adetokunbo, la cancha fue inicialmente un lugar de esparcimiento y persecuciones. Nada que ver con el baloncesto, que llegaría más tarde, a partir de la primavera de 2007, y el encuentro con Spiros Velliniatis. Desde ese momento, y de forma progresiva, allí estuvieron los sueños de Thanasis y Giannis Adetokunbo. Apenas dos adolescentes que solían, en ocasiones acompañados de sus dos hermanos pequeños, llevar un viejo balón para lanzar unos tiros cuando la pista se quedaba despejada, y que también tomaban parte, cuando las obligaciones en casa se lo permitían, de algunas actividades organizadas en la cancha, tales como competiciones de tiro o 3x3.

Tzikas asegura que las primeras veces que los vieron, Alexandros, el menor de la saga, apenas tendría cuatro años. "Los veía por el barrio, de allá para acá. Sabíamos que los padres vendían en la calle. Eran gente muy pobre, pero que simplemente buscaban ganarse la vida de la mejor forma posible. Llamaba la atención que siempre iban juntos. A todas partes. Así les habían enseñado sus padres, que normalmente también iban con ellos siempre que podían. La otra cosa que no podías obviar es que nunca les faltaba una sonrisa en la cara, y que jamás negaban un saludo. Siempre daban los buenos días, sin falta, con ese amable gesto tan característico que tenían", afirma el hostelero. "Veronica solía ir al puente que hay cerca de la cafetería, a vender allí. Era una mujer que se desvivía por sus hijos", añade Kaiti, que aclara que "poco a poco establecimos relación con ellos, sobre todo mi marido, que es más abierto que yo. Nos sentíamos verdaderamente mal porque sabíamos que había días, y no eran pocos, que esa familia no tenía nada que echarse a la boca. Era algo angustioso". Y eso que en el barrio había también algún acto caritativo. Varios vecinos recuerdan la ayuda que recibieron de una señora, de avanzada edad, que les dejaba comida en la puerta para que Veronica la encontrase al salir por la mañana. Eran modestos alimentos destinados a los niños y que durante bastante tiempo se hicieron habituales ante el portal donde vivía la familia nigeriana.

Ante la dificultad de comer bien con regularidad, cumplir sueños podía ser fácilmente descartable. "Nos constaba que querían jugar al baloncesto, pero sencillamente no podían. Era imposible que pudieran tener una mínima carrera en el deporte", matiza la señora Tzikas. Varios eran los motivos que hacían inviable que los hermanos Adetokunbo practicaran el deporte que querían con cierta regularidad, y todos giraban en torno a las dificultades familiares. En primer lugar, aparte de al colegio y la iglesia, los menores seguían dedicando una parte de su tiempo a colaborar con la economía familiar. "Honestamente yo nunca los vi vender, pero sé que lo hacían, sobre todo Thanasis como hermano mayor", aclara Giannis Tzikas. Y, más allá de eso, había una obvia imposibilidad pecuniaria. Por eso durante años apenas contaron con una pelota a la que el paso del tiempo castigó de manera evidente. Incluso Thanasis y Giannis tuvieron que compartir un par de zapatillas deportivas. Algo que no fue ocasional, y que quedó a la vista en algún partido en el Filathlitikos, cuando no pudieron compartir minutos de juego en ningún momento al tener sólo un par. Cuando uno se sentaba, el otro podía saltar a la cancha, previo intercambio de calzado.

Cuentan en Sepolia que Kivotos siempre ha sido un lugar abierto a ayudar como ha podido a aquellos que más lo han necesitado. Los Adetokunbo iban a engrosar esa lista. "Llegó un momento en que empezaron a venir casi cada tarde a la cancha a jugar, y mi marido y yo notamos que nunca llevaban un euro encima. Así que les dijimos que podían venir a diario y les daríamos un bocadillo y una manzana", señala Kaiti. Es ahí donde se crea la especial relación entre la familia Adetokunbo y los Tzikas, allá por el verano de 2010. Poco a poco fue a más. "Alexandros venía también siempre tras sus clases para preguntarnos si podíamos darle un zumo", remarca la hostelera.

Pero eran tiempos tensos en lo político en Sepolia. No fueron una ni dos las veces que los Tzikas tuvieron que escuchar a conocidos reprocharles que dieran comida a "esos negros". "Preguntaban por qué los ayudábamos y luego nos lo echaban en cara", comienza Kaiti. Entre risas, recuerda años más tarde su esposo lo que solía contestarles para zanjar el tema: "No os preocupéis, sólo les doy porros", evoca. "Aquello era puro racismo. Así es muchísima gente en este país, desgraciadamente. En su día le dijeron de todo a Sofoklis Schortsanitis cuando empezó a jugar en la selección por ese maldito 'orgullo griego'", se lamenta Giannis Tzikas. "Menudos idiotas eran. Muchos de ellos eran simpatizantes de Amanecer Dorado, pero otros no y también se quejaban. Eran más de los que se puede imaginar. Creo que, en el fondo, yo mismo estaba amenazado por el partido. ¡Es absurdo!", prosigue.

Una propuesta de trabajo y un desahucio por cincuenta euros

A los Tzikas les saca aún más de sus casillas la hipocresía de algunos que hoy, a lomos del éxito en las canchas, olvidan su actuación pretérita. Reconocen que sigue habiendo quienes les preguntan "qué hacen esas fotos de negros ahí colgadas", pero en más de una ocasión han tenido que recordar a algún cliente sus palabras mientras observan las imágenes. "Hay mucho idiota ahora diciendo 'nuestro Giannis, nuestro chaval'; esos mismos para los que hace diez años era uno de 'esos negros que entran en tu cafetería'", critica ella. "Me enoja mucho porque sufrieron mucho racismo, pero ahora todo parece olvidado para una parte, y como es el MVP de la NBA muchos dicen estar orgullosos de él".

Sobre la personalidad de los jóvenes, marido y mujer coinciden. "Thanasis era más pasional, tenía ese punto de locura que seguimos viéndole hoy día", valoran entre risas. "Giannis era humildad. Nunca presumió de nada. Y le digo que lo que hoy ve no es nada impostado. Él es así", coinciden. Continúa el señor Tzikas describiendo al mejor jugador de la NBA en 2019 en su versión adolescente: "Estaba muy, muy delgado. A veces venía, pedía un vaso de agua y siempre daba las gracias, sonriendo. Era muy amable y extremadamente educado. Nunca vi un mal hábito ni una mala compañía a su alrededor, sólo esa vieja pelota de baloncesto que llevaba siempre".

Aquel balón pasaba por ser poco menos que un artículo de lujo en manos de Giannis. La herramienta más noble a la que aferrarse en pos de un sueño imposible. Y la mejor forma de evadirse de otras tentaciones demasiado cercanas y de huir de la frustración que aparecía a la vuelta de la esquina. "A cualquier hora, en cualquier momento podía aparecer en la cancha con su pelota. No tenía zapatillas de una mínima calidad, pero no le importaba. Sólo quería jugar. Aunque no tuviera calzado. Incluso vino medio descalzo a veces. Afrontaron cosas muy difíciles, ¡eran seis bocas que alimentar vendiendo en la calle, imagínese! Ellos sólo querían comer. Y, pese a que hubo días que seguro que se les pasó por la cabeza, le puedo asegurar que nunca fueron a la basura a buscar comida, nunca pidieron limosna y por supuesto nunca robaron. Pese a todo", subraya Giannis Tzikas.

La amistad entre los Tzikas y los Adetokunbo se tornó cada vez más cercana. Ni algunos problemas de Charles con la bebida eran óbice para establecer un alto nivel de confianza, por más que fuera Veronica, junto a Thanasis, quienes claramente tiraran de la economía familiar. "Su madre nos apreciaba mucho", confiesa Kaiti. Tenía motivos para ello, y no sólo por el sustento alimenticio que durante años proporcionaron a su prole. Al poco de acabar su educación obligatoria, fue Giannis quien, ya enrolado en el Filathlitikos, se acercó a la cafetería a pedir un empleo para ayudar algo más en casa. El señor Tzikas, acaso visionario, rehusó su propuesta. "No vas a trabajar en mi negocio, debes centrarte en el baloncesto. Si cuando estés cansado de entrenar lo necesitas, vienes y comes algo, pero tú no vas a trabajar aquí", le argumentó contundente. "Por eso cuando le vi llorar en la ceremonia en la que le entregaron el MVP no pude evitar hacer yo lo mismo", sentencia. Años más tarde, cuando su nombre ya sonaba en medio mundo en los meses previos al *draft* de la NBA en 2013, Giannis Adetokunbo seguía pasando por Kivotos. El mismo lugar donde, en una de sus visitas, la señora Tzikas le pidió, cuando tenía catorce años, una foto diciéndole que un día sería rico y una estrella del baloncesto y que le gustaría tenerla, quizá temerosa de que les olvidara. La respuesta no pudo ser más rotunda. "No se preocupe, doña Kaiti, porque dondequiera que esté, juegue en la categoría que juegue, yo nunca la olvidaré y seguiré viniendo a verla y mandándole invitaciones para venir a mis partidos", recuerda ella entre sollozos, mientras remarca sentirse "muy feliz por ellos, porque es como si hubieran crecido con nosotros".

También queda algo de arrepentimiento en los Tzikas por su pretérita relación con aquella familia de origen nigeriano de súbito impacto en sus vidas. Una especie de espina clavada que viene ipso facto a su mente cuando recuerdan los problemas de los Adetokunbo para mantener su alojamiento cada cierto tiempo, por sus dificultades para afrontar alguna subida en la renta de su alquiler. "Uno de esos cambios admito que fue por mi culpa. Pagaban doscientos euros al mes por su modesto piso junto a las pistas de Tritonas, y el casero les pidió cincuenta más cada mensualidad", evoca el señor Tzikas. Una subida del 25% del todo inasumible para la raquítica economía familiar. "Recuerdo perfectamente cómo Thanasis y Giannis entraron a la carrera en la cafetería para contarnos que no tenían ese dinero y que les iban a echar del piso Pero fui un idiota y en ese momento no pensé en dárselo", relata. "¡Cincuenta euros no son nada, debí ofrecerme a pagárselo, pero no lo hice, y eso que les quería como si fueran mis hijos!", lamenta encorajinado el hostelero.

Aquella raya en el agua no fue, ni lo es hoy, óbice para que la familia mostrara un agradecimiento eterno a la ayuda desinteresada que los Tzikas le prestaron en los peores momentos de su vida. En junio de 2013, cuando el nombre de Giannis empezaba a ser conocido por todo el globo, uno de sus últimos compromisos en Atenas antes de viajar al *draft* fue acudir con toda la familia a cenar a casa de los Tzikas. Junto a ellos pasaron la noche anterior a emprender el camino hacia Nueva York. Entre típicas viandas griegas afloraron los recuerdos, las risas y, desde luego, también alguna lágrima, pues las personas reunidas en la mesa eran conscientes de todo lo que había pasado esa familia a la que la vida estaba a punto de darle un giro de 360 grados. "Resultó una velada inolvidable en la que disfrutamos mucho. Mi último consejo fue que nunca olvidara sus orígenes. Tras ello, me abrazó y me dio las gracias. Como cuando le ponía un vaso de agua en la cafetería", afirma Giannis Tzikas.

Permita el lector un pequeño salto en el tiempo. En febrero de 2017, Giannis Antetokounmpo, ya bajo la helenización de su apellido que pronto se explicará, debutó en un All-Star Game en el Smoothie King Center de Nueva Orleans. Ese mismo fin de semana, la pista de Tritonas, en la que tantos sueños forjó la más rutilante estrella del baloncesto griego moderno, fue decorada por el artista Same84 con la imagen de quien es conocido mundialmente como *Greek Freak*, en un proyecto financiado por Nike. Recuerda haber roto en varias ocasiones los aros de aquellas canastas, como si de una premonición en pequeña escala de su dominio físico del baloncesto mundial se tratase. El lugar en el que tantas veces tuvo que entrar a escondidas para hacer unos tiros con un andrajoso balón es ahora una oda al chaval al que buena parte de Sepolia miró con recelo. Él es quien ha puesto el barrio en el mapa, bajo el respaldo de la principal marca de ropa y calzado deportivo del planeta.

Dos años después, el 29 de junio de 2019, Nike eligió precisamente la pista del Tritonas para presentar las Zoom Freak One, las primeras zapatillas de la marca para un jugador europeo. Un evento espectacular al que acudió prensa de todo el mundo, con miles de aficionados abarrotando incluso los balcones de los pisos colindantes. La habitualmente tranquila calle Dirrachiou se engalanó como nunca, con música a todo volumen, juegos de luces y pantallas gigantes para adular a los Antetokounmpo. Todo perfectamente preparado para tener impacto mundial en el lugar donde Giannis, pese a todo, asegura sentirse uno más, con esa enorme capacidad de adaptación que tiene sobradamente demostrada. "Allí no tengo que ser el *Greek Freak*, sino sólo Giannis", valora. Ese día, a la prensa acreditada se le avisó de que se les iba a entregar una cajita que incluiría un papel con un breve repaso a la historia familiar en el barrio. También les darían una manzana, un bocadillo y un zumo, como perfecta alegoría de las dificultades vividas y del apoyo que sólo unos pocos le mostraron. Pero la cafetería Kivotos, donde la mayor parte de su decoración de baloncesto tiene que ver con los Antetokounmpo, se unió a la fiesta y los Tzikas prepararon un enorme banquete repleto de comida para goce y disfrute de organizadores y periodistas. Así que nunca más se supo de la prometida manzana y el bocadillo que un día sustentaron el quehacer de una familia ahora multimillonaria. De los siete souvlakis dobles de Velliniatis y Karakousis o los bocadillos por pura filantropía de los Tzikas al bufé libre. De entrar a hurtadillas en la cancha al contratazo con Nike. Una de esas veces en que la realidad supera con creces cualquier ficción.

"TÚ ERES MARADONA"

CON EL PASO DEL TIEMPO, el pabellón del Filathlitikos se llegaría a convertir en un segundo hogar para los Adetokunbo, que invirtieron allí muchísimas horas de su desarrollo deportivo y personal. El baloncesto se transformaría en su principal punto de deseo, antes para Thanasis que para su hermano. La evidencia de su progresión les haría dejar atrás sueños pretéritos con el fútbol o el atletismo, al menos la mayor parte del tiempo. Cuentan que apenas volvieron a nombrar ambos deportes una vez que arrancó su segunda temporada en el club de Zografou. Pero, pese a que especialmente Giannis ya mostraba desde sus inicios cierto talento y, sobre todo, una gran capacidad de concentración, voluntad, dedicación y fuerza mental –así lo describe Takis Zivas, el principal entrenador del club, en una entrevista con *Fox Sports Stories*–, la realidad es que su incursión en el nuevo deporte siguió sin ser una balsa de aceite.

El internacional absoluto con Grecia Christos Saloustros era una de las grandes promesas en aquella cantera del Filathlitikos. Con los años ha compartido equipo nacional con los hermanos Antetokounmpo, pero, si le hubieran preguntado en su momento, no habría apostado un euro por que eso ocurriría. "Fui un día a entrenar con normalidad y allí estaba un chaval, nada impresionante físicamente, no demasiado alto y sobre todo muy, muy delgado, que debía tener catorce o quince años", evoca sobre la primera vez que vio a Giannis. Pero, de nuevo, allí no parecía haber nada especial. "En él sólo veía un joven que nos miraba y se quedaba embobado viéndonos entrenar. Realmente se notaba que nos admiraba por lo que hacíamos", cuenta el alero, que con el tiempo profundizaría en la problemática de aquella peculiar familia africana. "Recuerdo haber pasado buenos momentos junto a él, pero desde luego que también los hubo malos para él y los suyos. Pasaron hambre, así de crudo. Y había semanas en las que no había forma de verlo. Aparecía el lunes y ya no lo veíamos hasta el sábado en el partido. Lo peor era que nadie sabía dónde estaba cuando desaparecía. Eran momentos muy complicados para su familia, en los que Thanasis ejercía prácticamente como figura de líder con sus hermanos", asegura.

Efectivamente, era habitual que dejaran de entrenar. Ocurrió pronto en su segunda temporada en el club, cuando apenas acudieron una vez a la semana, durante meses. Sencillamente, las horas invertidas en la cancha iban en contra del sustento familiar. Llegó un momento en el que hubo que volver a las calles. Quinientos euros seguía siendo una cantidad demasiado pequeña para que subsistiera una familia de cuatro hermanos. La venta ambulante y los esfuerzos de Veronica por sacar un euro de donde fuera eran el único apoyo monetario, además del procedente del Filathlitikos. Lo inevitable ocurrió cuando el club entendió que si los chicos no iban a entrenar no tenía sentido seguir abonando esa cantidad cada mes. Ya era suficientemente compleja la decisión de apostar con apoyo económico por dos chavales sin nivel en el baloncesto como para, además, poder admitir que no entrenaran. Parecía que el intento de incentivar su motivación y conseguir que se centraran en el baloncesto en lugar de otros aspectos de la vida iba a terminar por salir mal.

Así que tocaba de nuevo tirar de una mezcla de perspectiva y mano izquierda. Conseguir que se mantuviera un apoyo que muchos consideraban prácticamente a fondo perdido. La realidad es que los Adetokunbo faltaban en demasiadas ocasiones, cualquiera que fuera el motivo. La tensión fue palpable durante días. Sólo Lukas Karakousis y Takis Zivas trataban de persuadir al club para mantener la apuesta. Finalmente, su empeño logró que se acordara una solución intermedia, por la cual se calculó el tanto por cierto del valor de cada sesión de entrenamiento; de modo que, por cada una que se perdieran, se restaría la parte proporcional a los 500 euros. Un estímulo para que volvieran con cierta asiduidad. Todo se movía en una línea finísima en la que incluso Giannis llegó a dudar de si Spiros Velliniatis había elegido el club correcto para él con el Filathlitikos. El técnico recuerda que le tuvo que hacer ver lo notorio de la apuesta de la entidad. En ningún otro club de Atenas nadie pondría un céntimo por alguien tan joven, de nivel aún pobre en la cancha y que además tenía de forma evidente otras prioridades mayores que los entrenamientos. Fue en cierto modo una forma de ponerle los pies en la tierra a quien sólo daba sus primeros pasos en el baloncesto, haciéndole ver lo inhabitual, probablemente incluso inédito, del riesgo tomado por el Filathlitikos.

Aquel chico llamado Giannis tenía algo especial. "En los primeros momentos no había duda de que Thanasis era un jugador mucho más llamativo, pero Giannis Smyrlis –el *general manager* del club–, Zivas y yo mismo siempre tuvimos bastante claro que el potencial de su hermano era superior porque trabajaba con una seriedad anormal. Su capacidad de concentración, su determinación y su consistencia le hicieron ganarse progresivamente una mayor confianza de todos los que estábamos involucrados en el proceso. Ciertamente, empezamos pronto a mirarle con lupa prácticamente a diario", relata Spiros Velliniatis. La clave estaba en encontrar una cierta evolución física, ya que la condición inicial de la que partía Giannis era bastante pobre. Tanto, que tardaría prácticamente dos años en poder competir de igual a igual con los chicos de su edad desde un punto de vista físico. "Fue a los quince cuando empezó a desempeñar un papel importante en el equipo, porque a nivel técnico ya habíamos avanzado bastante", rememora Zivas en *Fox Sports Stories*. A partir de ese momento, el crecimiento empezó a ser imparable bajo el estricto control del club: entrenamientos prácticamente cada día de tecnificación individual y mejora física. En la filosofía de Zivas, y por ende del Filathlitikos, se inicia el trabajo con el jugador desde los conceptos más básicos, con el reto de alcanzar el máximo potencial tanto en lo individual como en la integración en el juego colectivo.

Velliniatis, un estudioso del baloncesto, admite haberse pasado horas buscando vídeos por internet para analizar los entrenamientos del técnico español Sito Alonso con un joven Ricky Rubio en sus inicios en el Joventut de Badalona. Quería adaptarlos al desarrollo técnico de su gran perla. De ahí surgieron muchos ejercicios para la mejora de manejo de balón y del *dribbling*, germen del *eurostep* –un movimiento en el que el atacante da un paso en una dirección y rápidamente el siguiente paso en otra para zafarse de su defensor– que se ha convertido con el tiempo en seña de distinción de la hoy estrella de la NBA. Estos aspectos resultaron cruciales en una meteórica evolución. Por otro lado, Velliniatis apunta que la capacidad de pasar el balón de Adetokunbo fue pulida principalmente por Zivas, "un genio en el trabajo de pase", según le define su antiguo colega. Además de las horas en la cancha, también se trató de inculcar progresivamente el virus del baloncesto a un Giannis inicialmente poco receptivo. Velliniatis acudió a referentes de la liga estadounidense para lograr su progresiva adicción: uno por lo puramente deportivo, el otro por lo personal. "Principalmente le ponía vídeos de Magic Johnson porque pensaba que su cuerpo y capacidades de juego podrían acabar siendo similares, así como de Allen Iverson por todos los problemas personales que había sufrido en su vida, para que entendiera que él también podría llegar a ese nivel pese a venir de donde venía", matiza.

Johnson y Iverson eran patrones de altísimo nivel a imitar, como la exigencia que Takis Zivas imponía al mayor proyecto que nunca había tenido entre manos. No era extraño que un lunes cualquiera, tras un partido de treinta o cuarenta puntos de Adetokunbo el fin de semana, Takis Zivas le recibiera en el entrenamiento con una crítica a su rendimiento, dejándole ver sus carencias o una supuesta bajada de nivel. El propio Giannis reconoce que esto, que entonces lo sacaba de sus casillas, no era sino una estrategia para mantenerlo motivado; incluso como jugador NBA la ha seguido empleando con el reto de mejorar cada día sus prestaciones en la cancha, diciéndose a sí mismo que se ve peor que en el último partido o la semana anterior.

Barra libre de filetes

A la vista del indiscutible crecimiento del joven nigeriano y sus hermanos, y pese a que ciertos sectores del Filathlitikos seguían siendo algo reacios, la apuesta por ellos se mantuvo razonablemente firme. Pasaron a entrenar no sólo durante la temporada, sino también en verano, como corresponde a los buenos proyectos. Había mucho trabajo por hacer, como muestra una anécdota destapada años después por Giannis y de la que fue testigo directo Spiros Velliniatis. Era el verano de 2007, en la cancha de Tritonas: "Iba casi cada día a entrenar con él porque estábamos pagándole los quinientos euros incluso durante los meses de postemporada y había que enseñarle desde lo básico. En un momento vi que en la pista de al lado, los mayores, Thanasis incluido, iban a jugar un partido. Hablé con ellos para que le dejaran entrar y Giannis empezara a sentir lo que era competir con gente más experta. Uno de ellos era Nikos Pappas, que se negó a jugar con alguien tan joven. Aquello hirió a Giannis en su orgullo, y retó a Pappas a un uno contra uno", relata el entrenador. Giannis acabó abandonando la cancha entre lágrimas tras perder tres partidos seguidos por 11-0 ante Pappas, futuro jugador profesional y cuatro años mayor.

Durante los periodos estivales de 2008 y 2009 incluso se buscó a entrenadores personales que pudieran ir un paso más allá que los técnicos del club. Nombres como Giorgios Kouklakis o Thomas Nikou, ambos con alto prestigio como jugadores, e Igor Melniks, uno de los primeros internacionales con Letonia tras la desaparición de la URSS y al que la vida había llevado a Atenas, trabajaron en diferentes momentos con los Adetokunbo. Todos llevaban a cabo ejercicios muy específicos para ir puliendo la técnica de los chavales. A Melniks le impresionó especialmente Kostas. Mientras, había que desarrollar también otros aspectos. Uno era el amor por el juego, para lo que comenzaron a acudir a algunos partidos de la primera división griega e incluso de la selección helena, con el club tirando habitualmente de influencias para poder hacerlo sin coste alguno. Y el otro, una necesaria apertura mental. Debía entender que había mundo más allá de Sepolia y Zografou, e intentar que su adaptación al mismo fuera la mejor posible cuando llegara el momento. Con tal objetivo visitaron, auspiciados por los gestores del Filathlitikos, diferentes barrios o bazares internacionales.

Con todo, la situación familiar seguía siendo compleja. El frigorífico continuaba viviendo al día. Así era complicado centrarse al cien por cien en el baloncesto, lo que derivaba en alguna mala decisión personal; en cierta ansiedad por acelerar unos resultados y un salto al profesionalismo que todavía tardarían en llegar. En julio de 2010 se inscribió a Giannis en el Power Basketball Camp celebrado en Loutraki, una localidad a 80 kilómetros de Atenas, muy cerca del canal de Corinto. El director del campus era Achilleas Demenagas, que accedió a la petición de Velliniatis de dar una beca completa a Giannis por su compleja situación económica. Demenagas se encontró "un chaval frágil, de 1,95, con un cuerpo largo y prometedor, pero un nivel técnico normalito que, eso sí, cuando jugaba tenía una mirada asesina y quería competir con los mejores". Añade el entrenador que, en aquella época, "casi toda la atención se la llevaba Thanasis, que con dieciocho años tenía ya un físico fantástico, pero admito no haber visto lo que se nos venía encima con Giannis. Francamente, yo en él veía a un adolescente que destacaba por su coraje y pasión por el juego, pero que no tenía una gran sabiduría baloncestística ni desde luego un físico impresionante. Parecía el típico jugador que había aprendido a jugar en un *playground*, sin mucha calidad pero con una competitividad muy por encima de la media". Durante aquellos días, Adetokunbo solía entrenar su desarrollo técnico y físico por la mañana, mientras que las tardes eran destinadas a evolucionar en el trabajo de 1x1, 3x3 y 5x5, con diferentes competiciones.

La mejora como jugador fue un factor relevante para llevarlo a Loutraki, pero muchos no ocultan que en buena medida el principal logro fue asegurar que el chico hiciera todas las comidas del día de forma regular y razonablemente equilibrada. En poco tiempo, Demenagas pudo palpar de primera mano algunos de los rasgos más claros de su pupilo en esos días. Sobre su ambición, rememora que "teníamos un grupo de nacidos en 1991 y 1992 que era el de más nivel. De primeras a Giannis lo puse en el grupo de su edad, los de 1994, pero cuando vio entrenar a los grandes se quejó de que quería estar con ellos y decidimos subirlo a ese grupo. Si no, obviamente, no iba a pasárselo bien, y al final lo hicimos y desde luego lo disfrutó mucho". En esa misma línea, el técnico apunta otro detalle. Como en todos los campus de baloncesto, había varios tramos del día destinados al ocio o al descanso. "Pero yo a él sólo lo recuerdo pasar esas horas en el pabellón o en el gimnasio; siempre estaba entrenando, a todas horas." La última anécdota afecta al aspecto de la alimentación. "Un día nos pusieron filete para comer y él realmente comió mucho, algo anormal. Recuerdo decirle a Velliniatis que no podría entrenar si seguía comiendo así. Pero la respuesta de Spiros no pudo ser más contundente: '¿Estás de broma? Eso es una bendición para él. Déjale que coma lo que quiera. Entrenará perfecto y lo verás'. Y fue así. Lo que sí creo es que fue el único participante del campus que ganó peso en esos días", concluye Demenagas entre risas.

De regreso al Filathlitikos, pese a las previsiones de estatura de los hermanos, el club siempre evitó encasillarlos como jugadores grandes destinados a ocupar posiciones interiores. Sin ir más lejos, Giannis solía incluso en muchas ocasiones subir el balón o actuar como un base al uso; quizá hipotecando que pudiera hacer mejores números en ese momento, pero desde luego abriéndole la puerta a un futuro inimaginable entonces. Esta es la clave que explica la capacidad de correr el campo que tiene Giannis, pocas veces vista en alguien con su físico. Hoy presumen de que el objetivo con los hermanos era el desarrollo del repertorio técnico acorde a un jugador exterior, sin obviar el trabajo necesario de movimientos y recursos más destinados a la pintura. Se trataba, en definitiva, de un desarrollo global; algo, cuentan, inherente a la filosofía habitual en el club de Zografou. Giannis, que doblaba habitualmente sesiones de entrenamiento con equipos mayores al suyo, llegaría muy joven al primer equipo –donde ya estaba Thanasis–, con el que debutó en un partido de Copa ante el Aris de Salónica, si bien no fue hasta el curso 2012/13 cuando sería miembro de pleno derecho de la plantilla que compitió en la A2, la segunda categoría nacional. Sin embargo, el camino siguió sin ser del todo expedito.

Fueron seis años y unos meses los que pasaron los dos hermanos mayores en el Filathlitikos –Kostas y Alex, que pronto destacaron por sus cualidades físicas, se incorporaron más tarde y paulatinamente–. Es cierto que su progresión fue notable, pero no lo es menos que hubo varias complicaciones más relacionadas con su regularidad en los entrenamientos. Desapariciones de incluso dos semanas, o meses completos en los que apenas acudían cinco o seis veces al pabellón. Seguramente la más grave llegó durante su cuarta temporada, cuando Giannis desapareció durante un mes. Una vez más, la acuciante situación familiar lo devolvía a las calles, y los primeros intentos de recuperarlo resultaron vanos. Fueron momentos de honda preocupación para Takis Zivas, que llegó a plantear a su pupilo que sólo acudiera a los partidos, consciente del diamante en bruto que podía perder definitivamente. Para evitarlo, Zivas rogó a Velliniatis que volviera a Sepolia a encontrarse con Giannis. Recordemos que el gran enlace en el barrio era Bill Xenarios, quien, pese a no trabajar para el club, se había convertido en el hombre del Filathlitikos en aquellos días en el vecindario, por la confianza que tenía con su viejo colega. Solía tener siempre un ojo en los quehaceres de los Adetokunbo e incluso en alguna ocasión les llegó a sufragar el transporte público para acudir a Zografou.

Había que convencer a Giannis costara lo que costara, y Velliniatis optó por tocar la fibra sensible. Compró un libro biográfico de Diego Maradona y se marchó en busca del chaval, convencido de que sería más fácil persuadirle con un ídolo futbolístico. "Al llegar a Sepolia me encontré a Giannis en la cancha de Tritonas, lanzando solo a canasta, pero con una evidente sensación de desgana. Era una sombra de sí mismo, por algún motivo estaba roto emocionalmente", relata Velliniatis, que admite que se "asustó", argumentando que "seguramente ese fue el momento más difícil en toda la historia de sus inicios en el baloncesto, cuando realmente estaba a punto de dejarlo del todo". El técnico se acercó al chaval, haciéndole entrega del libro del astro argentino del balompié. "He comprado esto para ti, para que lo leas, porque éste llegarás a ser tú si te lo propones: el Maradona del baloncesto. Tienes que volver a jugar como sea y no te arrepentirás de ello", le espetó el entrenador. Giannis nunca leyó aquel libro; de hecho así se lo reconoció al propio Velliniatis tiempo más tarde, pero la realidad es que la estrategia funcionó para que el joven regresara, una vez más, al Filathlitikos. "Creo que realmente si no hubiera ido a buscarle quizá habría sido el final, porque me reconoció que sentía vergüenza por haberse ido tanto tiempo. Además, fue una forma de que él valorara que el club tenía interés real en él y de sentirse en cierto modo querido que también ayudó a su autoestima", apunta Velliniatis. Los aficionados al baloncesto nunca estarán lo suficientemente agradecidos al 'Pelusa' por su inconsciente aportación al juego del siglo XXI.

DIEZ METROS DE APARCAMIENTO EN LA GRAN VÍA

EL LUNES 1 DE OCTUBRE, a exactamente 3.366 kilómetros de la capital griega, era un día más para Willy Villar, director deportivo del CAI Zaragoza. El exjugador canario accedió al cargo en la temporada anterior, buscando reverdecer laureles para el baloncesto local con el nuevo club maño que había tomado el testigo en 2002 del que fuera un referente en la ciudad. Zaragoza había sido una de las capitales del baloncesto nacional en las décadas de los ochenta y los noventa, codeándose con los mejores equipos del país y, en no pocas ocasiones, de Europa. En ese momento, el CAI no dejaba de ser un recién ascendido a la Liga ACB sin grandes lujos pero, eso sí, con el potencial –y la presión– que supone representar a la que es la quinta ciudad más poblada de España.

Como cada mañana, Villar llegó a su despacho en las oficinas del club en la calle Zurita, en pleno centro de Zaragoza, y encendió su ordenador. Su rutina consistía en llegar a eso de las nueve a la sede, para luego al mediodía irse al entrenamiento del primer equipo, en el pabellón Príncipe Felipe. En esos momentos, el principal problema que ocupaba su mente era el fichaje del uruguayo Esteban Batista, que no entraba en los planes del Efes de Estambul y con el que los maños tenían un acuerdo a expensas de la desvinculación del charrúa del club otomano. El CAI había abierto el curso con una gran victoria por 88-75 ante el Caja Laboral Baskonia, pero la sensación de que Batista podía llevar al equipo a otro nivel seguía vigente. El directivo tenía previsto desplazarse en unos días a Turquía para negociar la salida del interior. Entretanto, el ritmo no paraba en la dirección deportiva caísta.

Era aún temprano cuando Villar accedió, como cada día, a su correo electrónico. Había recibido un email de Giorgios Dimitropoulos –un representante de jugadores de notable prestigio en el mercado europeo– en el que aparecían informes de siete jugadores griegos disponibles para su contratación, junto a un link de vídeo de cada uno de ellos. Entre esos jugadores, varios estaban ya en la primera división helena. Otros, como Giannoulis Larentzakis –que acabaría fichando por el CAI–, eran algunas de las grandes promesas del país. Nada fuera de lo habitual en el día a día de un director deportivo, que sin embargo no pudo evitar arquear las cejas mientras, con bastante dificultad dada la pobre calidad de las imágenes, observaba uno de los vídeos. Era la primera vez en su vida que veía a Giannis Adetokunbo. Un momento que, en buena medida, cambió la vida del canario, preso en ese instante de un pálpito para nada habitual. Ahí había un tipo de dos metros capaz de, tras coger un rebote defensivo, plantarse en el campo contrario con diez pasos y cuatro botes y machacar el aro rival. "El partido era muy malo, en un campo de ínfimo nivel y la imagen era horrible, por lo que desconfié un poco. Pero ahí había algo especial", reconoce años más tarde Villar. Notando una emoción nerviosa, buscó entre sus contactos el teléfono de Dimitropoulos para solicitarle más información. Ambos tenían buena relación desde hacía tiempo, cuando el directivo español daba sus primeros pasos en los despachos del modesto Inca mallorquín de la LEB Oro, segunda categoría española.

"–Giorgios, soy Willy Villar. Este chico negro del vídeo... Adetokunbo... ¿Tiene la edad?

–¿Cómo que si tiene la edad?

–Ya sabes lo que pasa a veces. Lo mismo jugaba con chavales más jóvenes y por eso dominaba así.

–¡Claro, este chaval nació en Atenas! Tiene una historia complicada en casa, pero te aseguro al cien por cien que tiene la edad.

–Pero ¿cuánto mide este tío, Giorgios? –preguntó Villar, desconfiado por las referencias del vídeo–.

–Está ya por encima de los dos metros.

–Pero a ver, Giorgios. Que este tipo da diez pasos y la hunde en el lado contrario...

–Te digo que está bien, Willy, que es un chico interesante."

La conversación terminó con Dimitropoulos ofertándole a Villar la posibilidad de hacer un entrenamiento privado con su nuevo descubrimiento, y de forma inminente. Apenas unos días más tarde el Filathlitikos, equipo en el que jugaba Adetokunbo en categoría júnior y también en la segunda división absoluta, tenía partido ante el júnior del Panathinaikos. Era sin duda una buena ocasión para ver al misterioso jugador medirse a un rival de alto nivel.

Con su viaje previsto a Estambul a la vuelta de la esquina, Villar encontró la excusa perfecta para lanzarse a ver in situ a aquel delgado efebo de raza negra y brazos larguísimos que se movía por la cancha como una mariposa. Así que solicitó a Reynaldo Benito, presidente del club zaragozano, permiso para viajar de Turquía a Atenas y citarse con él y sus agentes. De todas formas, quiso asegurarse de que su percepción no era sólo debida a la cuestionable calidad de las imágenes, por lo que pidió a sus dos hombres de confianza en el club, el entrenador José Luis Abós y el director de cantera, Luis Arbalejo, que vieran el vídeo.

"Había varios jugadores griegos, de los cuales tres nos interesaban para categorías inferiores, y luego estaba Giannis", relata Arbalejo. "Echa un ojo a los tres y al otro, un base de 2,02, míralo por gusto, pero no es para ti", le explicó Villar. Y claro, "basta que te digan eso para que cuando llegues a casa lo primero que quieras sea ver justamente a ese", recuerda el entonces responsable de categorías inferiores. "Vi a un tipo desgarbado y con una estructura física alucinante, jugando de base o escolta", narra Arbalejo, que al día siguiente debía tomar la decisión de si becaba a un joven heleno para el cadete maño. "Al final no lo hicimos, pero no pude evitar decirle a Willy que el tal Adetokunbo era la leche. Él me contestó que se iba a Atenas a verlo porque pensaba lo mismo", concluye. Efectivamente, Reynaldo Benito había aprobado la propuesta de Villar, que en la tarde del lunes 8 de octubre aterrizaba, procedente de Estambul y sin acuerdo por el fichaje de Esteban Batista, en el aeropuerto Eleftherios Venizelos de Atenas.

Una persona de confianza de Giorgios Dimitropoulos fue a buscarle allí y le trasladó directamente a su hotel en Alimos, una de las zonas más modernas de la capital griega, destinada al turismo internacional y bañada por el Egeo. Villar aprovechó la cercanía del mar para pasar buena parte de la tarde en una terraza en la playa. Mientras asumía que no podría fichar a Batista, no podía evitar que su curiosidad por aquel extraño elemento surgido de un barrio de Atenas que acababa de aparecer en su vida siguiera aumentando. A la mañana siguiente, un coche fue a buscarle al hotel para llevarle al pabellón del Filathlitikos. En la cancha del vetusto escenario le esperaba Giorgios Panou, socio de Dimitropoulos y antiguo miembro del *staff* técnico de la selección griega subcampeona del mundo en 2006. Junto a él, al fin, Giannis Adetokunbo, al que el canario recuerda "tan asustadizo, con esa cara de niño, como imponente en lo físico, pese a su más que notoria delgadez". Tras la presentación inicial, Panou exhortó a Villar a llevar a cabo el entrenamiento que él deseara para probar al joven talento. "Empezamos con dominio de balón, puse unos conos y él empezó a botarlo muy bien y muy rápido... Ahí empecé a ponerme un poco nervioso, pero cuando ves a alguien así sospechas que puede ser un jugador de circo, que luego no entienda el juego a la hora de la verdad. Lo vi botar y pensé que lo hacía mejor que los bases que tenía en Zaragoza, que eran Pedro Llompart y Sam Van Rossom, algo que con 2,02 no era normal. Luego le pedí parada y tiro, y se notaba que era muy coordinado, con una gran técnica individual aunque no fuera un buen tirador. '¡Ahora con la izquierda, ahora con la derecha!', le decía. Hizo todo tipo de ejercicios técnicos y el tío lo hacía todo de puta madre. Más tarde, poste bajo. Y empezó a hacer *fade aways*, reversos y ¡pam!, a meterla para abajo", rememora el gestor.

No fue un entrenamiento demasiado largo. A poco más de media hora del inicio, Adetokunbo parecía agotado. "Quizá tenía una mala condición física o puede que fuera de la propia tensión que tenía por la prueba. De hecho, acortamos el entreno", analiza Villar, cuya percepción estaba justificada. Los propios agentes de Giannis han reconocido en varias ocasiones que el momento en el que más ansiedad sintieron en todo el proceso fue precisamente con la visita del canario a Atenas. Ahí Villar empezó a tener una sensación que no ha dejado de acompañarle hasta hoy. "Siempre pongo el ejemplo de ir a la Gran Vía de Madrid con todo repleto y encontrarte un sitio para aparcar de diez metros. Piensas, ¡joder! Y sales del coche buscando la señal de prohibido aparcar. Esa fue mi sensación toda la prueba. ¡Porque yo no estaba en una recóndita aldea africana, sino en Atenas, viendo a un chaval que jugaba en júnior y en la segunda división! Era consciente de que yo era el primero que iba a verlo, así que estaba nervioso, aunque ponía cara de póker para que los agentes no me vieran muy emocionado", admite, mientras evoca "el increíble tamaño de su mano, que me impresionó. Incluso le hice una foto". En todo caso, la sensación de ser el protagonista de una cámara oculta televisiva no se le escapaba a Villar: "Yo seguía mosqueado, pensando que no era normal y que por la tarde en el partido le iba a ver todas las carencias". Fue entonces cuando el director deportivo del CAI Zaragoza habló por primera vez con el joven griego. Apenas unas palabras, poco más de un minuto:

"–Hola, soy Willy Villar. ¿Cómo estás, muy cansado?
–Sí, bastante –replicó Adetokunbo con enorme timidez.
–Has hecho un buen trabajo. Ahora quédate tranquilo y concéntrate en el partido de esta tarde. Allí nos vemos".

"Reynaldo, me están temblando las piernas"

Tras abandonar el pabellón, el directivo español telefoneó a Reynaldo Benito, que rápidamente le preguntó por las negociaciones con Batista. "No creo que vaya a ir bien porque los turcos no se bajan del burro, pero el chico con el que acabo de estar... Voy a verlo esta tarde, pero Reynaldo, yo no he visto nada así en mi vida: con esa edad, con 2,02 haciendo lo que hace... Lo veré luego, pero este viaje va a merecer la pena", comentó nervioso Villar. Horas más tarde, el Filathlitikos se enfrentaba en partido júnior al Panathinaikos. Cabe reseñar que en Grecia dicha categoría era en ese momento de tres años, hasta los diecinueve. Villar conocía bien a varios jugadores del Panathinaikos, internacionales con Grecia en categorías de formación. Pero lo que iba a ver aquel día no se le olvidaría jamás. Sentado en la grada junto a Giorgios Dimitropoulos y Giorgios Panou, pudo observar muy cerca de él al legendario Dusan Ivkovic, que unos meses antes había ganado la Euroliga con el Olympiacos, tras aquella inexplicable remontada ante el CSKA en Estambul, y que en ese momento ejercía exclusivamente como seleccionador serbio. "Si Ivkovic está aquí, Olympiacos debe estar detrás de Adetokunbo", pensó Villar, por más que el veterano *Duda* hubiera cerrado su etapa con los blanquirrojos unos meses atrás. Antes del partido, en la rueda de calentamiento, un detalle llamó la atención del directivo del conjunto maño, pues otro portentoso chaval de raza negra, con apenas quince años "y ya mucho *flow* en su juego", recuerda, calentó con el Filathlitikos, aunque luego no disputaría ni un minuto. Era Kostas Adetokunbo.

Una vez que empezó el partido, todas las sensaciones se confirmaron. La Gran Vía en hora punta presentaba un espacio no de diez, sino de cien metros perfecto para que Willy Villar aparcara allí mismo, delante de todos. "Daban igual los 2x1 o 3x1 que le ponía el Panathinaikos; hacía lo que quería y se dejaba la vida en cada balón. Jugaba con un corazón enorme y luchaba por todo. Y luego el repertorio técnico era increíble. Subía el balón, daba pases de campo a campo con la izquierda... Incluso ese reverso tan típico suyo que acaba en mate ya lo hizo ese día. Acabó metiendo 44 puntos, y recuerdo que en uno de esos reversos a toda velocidad Ivkovic hizo un comentario sobre que el chico era bueno", relata. Al descanso del partido se apartó de los agentes griegos para enviar un mensaje urgente a Zaragoza: "Reynaldo, me están temblando las piernas con lo que veo". Pero, de nuevo, ¿cómo era posible que ningún otro equipo supiera de aquel animal competitivo ateniense que ya contaba con diecisiete años?

Impresionado por lo que había vivido y palpado incluso en un partido de cinco contra cinco, Villar emprendió el camino de vuelta a su hotel en una furgoneta en la que le acompañaron Panou, Dimitropoulos... y Thanasis Adetokunbo. El hermano mayor de Giannis no jugó ese día, pues ya estaba en edad sénior, pero era una de las estrellas del equipo de la A2, que aquella temporada rozaría el ascenso de categoría. "No tenía el mismo talento de Giannis, pero era una bestia física", aclara Villar, quien se sentó durante todo el camino en la parte trasera de la furgoneta junto a Thanasis hasta que llegaron a un humilde barrio obrero: Sepolia. Fue allí donde supo algo más de la historia de los Adetokunbo. Detalles como su modestísima casa o que Giannis y sus tres hermanos durmieran en una misma habitación con literas sin duda impresionaron al director deportivo caísta. En todo caso, y pese a la extraña situación de que nadie hubiera mostrado aún interés por un jugador a sus ojos descomunal –que se cocía en una de las capitales del baloncesto del Viejo Continente–, Villar no parecía dispuesto a esperar más. De vuelta al barrio de Alimos, esa misma noche cenó con Giorgios Dimitropoulos, en una velada que se alargó hasta bien entrada la madrugada para pulir los detalles del fichaje: "Allí me abrí en carnes y le dije que lo quería, y hablamos de todos los detalles. Un contrato de cuatro años, la cantidad a pagar al Filathlitikos, que sería mayor si luego lo traspasábamos nosotros... Lo pienso y lo traté como a una estrella; pagamos una cifra importante y un buen traspaso. Ahora obviamente él es quien es, pero en aquel momento igual yo estaba loco". Efectivamente, en la noche del martes 9 al miércoles 10 de octubre de 2012, Willy Villar logró aparcar su coche en hora punta en una de las principales arterias de una gran ciudad, ante la mirada impasible del resto de ciudadanos. Hoy se sabe que Barcelona y Efes también mandaron ojeadores a Atenas, pero el único que envió a su director deportivo era el CAI Zaragoza, que fue quien cerró el fichaje. Allí, mirando al Egeo en medio de la noche, quizá no era del todo consciente, pero acababa de pactar una de las operaciones más relevantes del baloncesto europeo contemporáneo.

EL MUNDO CONOCE AL PORTENTO GRIEGO

"Giannis Adetocunbo, griego-nigeriano, pretendido por Efes y Panathinaikos, desembarcará en CAI Zaragoza." Esos fueron los 103 caracteres con los que el periodista español Chema de Lucas informó al mundo entero del fichaje de la nueva gran perla del baloncesto europeo por el equipo aragonés. Lo hizo minutos antes de que hiciera lo propio Giorgios Panou, uno de los agentes del jugador, también en Twitter. Era el 17 de diciembre de 2012, a las 19:17 horas. "Evidentemente no había oído hablar de él hasta ese momento; tenía un desconocimiento total de su existencia", confirma De Lucas, que pudo tener acceso a "unos vídeos que circulaban por Grecia, en una página rara, no una de las clásicas del baloncesto de allí". Así vio por primera vez en su vida al misterioso jugador. "Me llamó la atención que era alguien que hacía de todo, capaz de subir el balón y hacer muchas cosas, y que no eran vídeos de habilidades, sino cortes de partidos", desvela.

Tres horas más tarde, a las 22:07, la noticia apareció publicada en *Solobasket*, una de las webs de referencia sobre baloncesto en España, firmada por Igor Minteguia. "Fíjate si era desconocido que no sabíamos ni escribir el nombre. Pusimos Adetocunbo", relata De Lucas, quien destaca del jugador que "impresionaba por lo completo que era siendo tan joven y sobre todo por sus larguísimos brazos". Quizás ese fue el origen de un titular con una comparación cuanto menos arriesgada. Un símil que generó alguna discrepancia entre los redactores, en una época en la que el *clickbait* se estilaba poco todavía: "El Magic Johnson heleno." Minteguia hace memoria: "Recuerdo decirle a Chema, al que le gustaba retorcer un poco los titulares, que este tío jugaba en la segunda griega con unos números discretos y que aquí no lo conocía nadie como para llamarle así, pero ahora hay que admitir que fue un poco visionario". "Luego supe que lo habían usado en Grecia también", añade De Lucas.

En todo caso, aquello podía quedarse en un brindis al sol. "Se veía como una apuesta de futuro, como tantas otras que hacen los clubes fichando jóvenes, y que podía funcionar o no. El propio CAI lo hizo con jugadores como John DiBartolomeo o Giannoulis Larentzakis, pero nadie imaginaba no ya el impacto futuro, sino el que tuvo a partir de aquel momento este movimiento", analiza el periodista alcarreño, cuyo tuit inicial apenas tiene diez *retweets* casi una década más tarde. "Era un fichaje como tantos otros y la publicación hubiera pasado prácticamente inadvertida de inicio de no ser por el titular, que es lo que generó visitas por la comparación, así que en cierto modo logró su objetivo", prosigue Minteguia. Eso sí, De Lucas no duda de que estuvo ante una de las noticias de su vida por todo lo que vino después. "Fue especial", admite. Incluso meses más tarde recibió una camiseta de su descubrimiento, ya como jugador de Milwaukee Bucks, firmada y con la dedicatoria "To Chema" (para Chema).

Enseguida ahondaremos en todo lo que sucedió a partir de ese 17 de diciembre. Pero al lector le habrá llamado la atención la fecha. ¿Por qué si Willy Villar cerró el fichaje en Atenas el 9 de octubre no se hizo oficial hasta dos meses después? Él mismo lo explica. "Surgió el problema de sus papeles. Giannis, como todos sus hermanos, era apátrida. Un chico desnaturalizado, que no existía en el mundo, no era nigeriano ni tampoco griego. De ahí que Dimitropoulos –el otro agente griego junto a Panou– me pidiera esperar y llevarlo todo en secreto hasta que cumpliera la mayoría de edad y no tuvieran que firmar los padres, sino que pudiera hacerlo él directamente. Realmente era un contrato complejo, a tres bandas, entre el jugador, el Filathlitikos y nosotros, así que por eso nos pidió algo de calma esperando ese día". Efectivamente, el 6 de diciembre de 2012 Giannis Adetokunbo había cumplido dieciocho años, lo que en cierto modo facilitó la compleja operación. Al día siguiente se firmó el contrato definitivo, que rubricaba el inicial que se había sellado el 21 de octubre y mediante el cual los maños abonaron 200.000 euros al club de Zografou. Esa cantidad, tal y como recoge *El Periódico de Aragón*, acabó alcanzando los 292.333 euros en virtud de una cláusula por la que el CAI se comprometía a pagar 100.000 dólares adicionales en caso de vender los derechos del jugador a una franquicia NBA.

Hay que apuntar también que la paciencia y la confianza del club español resultaron premiadas. En semanas previas Dimitropoulos había tenido lógicamente algunos contactos con los principales clubes de Atenas: Olympiacos y Panathinaikos, además de con Barcelona y Efes; pero ninguno de ellos se atrevió a tomar el riesgo de apostar por un sin papeles. El hecho de que Giannis, como Thanasis, no tuviera carnet de identidad suponía que contar con él en un equipo fuera un dolor de cabeza. Cuando el Filathlitikos tenía que hacer algún viaje más complejo de lo habitual, todo se enredaba para los Adetokunbo. Por ejemplo, si tocaba jugar en la isla de Creta, ellos no podían coger un vuelo como el resto de sus compañeros, y se veían obligados a hacer el traslado en barco. Eso ocurrió varias veces en la temporada 2012/13, con los dos hermanos ya en el primer equipo del Filathlitikos, en la A2 griega –Giannis seguía jugando en júnior también–. Igualmente, cuando había que viajar a Salónica, a 500 kilómetros al norte de la capital, no tenían otra opción que recorrer la distancia en coche, mientras que en alguna ocasión el resto del equipo viajaba en avión. Más allá de lo estrictamente deportivo, durante dos décadas no gozaron de derechos a priori tan básicos como el acceso al sistema público de salud o a otros servicios esenciales. Su única documentación oficial era su certificado de nacimiento. Todo ello suponía un freno para algunos clubes de mucha mayor dimensión que el zaragozano. Esas circunstancias, y la persistencia maña en quien casi nadie creía lo suficiente como para tomar riesgos, hicieron que los agentes y el jugador vieran con buenos ojos la oferta aragonesa, por la que Adetokunbo ingresaría 250.000 euros por sus tres primeros cursos a orillas del Ebro y otros tantos si el acuerdo se ampliaba a una cuarta temporada.

En este contexto, cabe preguntarse si en algún momento de esos más de dos meses en los que sólo había un acuerdo verbal, Villar vio peligrar la operación. "No fue así, porque confiaba mucho en la palabra de Giorgios (Dimitropoulos), que siempre me pareció un tipo legal, y además a mí me constaba que ellos estaban interesados en cerrar todo. Lo único que me mosqueaba un poco era, de nuevo, cómo era posible que Olympiacos y Panathinaikos, que lo tenían allí, viendo cosas que yo no había visto en mi vida, no lo quisieran atar realmente. Tenía ese runrún de que podía equivocarme y de que algo se me escapaba", aclara el directivo.

En aquel momento, el gran objeto de deseo del baloncesto europeo era el croata Dario Saric, capaz de dominar como cadete en la categoría júnior. "Saric era un auténtico estrellón entonces, pero yo siempre pensaba que éste era mucho mejor que él. Más elástico, más físico. Y pasaba y botaba mejor, aunque nadie le prestara atención. Recuerdo que incluso llamé a Alberto Angulo –director de cantera del Real Madrid– y le dije que sabía que él tenía que fichar todo lo mejor, pero que había uno que se le había escapado y que lo sabría en dos meses, aunque él acabó fichando a Luka Doncic, que tampoco estaba mal", atestigua Villar entre sonrisas. Lo cierto es que, desde que se confirmó la adquisición del CAI Zaragoza, se produjo un auténtico *boom* mediático y un aluvión de interés por parte de equipos de todas partes. De repente, todo el mundo quería saber quién era el tal Giannis Adetokunbo que promediaba, en el momento de ser anunciado oficialmente por los maños, 7,5 puntos, 5,2 rebotes y 1,2 asistencias por encuentro en su primera temporada como jugador de pleno derecho en la segunda división griega. Incluso la NBA entró al fin en juego, en un proceso que evoca perfectamente uno de los entrenadores helenos más prestigiosos del baloncesto moderno, Dimitris Itoudis: "La primera vez que supe de su existencia fue a finales de 2012. Empecé a recibir llamadas de entrenadores asistentes y de algún mánager general de la NBA preguntándome por un chico que jugaba en la A2 y en júnior. Así que fui pronto a verle algunos partidos, y recuerdo que desde Estados Unidos me solían preguntar por qué Olympiacos o Panathinaikos no le habían fichado". De nuevo, el gato encerrado de Villar volvía a saltar a la palestra.

"¿Es negro?"

Lo que quizá no es tan sabido es que en aquel octubre de 2012 la NBA había empezado a moverse detrás del enigmático jugador. Como suele ser habitual, todo empezó con un chivatazo: "Hay un chico al que tienes que ver". Se hace necesario insistir en que lo sorprendente de esta historia es que el zagal al que había que seguir de cerca –pero que nadie parecía conocer– estaba próximo a la mayoría de edad y vivía en una capital del primer mundo. Nada que ver con aquella película de 1994 llamada *Una tribu en la cancha*, en la que el entrenador Jimmy Dolan –encarnado por Kevin Bacon– se desplaza a un poblado del África profunda para captar un joven valor del que ha recibido unas imágenes. En este caso, la primera llamada terminó solicitando un vídeo. Cualquiera puede emocionarse con un jugador y que luego no sea para tanto. Lo sorprendente llegó con las imágenes, seguramente las mismas que hicieron arquear las cejas a Willy Villar. La reacción debió ser similar, pues poco tiempo después ya había algún *scout* NBA en territorio griego.

Todo debía ser llevado con enorme sigilo. Los ojeadores NBA son personas muy discretas, especialmente cuando comienzan a moverse en ese mundo. Las franquicias tienen una gran red de captación de talento que comienza con el *general manager* y que extiende sus tentáculos por los cinco continentes. Sus caras a veces son públicas, como en el caso de los *scouts* principales, si bien en su estructura también se integran otros ojeadores de menor escalafón pero igualmente importantes en el día a día de la franquicia. En su caso, lo normal es que el público general, e incluso el más especializado en baloncesto, desconozca que esos informadores, a menudo entrenadores o exjugadores, trabajan para un equipo de la mejor liga del mundo. El único objetivo de esa discreción es llegar antes a un *prospect*, o más bien conseguir la mejor –y menos filtrada– información posible sobre él. Pero que no hubiera ruido no significa que la NBA no estuviera ya tras la pista de Adetokunbo. En esos días Willy Villar telefoneó a un ojeador NBA con el que tenía buena relación, y se produjo esta simpática conversación. "Hola, ¿cómo estás? Oye, estoy aquí con José Luis –Abós, el entonces entrenador del CAI– porque vamos a fichar a un griego y yo creo que no le conoces, pero él dice que sí debes saber ya quién es; hemos hecho una apuesta a ver si es así o no", comenzó Villar. "¿Es negro?", contestó el ojeador. Las dos partes comenzaron a reírse de forma cómplice porque se acababa de hacer evidente que hablaban de la misma persona.

Durante aquellas semanas de octubre y noviembre el Filathlitikos comenzó a ser observado muy de cerca por alguna franquicia. Sin ir más lejos, los jugadores recuerdan ahora una curiosa situación. Se produjo en el pabellón de Zografou, el día antes de un partido de liga. A su salida del entrenamiento previo, realizado a puerta cerrada, un supuesto periodista se acercó a algunos de los veteranos del equipo. Buscaba información sobre Giannis Adetokunbo, pese a que estaba muy lejos de ser la estrella del equipo y su nombre todavía era completamente desconocido a nivel mediático. Quería saber cómo era fuera de la cancha, a qué dedicaba su tiempo libre o aspectos sobre su evolución personal, física y técnica. Aunque el lector pensará que habría sido lo más lógico, no preguntó nada a Giannis ni a su hermano Thanasis. No por casualidad sólo se dirigió a los veteranos del equipo.

Con el tiempo, y atando cabos, los jugadores asumieron que el supuesto periodista era un *scout* NBA. No contactó en ningún momento a los agentes de Adetokunbo, para que el jugador no cambiara su forma de actuar, pues el objetivo era verlo –en la cancha y fuera de ella– actuar con la mayor naturalidad posible, aun a riesgo de que pudiese estar lesionado y el viaje hubiese sido en balde, situación que se ha dado en más de una ocasión. Los *scouts*, por cierto, tienen prohibido dirigirse personalmente a jugadores en edad de ser drafteados, una opción que, salvo excepciones, tiene su límite en torno a los veintiún años. Por eso aquel misterioso personaje sólo habló con los de más edad. Nada es casualidad y todo es fruto de la gran discreción con la que, sobre todo en fases iniciales, actúa la NBA a la caza del talento joven.

La primera vez que la mejor competición del planeta hizo acto de presencia sin ocultarse no tardaría en llegar. El 1 de diciembre el Filathlitikos rendía visita en la octava jornada de la A2 al Arkadikos de la ciudad de Trípoli, en plena península del Peloponeso y a unas dos horas por carretera de Atenas atravesando el Canal de Corinto. El partido supuso la séptima victoria de la temporada para el equipo de Zografou (81-88), perseguidor del líder Nea Kifissia en la clasificación. La dirección del base Nikos Gikas –13 puntos y 10 asistencias– y el acierto anotador del alero Christos Saloustros y el pívot Vassilis Giannoulakos, con 16 y 15 tantos respectivamente, lideraron a los atenienses, donde Thanasis Adetokunbo exhibió su enorme poderío físico para aportar 11 puntos, 6 rebotes y 3 tapones. Lejos de ese impacto en el partido estuvo su hermano Giannis, con 6 tantos y 2 rechaces. A la conclusión del duelo, y con la satisfacción del triunfo, el entrenador Takis Zivas emprendió el camino hacia el autobús que debía llevar a su equipo de vuelta a Atenas.

Pero a la salida del pabellón de Trípoli, un desconocido se le acercó. Tras presentarse como agente NBA, le preguntó por sus impresiones sobre Giannis Adetokunbo. Zivas estaba desconcertado. El veterano entrenador, conocedor del acuerdo de su discípulo con el CAI Zaragoza, no esperaba que aquel primer día del último mes del año la NBA expresara por primera vez, en una remota ciudad de Grecia donde conseguir una plaza hotelera no era especialmente sencillo, su interés en la figura de Giannis. Entre los varios cientos de aficionados locales que acudieron al partido se había sentado por primera vez de forma más o menos pública un ojeador llegado desde Estados Unidos. Faltaban dieciséis días para que Chema de Lucas informara en Twitter del fichaje de Adetokunbo por el CAI; dieciséis días para que los teléfonos de Giorgios Dimitropoulos, Giorgios Panou y su hombre de confianza en Estados Unidos, Alex Saratsis, comenzasen a necesitar varias recargas de batería cada día.

Todo iba a explotar justo antes de Navidad, con una necesidad atroz de información desde América. Sobre los principales aspirantes a ser elegidos las franquicias llevaban tiempo trabajando, por mucho que tuvieran aún que hacer el acopio final. Pero de ese impacto súbito llegado desde Grecia casi nadie sabía nada, y el tiempo jugaba en contra a apenas seis meses del *draft*. Desde el principio de 2013 ya hubo espías de la NBA en prácticamente todos los partidos del Filathlitikos, lo que iría a más con el paso del tiempo. En la recta final de aquella temporada resultaba imposible que los de Takis Zivas jugaran un partido sin que en la grada hubiera varios *scouts* y hasta algún que otro *general manager* llegado desde Norteamérica. La discreción había pasado a un segundo plano. Los ojeadores iban a calzón quitado y hasta se saludaban en la grada.

Mientras tanto, aunque los acontecimientos se sucedían a su alrededor y el gran salto a medio plazo ya comenzaba a ser vislumbrado por algunos, el principal protagonista de esta historia bastante tenía con asumir el paso al siguiente nivel. Aunque todo estaba a punto de cambiar, la miseria aún formaba parte del día a día en su familia. El 11 de noviembre, en la quinta jornada de la liga griega, el Olympiacos visitaba al Peristeri en uno de los muchos derbis que hay en la capital. Los Adetokunbo, que como es sabido sentían apego por los rojiblancos –sobre todo en el caso de Giannis–, querían ir al partido. Pero no era tan fácil. Giannis Tzikas, el dueño de la cafetería Kivotos, cuenta lo sucedido: "No tenían dinero para gastárselo en dos entradas, de modo que llamé a un amigo del Peristeri para que les dejara pasar por alguna puerta trasera". Horas más tarde iba a recibir la que considera una de las mayores alegrías de su vida: "Tras el partido, Giannis vino a mi casa a darme las gracias y me dio la noticia. '¡Me voy a España, a Zaragoza! ¡Me darán 250.000 euros, un coche y me pagarán el alquiler! ¡Y nos iremos toda la familia!', me contó". Ese era el siguiente paso en la cabeza de Adetokunbo, aún sin papeles que le garantizaran que aquella aseveración se iba a cumplir. Y desde luego sin poder imaginar todo lo que iba a suceder en apenas unos meses.

Descubriendo el *draft*

El devenir de lo sucedido no lo pudo prever nadie. Ni sus propios agentes. A esas alturas, Dimitropoulos y Panou llevaban un año convencidos de que en su pupilo se encerraba un diamante en bruto. Fue en septiembre de 2011, al comienzo de su quinta temporada completa en el Filathlitikos. "Hubo un punto de inflexión en ese momento en el que hicimos un plan que incluía que fuera visto por fisiólogos, nutricionistas y diferentes médicos", relató Giorgios Panou en una entrevista en *AllStar Basket* en 2014. En ese momento, un estudio del sistema óseo de Adetokunbo calculó que estaría creciendo hasta los veintidós años. "Por eso no le permitimos levantar mucho peso en los entrenamientos, sino que siguió un programa más conservador", prosigue. Todo esto provocó que siguiera muy delgado mientras no paraba de crecer. Sólo en los tres meses de verano de 2012 pasó de medir 1,95 a 2,01, mientras su competitividad y ética de trabajo seguían en aumento. "En esa época pasaba muchas horas después del entrenamiento en el pabellón del Filathlitikos. Quería desarrollar su cuerpo, prepararlo levantando pesas. Muchos se reían de él porque realmente estaba muy delgado, pero siempre perseveró. Y con una sonrisa les decía: 'Llegaré a ser el más fuerte aquí y con los mejores músculos'", recuerda su entonces compañero Alexandros Zogas.

Al margen de la física, tocaba una preparación mental como parte fundamental del proceso de adaptación al huracán de sensaciones que le venía por delante a la perla de Sepolia. La primera vez que los agentes se sinceraron con su jugador fue en agosto de 2012. Por su valor informativo, y la explicación de lo que afronta un joven talento de camino al *draft* de la NBA, se respeta aquí la traducción íntegra de la narración que hizo Giorgios Dimitropoulos –en *AllStar Basket*– de lo sucedido en esa reunión: "Quedamos con el chico en un hotel para hablar. Iba a cumplir pronto los dieciocho años y aún no había jugado en la A2. Era sólo un adolescente que no había jugado con el equipo sénior más que un partido de Copa ante el Aris de Salónica. De modo que le dije que con ese cuerpo y sus capacidades pensaba que era posible tener algún interés de la NBA en algún momento. Le conté que teníamos cuatro años por delante para declararlo elegible. ¡Todo esto para un niño que ni había jugado A2 en ese momento! Me miró alucinado, y seguí diciéndole: 'Pero te llevaré al *draft* este año'. De nuevo, silencio absoluto. Quería averiguar si me entendía o no, si sabía lo que estaba diciendo. Entonces, me preguntó: '¿Qué quieres decir? ¿En la NBA?'. Y continué diciéndole que sus características eran únicas en Europa y casi en todo el mundo. No volvió a hablar mucho más. Le expliqué que sería elegible para el *draft* tan pronto como cumpliera diecinueve años, por lo que al nacer en 1994 lo sería desde 2013. Que lo inscribiríamos en abril y tendríamos tres meses para decidir qué hacer. Que podía retirarse en junio y esperar a otro año, desde luego. Y que podríamos hacer eso hasta 2016. A partir de ahí le conté las opciones: 'La primera es ser elegido en segunda ronda, lo que significa que si alguna vez vas a la NBA negociarás tu contrato porque la escala salarial del convenio colectivo no aplica en la segunda ronda. La segunda opción, más difícil, es salir en primera ronda, lo que significa automáticamente tener un contrato garantizado, pasar de ganar 200 o 300 euros al mes a ingresar un millón de dólares al año. Y luego hay un tercer escenario, que es no salir elegido, que podría ser hasta más conveniente, porque te podría permitir negociar con cualquier equipo, no el que te haya elegido'. A lo largo de la conversación, su lenguaje no verbal lo decía todo, me hubiera gustado tener una cámara conmigo para captarlo. Fue surrealista".

El torrente informativo recibido dejó algo aturdido a Adetokunbo, que mantendría nuevas charlas con sus agentes una y otra vez sobre el proceso al que se enfrentaba. "Pudimos hablar unas ochenta veces durante aquella temporada sobre todo ello, hasta que tuvimos claro que lo entendía y asumía lo que le venía por delante", aclaró Panou en la citada entrevista. La figura de Adetokunbo comenzó a acrecentarse de forma desorbitada y sin marcha atrás desde el anuncio de su fichaje por el CAI. Veamos cómo recuerda aquellas primeras noticias sobre él Giorgos Sigalas, leyenda del baloncesto griego en la recta final del siglo XX y, desde su retirada, muy implicado en la formación de los jóvenes valores de este deporte en su país. "La primera vez que supe de él fue cuando tenía dieciséis años, pero no le vi jugar entonces; sólo recuerdo un vídeo de un partido entre los júniors de Filathilikos y Panathinaikos. No es fácil ver ese potencial y luego apostar por él. Y seguramente menos aún en Grecia que en otros países. Aquí apenas se le hace hueco a los jóvenes en los equipos de alto nivel y eso es algo malo que tiene nuestro baloncesto. Giannis no jugaba demasiado en la A2, casi nunca era titular. Alguien le vio y observó algo en él, dándole la opción de jugar en España. Luego se fue directamente a la NBA, trabajó muchísimo y en seis años se hizo el mejor jugador de la liga y quizá del mundo. La cuestión es darle la oportunidad, a partir de ahí es cosa suya. Giannis la cogió y la aprovechó. Si nadie se la hubiera dado no sabemos qué habría pasado; probablemente hasta seguiría jugando en la A2. Pero cuando tienes la oportunidad de hacer algo debes estar preparado. Eso es lo que realmente diferencia a las personas. Y él desde luego lo estaba", analiza.

EL ENEMIGO DE AMANECER DORADO

En diciembre de 1980 vio la luz por primera vez en Grecia la publicación *Amanecer Dorado*, creación de un grupo –liderado por Nikolaos Michaloliakos– de jóvenes nostálgicos del exdictador Ioannis Metaxás y la posterior Dictadura de los Coroneles. Michaloliakos, de formación militar, había sido expulsado del Ejército después de tener un importante historial conflictivo. La participación en secuestros de periodistas o palizas organizadas, así como la posesión ilegal de armas y explosivos le llevaron a ser juzgado varias veces, incluso entre 1978 y 1979 por pertenencia a grupo terrorista, lo que le hizo ingresar en prisión. Allí fue donde germinó la creación de la revista. Dicha publicación tenía una ideología de marcado contenido neonazi y su objetivo final era la recuperación de la dictadura militar. Por otro lado, una de sus líneas de actuación fundamentales era la negación del Holocausto. Fue en 1985 cuando Michaloliakos registró Amanecer Dorado como asociación y, si bien no se estableció como partido político hasta 1993, la realidad es que de facto comenzó a actuar como tal desde su creación. Su primer gran reclamo político llegó justo antes, en 1992, cuando miles de griegos se manifestaron en contra de que la exrepública yugoslava adquiriera el nombre de Macedonia, con el argumento de que esa palabra pertenecía al patrimonio cultural de la Grecia moderna y que nombrar de tal forma a una nación independiente generaría reclamos territoriales contra su país. Además, entre sus líneas de pensamiento estaba la "pureza ideológica". Según el artículo doce de sus estatutos, sus miembros sólo pueden ser "arrianos de sangre y griegos de origen".

Durante prácticamente dos décadas, Amanecer Dorado fue, sobre todo, activismo en las calles. Sus miembros, habitualmente vestidos de negro, solían llevar a cabo ataques contra inmigrantes y opositores políticos. Sepolia fue durante años uno de sus barrios de actuación preferidos, con auténticas patrullas en sus calles. A la larga, su discurso terminaría calando en buena parte del electorado heleno: en 2012, el partido ingresó por primera vez en el Parlamento con dieciocho diputados, al obtener un 7% de los sufragios. Un resultado que supuso un impulso gigante para aparecer en el primer plano mediático del país. En plena crisis económica, la mayor en Grecia desde la Segunda Guerra Mundial, y de credibilidad hacia Europa en buena parte de la población, con todo tipo de problemas sociales y de desempleo, el discurso populista se amplificó.

Como ha ocurrido en las crisis tantas veces a lo largo de la historia, con el aumento del paro y la miseria el populismo encontró su sitio: en las elecciones municipales de 2014 Amanecer Dorado obtuvo sus mejores resultados, convirtiéndose en la primera fuerza política en el barrio de Sepolia con un 20,7% de los votos. Muy cerca se quedó de esas cifras en otros vecindarios que históricamente habían acogido inmigrantes, como Kipseli, Patisia y Kato Patisia, donde rozó el 19%. En Ampelokipoi, el lugar en el que los Adetokunbo pasaron sus primeros años en Grecia, alcanzaron el 14%. En total, el porcentaje de apoyo al partido casi se duplicó respecto a las elecciones nacionales de dos años antes. En 2014, el candidato de Amanecer Dorado a la alcaldía de Atenas, Ilias Kasidiaris, fue votado por 36.000 vecinos, casi 10.000 más de los que habían apoyado al partido neonazi en 2012. En 1996, apenas un 0,1 de los atenienses habían votado al partido de Michaloliakos.

El de Amanecer Dorado fue un crecimiento sostenido no exento de una enorme polémica, con miembros del partido envueltos en el intento de asesinato de sindicalistas u otros políticos, y por supuesto en multitud de ataques por cuestiones de raza. Según datos oficiales, en 2011 hubo 63 casos de violencia racista severa en Grecia, que aumentaron a 154 en 2012 y a 166 en

2013. En muchos de ellos hubo miembros del partido implicados. El asesinato, el 17 de septiembre de 2013 –a manos de Giorgios Roupakias, miembro de Amanecer Dorado–, del cantante de hiphop Pavlos Fyssas a las puertas de una cafetería de El Pireo supuso, en cierto modo, un punto de inflexión en su crecimiento, que aun así alcanzaría su cúspide en los comicios de 2014. Matar a un griego supuso el final del partido. Estallaron protestas masivas por el país pidiendo justicia, y aunque negó inicialmente toda implicación, Nikolaos Michaloliakos terminaría admitiendo la responsabilidad política del crimen. Poco después, el exmilitar fue detenido junto a más miembros del partido. Le acusaron de formar parte de una organización criminal con cargos por asesinato, extorsión y participación en la desaparición de hasta cien inmigrantes, presuntamente muertos. En 2015, en pleno juicio a los líderes de Amanecer Dorado, la formación mantuvo su influencia, colocándose como la tercera fuerza política en el parlamento heleno con un 7% de votos y dieciocho escaños, calcando los resultados de 2012. Pero el proceso judicial terminaría por deslegitimar de forma casi total al partido de Michaloliakos. En 2019 obtuvo menos de un 3% de los votos en las elecciones generales, perdiendo los dieciocho diputados con los que contaba.

En todo este contexto, la eclosión de Giannis Adetokunbo como tema de debate en la esfera pública griega no se hizo esperar. Desde que a finales de 2012 su nombre saltara realmente a escena, Amanecer Dorado vio en él un filón. Un icono de una Grecia multicultural que pretendían evitar a toda costa. En el mes de octubre de ese mismo año, el jefe de prensa del partido, Elias Panagiotaros, había puesto en duda la helenicidad de quien por aquel entonces era una de las estrellas de la selección griega, el pívot Sofoklis Schortsanitis, hijo de griego y camerunesa. "No creemos que sea griego de acuerdo a los ideales de nuestra raza. No es griego. Sus dos padres deberían serlo, y él debería pertenecer a una raza europea. Si crees que Schortsanitis es griego, llévatelo a tu partido", declaró. La periodista Anne-Rose Strasser definió con certeza la situación pocos meses después, en *thinkprogress.org*: "En cierto modo, Giannis es su villano perfecto: un joven no étnicamente griego, capaz de alcanzar el éxito a pesar de la pobreza y de ser un inmigrante, y al que incluso se le favoreció la consecución de la ciudadanía por mor de sus servicios especiales al país".

Cuando Giannis Adetokunbo firmó por el CAI Zaragoza el 7 de diciembre de 2012 mantenía un problema fundamental: seguía siendo apátrida. No podía subir a un avión, ni por supuesto cruzar una frontera o ejercer su derecho al voto cuando alcanzara la mayoría de edad. Había nacido en Grecia, donde se escolarizó y pasó toda su vida, donde había soñado con el fútbol y crecido en el baloncesto, donde trabajó para sacar adelante a una familia más desestructurada de lo que cuenta el discurso oficial. Pero a la hora de la verdad, no existía para el Estado al que realmente amaba y soñaba defender. Porque Giannis, a diferencia de Thanasis, del que cuentan que sentía algo más de aprecio por Nigeria, siempre fue muy helenista. Incluso voces de su entorno tenían que frenarle en ese apego hacia Grecia. "No te fíes del Estado hasta que no tengas tu pasaporte", le solían recordar. Una situación paradójica para alguien que había sufrido, por el color de su piel y el origen de sus padres, más de un problema de racismo. Ya se ha relatado cómo, entre las muchas horas que pasaron él y sus hermanos en el pabellón del Filathlitikos, no pocas se invirtieron en dormir en una vieja colchoneta por temor a pasar demasiado tiempo en la calle.

El momento tampoco era el más oportuno para conseguir el pasaporte. Justo en febrero de 2013, el Consejo de Estado griego declaró inconstitucional la llamada "Ley Ragousis", que desde casi tres años antes permitía a los inmigrantes de segunda generación solicitar la ciudadanía y participar en las elecciones locales, siempre que hubieran estudiado en una escuela griega durante al menos seis años. Se iniciaba así un proceso para modificarla por otra norma que exigiría a los candidatos a la ciudadanía helena mostrar un "vínculo genuino" con el país y demostrar que habían asimilado su cultura. Grecia había dejado de conceder pasaportes según la norma de Ragousis meses antes, en previsión del fallo del tribunal. En ese caldo de cultivo, el proceso para la legalización de los Adetokunbo no iba a resultar sencillo. Sin embargo, había un arma a emplear que suele funcionar en estos casos: el potencial deportivo de Giannis se vislumbraba descollante. Y la posibilidad de que fuera en el medio plazo un jugador con capacidad para defender durante muchos años a la selección griega empezaba a ser algo más que palpable. En el verano de 2009 había existido algún movimiento para la consecución de la nacionalidad para Thanasis, cuando las categorías inferiores de Grecia mostraron interés en él, pero sin demasiado recorrido. Ahora se había llegado a un punto de no retorno. Giannis necesitaba un pasaporte para acudir en mayo a Estados Unidos a entrenar con equipos NBA, o como muy tarde a finales de junio para el *draft*. Poco después tendría que ir también a Zaragoza, donde estaba previsto que diera su siguiente paso como profesional. Si Grecia no mostraba interés, no le quedaba otra que buscarse la forma de conseguir la documentación necesaria.

Nigeria y España, a escena

Ya se ha mencionado anteriormente la entrevista concedida por los agentes de Giannis en febrero de 2014 a la revista *AllStar Basket*. En la misma, Giorgios Dimitropoulos desveló los pasos dados para desenquistar la situación. "Decidí enviarle un fax al entonces primer ministro, Andonis Samarás, explicándole quién era y toda la situación. Que representaba a un deportista con la posibilidad de llegar a un alto nivel en el baloncesto. Por supuesto mencioné que era nacido y criado en Grecia, que sólo hablaba griego y sólo fue a la escuela griega. Quise destacar que en su familia sólo hablaban en griego entre ellos porque él y sus hermanos no conocían otro idioma", explica el agente, justo antes de entrar en la parte más relevante de la misiva. "Terminé indicándole que sería una pena que el baloncesto griego perdiera un talento de ese nivel, porque tengo que admitir que el plan B era que obtuviera un pasaporte nigeriano. Si sus padres eran de allí, ¿por qué no íbamos a hacerlo?", concluye. He ahí la gran clave. Con la necesidad de regularizar la situación, y ante lo tedioso e inoperante –dada la celeridad que precisaba la operación– que podía resultar el proceso de seguir los cauces normales, los agentes de Giannis deslizaron la posibilidad de que el jugador terminara haciéndose nigeriano. Sin embargo, eran conscientes de que esa vía tampoco resultaba sencilla, pues Charles y Veronica Adetokunbo temían ser deportados si iniciaban los trámites para que sus hijos obtuvieran un pasaporte de su país de origen. Aunque no se llevó a cabo ningún movimiento en ese sentido, incluso llegó a valorarse pedir ayuda a la Federación Española con los papeles. Si el chico iba a acabar en Zaragoza, y de hecho ya tenía un contrato firmado con el club maño, podría ser una opción conseguir la nacionalidad del país de la piel de toro. Ahí había un jugador para quince años con la selección. Por lo menos.

Todos estos movimientos generaron cierto nerviosismo en diferentes sectores del baloncesto griego. El 15 de marzo de 2013, el periodista Stefanos Triantafyllos firmaba en *Sport24* lo siguiente: "Si todo va bien, Giannis Adetokunbo conseguirá el pasaporte griego, viajará al Adidas Eurocamp de Treviso y liderará a los jóvenes griegos en el Eurobasket U20 de Estonia; posteriormente se presentará al *draft* y será elegido en el mismo. Este es el escenario bueno. Pero el malo es que juegue en Zaragoza como nigeriano, lo que supondría, sin lugar a dudas, que Grecia habrá ignorado a sus hijos y que su baloncesto habrá perdido el mayor talento que ha tenido". Un aviso a navegantes ante lo que podía suceder si el papeleo no se agilizaba con la suficiente presteza. Mientras, el gran protagonista de la historia vivía los hechos con una notable ansiedad, consciente de que había llegado el momento del gran cambio en su vida. Primero, los papeles. Luego, el *draft*, España, la selección, ojalá griega, y algún día la NBA. Pero tampoco obviaba lo relevante que era para el futuro de su familia que todo llegara a buen puerto. "Cuando acabemos con lo mío, espero que al día siguiente lo tengan resuelto mis hermanos y mis padres", solía recordar Giannis con insistencia a sus agentes. Su preferencia era lograrlo por la vía griega, pero lo indiscutible era la necesidad de dejar de ser apátridas. Y si había que hacerlo a través del país de origen, así sería.

En la misma entrevista en *AllStar Basket*, Dimitropoulos continúa explicando el siguiente paso del proceso, en el que tomó parte importante el entonces presidente de la Federación griega, Giorgios Vassilakopoulos: "Hizo algo muy inteligente, consiguiendo para Giannis una ciudadanía griega a efectos de FIBA, mediante un documento en el que la Federación Internacional le reconocía como producto del baloncesto griego, de modo que así podría jugar con las selecciones nacionales aunque no tuviera pasaporte, si bien obviamente de momento seguiría sin poder salir del país". Además, el Ministerio del Interior heleno mostró su interés en el proceso, y pidió más información a Dimitropoulos. "Le recordé al Estado cuántos jugadores habían sido griegos en los últimos años. Nombres como Milan Gurovic, Marko Jaric, Dragan Tarlac, Aivar Kuusmaa, Predrag Stojakovic y otros que no habían nacido ni crecido en Grecia y que no sabían el idioma griego. Incluso hoy algunos siguen sin saberlo. Ellos eran griegos y Giannis no", proseguía el representante, que no tardaría en recibir una llamada oficial mostrando interés en el caso. En ese momento se volvieron a poner sobre la mesa importantes avances en el proceso de obtención del pasaporte nigeriano.

El 11 de abril el prestigioso medio *Gazzetta.gr* publicaba que el acuerdo con la embajada del país africano estaba muy cerca de cerrarse; aumentaba aún más la presión pese al primer movimiento hacia FIBA que había dado la Federación griega. Tampoco ayudaron demasiado las declaraciones de Giannis Ioannidis, histórico técnico de Aris de Salónica y Olympiakos y también seleccionador heleno en dos etapas, que había dado el salto a la política y era ni más ni menos que viceministro de Deportes. "Este chico es un talento increíble y sería de inmensa ayuda para nuestro baloncesto, pero las leyes son las leyes y en su caso no podemos vencerlas", expuso para mayor nerviosismo de los que ansiaban que el proceso se cerrara con los Adetokunbo como ciudadanos helenos.

Pero a partir de ahí, Grecia se puso las pilas ante la amenaza nigeriana. No podía ser de otra forma. Dimitris Boukas, la mano derecha del entonces ministro del Interior, Evripidis Stylianidis, lideró el proceso que acabaría con la rúbrica del pasaporte –para quien se avecinaba como gran estrella de la selección nacional– por "servicios especiales al país". El mismo Stylianidis reconoció a *Gazzetta.gr* en 2018 que no entendieron la posibilidad real de perder a su gran talento hasta que el riesgo de verle como nigeriano estuvo a la vuelta de la esquina. "Nos obligó a acelerar. Habíamos ido madurando los pasos, pero recuerdo que me informaron de que Nigeria estaba ya preparada para ofrecerles un pasaporte y que jugaran con su selección. Así que contacté con el señor Dimitropoulos y le dije que nosotros estábamos en el mismo punto. Cuando me aseguró que la prioridad de Giannis era ser griego, di luz verde a la operación y los pasaportes se procesaron de forma exprés", aclaró.

Aquel fue un camino en el que, cuando se fue conociendo la importancia que el diamante en bruto podía tener para el deporte del país, se implicaron nombres relevantes en la política helena. El mismo Giannis Ioannidis se dio cuenta de su error y, con el proceso avanzado, se subió al caballo ganador, dando marcha atrás en sus palabras. E incluso el futuro primer ministro Kyriakos Mitsotakis, que mantenía una gran relación con Giannis Smyrlis, el hombre fuerte del Filathlitikos, jugó alguna carta. Hoy pocos dudan de que también influyó para que el laborioso cauce administrativo llegara a buen puerto.

Todo concluyó un 9 de mayo con la firma de la nacionalidad para Thanasis y Giannis Adetokunbo. Poco después llegarían los papeles para el resto de la familia a la que, quién se lo iba a decir poco más de un lustro antes, el baloncesto le había cambiado completamente la vida. Y les modificó hasta el apellido. Cuando el funcionario del Estado selló el salvoconducto, el patronímico de los hermanos dejó de ser el original Adetokunbo para convertirse en Antetokounmpo por mor de la transcripción fonética del apellido al griego moderno y la posterior transliteración al alfabeto latino. Hecho a priori baladí, pero que iba a ser una gran fuente de anécdotas a partir de ese momento.

Quedaba así resuelto un asunto que se había convertido en cuestión de Estado, y que restó espacio al día siguiente en la prensa deportiva del país a la previa de la Final Four de la Euroliga en Londres, donde el Olympiacos terminaría revalidando el título obtenido un año antes en Estambul. Los periódicos recogieron también las primeras palabras de los hermanos como griegos: "Se ha hecho realidad el sueño de una vida y ahora somos oficialmente ciudadanos griegos. Así nos hemos sentido todo este tiempo, pues nacimos y nos criamos aquí, fuimos a la escuela griega y nuestra patria es Grecia. Estamos agradecidos al Estado y a los que contribuyeron a que este sueño se haya cumplido. Será un honor para nosotros si algún día se nos invita a representar al equipo nacional de baloncesto". Todo un signo de gratitud a la par que una declaración de intenciones.

El racismo vuelve a escena

Sin embargo, las palabras de cariño de la familia hacia Grecia no les apartaron del foco de Amanecer Dorado. Todo lo contrario: el partido les puso en el punto de mira, como si fueran el mejor ejemplo del país que querían evitar. El miércoles 3 de julio los Antetokounmpo fueron recibidos por Andonis Samarás en la Mansión de Máximos, el despacho del primer ministro desde 1982. Acababan de regresar del *draft* de la NBA, donde Giannis había sido elegido por los Milwaukee Bucks. Durante el acto, el dirigente se mostró agradecido a los hermanos por "honrar los colores nacionales", asegurando que "toda Grecia está emocionada con vosotros", y convirtiéndolos en auténticos embajadores globales del país.

Como era de esperar, Nikolaos Michaloliakos estaba bastante menos orgulloso de sus nuevos compatriotas. Se encargó de recordar en televisión que "la policía debería haberles arrestado en la puerta de la Mansión de Máximos y haberles llevado a un centro de detención junto a los demás inmigrantes ilegales". Otro de los receptores de su ira fue Herb Kohl, senador por el Partido Demócrata de los Estados Unidos hasta 2012 y dueño de los Milwaukee Bucks desde 1985 –cuando compró la franquicia por dieciocho millones de dólares para que esta se quedara en Wisconsin– hasta 2014, cuando la vendió por 550 'kilos'. Michaloliakos aseguró que la llegada de Antetokounmpo a los Bucks se debía a un "complot liderado por un fanático judío y sionista y un gran activista antifascista", en alusión a Kohl. Aunque sin duda el mayor exabrupto del político heleno se dirigió a Giannis. Cuestionado por una imagen en la que el jugador sostenía una bandera del país, espetó: "Si en el zoo a un chimpancé le das una bandera y un plátano también será griego entonces".

Aquellas palabras, obviamente, no cayeron en saco roto. La Federación de baloncesto no tardó en calificarlas de "inaceptables y racistas", recordando que el jugador no era sólo "formalmente griego por el reconocimiento del Estado a adquirir su nacionalidad, sino que también lo es en esencia. Nadie puede negar este hecho porque Giannis se considera a sí mismo ciudadano griego y ha adquirido los bienes de la educación y la historia griegas al asistir a todos los niveles de nuestro sistema educativo". En la misma línea se posicionó el propio Andonis Samarás: "No lo es de cara a la galería. Ha luchado por ello. Fue al colegio, habla el idioma mejor que mucha gente. Nadie le pidió que lo hiciera, pero se bautizó como cristiano ortodoxo. Salió de las canchas de Atenas para llegar a la NBA. Luchó por ser griego y se lo merece porque es uno de los nuestros y nos enorgullece. Es más griego que los que hablan mal de él por el color de su piel y luego queman nuestra bandera. Esa es la gente que deshonra a nuestro país".

No resulta complicado entender que el paso de los años ha ido convirtiendo a los Antetokounmpo en auténticos héroes entre la mayor parte de sus compatriotas. No todos sus paisanos les acogen por igual, por mucho que ellos presuman del orgullo por la tierra donde nacieron y pasaron casi toda su vida. Grecia es un país cuya identidad principalmente se ha basado a nivel histórico en términos de etnia y religión. Casi el 97% son cristianos ortodoxos y obviamente la Iglesia tiene una fuerte influencia aún en el día a día de sus ciudadanos. Por otro lado, existe un pequeño grupo de musulmanes al norte, de origen étnico griego pero que adoptaron el islam durante el dominio turco en aquella zona de los Balcanes. Por su parte, el catolicismo no alcanza ni el 1% de la población. En 2016, un estudio sobre inmigración estableció que el 63% de los griegos pensaba que "tener un número cada vez mayor de personas de diferentes razas, grupos étnicos y nacionalidades hace a Grecia un lugar peor para vivir". Quizás este sea un dato que ayude a entender cómo, el 9 de noviembre de 2018, el racismo volvió a ponerse en primera plana al hablar de los Antetokounmpo.

Aquel día se celebró en la Euroliga el gran derbi de la capital entre Panathinaikos y Olympiacos, con victoria para los verdes por 93-80. En el momento clave del partido, el tercer cuarto, la pasión, energía e intensidad defensiva de Thanasis Antetokounmpo resultaron decisivas para que los locales firmaran una remontada que les terminó dando la victoria en lo que en Grecia se considera como algo más que un duelo. Esa misma noche, en el canal local de televisión E, Takis Tsoukalas, una de las caras más reconocibles de los ultras del Olympiacos, se retrató expresándose de la siguiente forma: "Ellos tienen un mono. Ese tío, Antetokounmpo, es un mono. ¿Qué hace ese payaso? ¿No se avergüenza de sí mismo?". Lo más grave de la situación es que Tsoukalas no estaba en el programa de forma puntual, sino que era uno de los comentaristas habituales.

Pese a ser realizadas en un programa de entidad menor, dichas palabras no tardaron en ser portada a nivel nacional. Tsoukalas quiso rectificar aduciendo de forma infantil que no era un insulto racista, sino relacionado con el comportamiento de Thanasis en la cancha. Periódicos, informativos y programas de radio rescataron el racismo como asunto principal. Y de nuevo otro primer ministro salió a escena, ahora Alexis Tsipras, que se fotografió con una camiseta de la selección nacional griega con el nombre de Antetokounmpo para publicarla en su cuenta personal de Instagram. "Respeto y orgullo por la gente que nació y creció aquí y han hecho de Grecia su país. Sin tolerancia contra el racismo y el odio", fue su mensaje para acompañar la imagen, etiquetando a Thanasis y sus tres hermanos. Antes, el propio Giannis se había posicionado sobre el asunto: "Llevo varios días sin dormir por ese incidente racista. Si esto le puede pasar a Thanasis, que representa con orgullo a la selección y al Panathinaikos y siempre lo hace con una sonrisa, no puedo ni imaginar lo que le pasará a otra gente de color en Grecia. Estoy profundamente triste y decepcionado. Sin embargo, no dejaremos que estos comentarios alteren a nuestra familia y el amor que sentimos por el país donde hemos crecido. Somos griego-nigerianos, y eso es todo. Seguiremos representado a nuestro país del mejor modo posible".

Ya se ha explicado cómo en 2014 Amanecer Dorado obtuvo sus mejores resultados electorales después de poner a Giannis Antetokounmpo en su foco. "No sé si se han arrepentido, pero aquello fue basura y lo que sí sé es que ahora ya no están en el Parlamento. Esto es todo lo que puedo decir, que no son buenos para Grecia y que ya no hay gente que les crea. Giannis es griego y siempre ha sido así. Es completamente griego y no hay duda ni pregunta posible al respecto", asegura con contundencia Giannoulis Larentzakis, compañero de los Antetokounmpo en el equipo nacional que disputó la Copa del Mundo en 2019. La realidad es que, sólo cinco años más tarde de su cúspide, el partido de Michaloliakos desapareció del Parlamento heleno, antes de que el 7 de octubre de 2020 un tribunal ateniense sentenciara que se trataba de una organización criminal encubierta liderada por siete de sus dieciocho exparlamentarios, incluido Michaloliakos. En ese tiempo, el hijo de nigerianos al que llegaron a comparar con un chimpancé se ha convertido en el mayor icono griego a nivel planetario. Un auténtico embajador global con el que las marcas nacionales anhelan contar y con una gigantesca capacidad de llamada. Sus actos en el país son multitudinarios pese a que todavía existen los que no le aceptan como uno más: en julio de 2020 el coordinador de educadores de un campo de refugiados en Malakassa, al norte de Atenas, le tildó de "mono" en Twitter después de la emisión de un documental en el que la estrella de los Bucks denunciaba el racismo en Grecia. Un acto que, por cierto, le costó un despido fulminante al trabajador pese a borrar su mensaje en la red social. También en ocasiones algunas de las pinturas urbanas con la imagen de Giannis que se pueden encontrar en Atenas han aparecido profanadas con esvásticas y otras simbologías nazis.

Pero quizás en el verano de 2019 el de Sepolia logró cuadrar el círculo definitivamente. Mientras disputaba el tradicional Torneo Acrópolis como miembro de la selección griega, vio y escuchó cómo una sala OAKA repleta de compatriotas de toda forma y condición le rendía pleitesía entre gritos de "¡MVP, MVP!". Allí no había objeciones.

LA CONSTRUCCIÓN DE UN PROFESIONAL

A partir del crucial 17 de diciembre de 2012, tres fueron los puntos fundamentales en los que empezó a cocerse el futuro profesional del baloncesto que emergía rápidamente en Giannis Adetokunbo: Zaragoza, Atenas y Estados Unidos. Tres historias paralelas, todas ellas a máxima velocidad, para convertir a un absoluto desconocido en uno de los proyectos emergentes más impactantes del deporte de la canasta a nivel global. Se trata de caminos independientes, pero también con algunas conexiones y que merecen ser reseñados con mimo para entender bien la historia en su contexto total.

Zaragoza

El primer gran punto de la historia a partir de diciembre fue, obviamente, Zaragoza, la que debía ser la siguiente parada del joven Giannis. Allí el fichaje se había tratado lógicamente como una apuesta a largo plazo. Casi nadie, desde la prensa a buena parte de la estructura del club, pensaba que el joven griego de dieciocho años recién cumplidos pudiera tener un mínimo impacto en la Liga ACB. "Igual pensáis que estoy loco, pero creo que he fichado un *all-star* de la NBA", llegó a comentar Willy Villar en un corrillo con los medios, sin que nadie le hiciera demasiado caso. Para no pocas voces, la opción más lógica era testar su evolución durante un año en el filial El Olivar, entonces en la Liga EBA –la cuarta división española–, aunque entrenara con el primer equipo. No tenía ninguna experiencia como profesional, y era joven hasta para el *draft*, al ser de diciembre –en aquel año serían seleccionados los nacidos entre 1991 y 1994–. Incluso hubo alguna reticencia por lo elevado del gasto de la operación. "No se puede negar que había dudas. La gente se fiaba única y exclusivamente porque era 'una apuesta de Willy', que solía acertar, pero si no hubiera sido así habría habido mucho más ruido esos días. Willy era como el dique de contención para darle un poco de crédito al fichaje", desvela un integrante de aquella plantilla del CAI. Sin embargo, el interés por el griego fue en aumento con el paso de los días: "Recuerdo buscar por internet a ver quién demonios era ese tío al que nadie conocía pero que habíamos fichado. Y admito que en mi fuero interno pensaba incluso 'a ver si voy a tener problemas si lo ponen de alero para mantener mi estatus', porque yo estaba jugando bien en ese momento. El caso es que lo vi por internet y desde luego era algo distinto. Cómo corría la pista, cómo subía el balón. Estaba muy delgado, pero rápidamente notabas que ahí había algo. Además, Dimitropoulos era mi agente también y me decía que era muy especial e iba a ser una estrella, así que me generó mucha intriga", cuenta el croata Damjan Rudez, una de las figuras del equipo zaragozano.

Entretanto, a Villar le tocaba convencer a José Luis Abós de que el tiro no era tan arriesgado. "Le di el coñazo desde octubre; que ni Batista ni leches, que el bueno era éste", apunta, mientras recuerda la tajante respuesta que recibió en más de una ocasión de su socio en tantas batallas. "¡No me toques los cojones, Willy! ¿Cómo va a ser eso?", le replicaba el entrenador. Fueron multitud de conversaciones entre ambos acerca de la valía del jugador. Al principio, lo del directivo era casi una cuestión de fe. "Mira José, igual me equivoco, pero a esa edad es el mejor tío que he visto nunca. Con ese físico y esa forma de pasar y botar, es una cosa de locos", le explicaba. Pero el técnico era escéptico. "Confiaba en que sería un buen jugador, pero no tanto como era realmente; no tenía ni idea. Fue a partir de que se lio la movida cuando la prensa de Zaragoza empezó a buscar sobre él. Entonces comenzó a salir en las previsiones del *draft* y el propio José Luis ya sí se hacía preguntas de verdad", relata Villar. Abós mantuvo durante casi todo el proceso la mosca detrás de la oreja. "Cuando nos decían que podía jugar hasta de base y estaba ya por encima de los dos metros, la verdad es que Joselu –Abós– y yo no éramos muy receptivos. Era un poco disparatado y reconozco que pensábamos que Willy exageraba algo", cuenta Joaquín Ruiz Lorente, entrenador asistente del CAI en aquel momento.

De pronto todo el mundo en la ciudad aragonesa quería saber más cosas sobre ese supuesto mirlo blanco que había fichado el CAI. El interés fue aumentando progresivamente, aunque nunca nadie llegó a imaginar la dimensión que, con el tiempo, iba a adquirir el flamante fichaje zaragozano. Otro de los principales interlocutores de Villar en esos tiempos era Luis Arbalejo, hasta 2018 director de cantera del club y uno de los creadores de la que se ha dado en llamar la "Generación Z", una hornada de jóvenes de alto nivel formados en el club rojillo, con Sergi García, Jaime Fernández, Vit Krejci o, sobre todo, Carlos Alocén como principales exponentes. Si bien Arbalejo no intervino directamente en la operación –"todo el mérito es de Willy", subraya–, sí era uno de los confidentes habituales de Villar en su toma de decisiones. "Cada vez que queríamos fichar un extranjero para la cantera obviamente hablábamos mucho, pues era mi jefe, pero él también me escuchaba a mí en temas del primer equipo porque es alguien que involucra a su equipo de trabajo y recuerdo darle mi opinión cuando fichamos a los georgianos Giorgi Shermadini y Viktor Sanikidze", relata Arbalejo, quien solía viajar junto a Villar y Abós a diferentes torneos españoles e internacionales para ver futuribles nombres para el club. Mientras, en la primera plantilla se mantenía la expectación sobre el devenir de los acontecimientos: "Sabíamos que había pocas posibilidades de que tuviera minutos, porque por mucho talento que tengas no es habitual que un jugador de la A2 llegue a ACB con un papel importante y mucho más en un equipo que aspira a jugar *playoffs* y Copa del Rey. Sabíamos que era un proyecto de futuro que al club le vendría bien saliera como saliera, bien recibiendo un *buyout* –compensación económica por un traspaso– o bien si acababa jugando en Zaragoza", analiza Damjan Rudez.

Al margen de la dificultad del encaje deportivo, la gran piedra en el camino para la llegada de Adetokunbo a Zaragoza era, ya es sabido, la forma de trasladarlo a España. Una vez más, los problemas burocráticos y el peso para Giannis de su familia iban a ser bazas importantes a considerar en la partida. Eso podía convertirse en una auténtica bomba para el CAI. Luis Arbalejo aún se pone algo nervioso cuando recuerda lo que pudo ocurrir. "Hubo un momento en el que me emocioné mucho porque fue una posibilidad cierta que toda la familia viniera a Zaragoza. Giannis, los padres y los hermanos pequeños, Kostas y Alexis. Hubieran sido dos bombazos de la leche para la cantera. Eran semanas realmente frenéticas con la información que recibíamos", repasa el técnico menorquín. La idea del traslado en común a la ciudad había surgido de los propios agentes del jugador, conscientes de los problemas personales de Charles, el padre. En esos momentos, era muy difícil imaginar que los Adetokunbo no llegarían a poner un pie en España. "Los representantes querían que le buscáramos trabajo al padre, y la opción de que vinieran todos es algo de lo que se habló muy seriamente. Hablamos sobre qué tipo de trabajo o casa sería la ideal para encontrar la mejor formar de acoplar a todos. Era algo que nos iba a elevar mucho los costes, pero estábamos dispuestos, y si no hubiera ido a la NBA esa hubiera sido una opción muy firme", confirma Willy Villar.

De ahí hasta el momento del *draft*, que sería cuando definitivamente se sabría sobre qué panorama había que trabajar, el CAI sólo iba a tener un encuentro directo con Giannis. Nada más acabar la participación en la ACB, en la que los maños perdieron en semifinales ante el Real Madrid, Willy Villar, José Luis Abós y Luis Arbalejo se desplazaron con un doble motivo a Italia. Por un lado, querían asistir en Treviso –del 8 al 10 de junio– al prestigioso Adidas Eurocamp, uno de los más relevantes escaparates de jóvenes talentos en territorio europeo. Pero es que paralelamente se celebraba, a poco más de cuarenta kilómetros y en la pequeña localidad de Jesolo, un torneo amistoso de selecciones. En él tomaron parte la selección 'B' de Italia, de categoría U23, un combinado sénior de Turquía –sin algunas de sus estrellas, pero con parte de su bloque principal y el seleccionador Bogdan Tanjevic al frente–, y los equipos U20 de Croacia y Grecia, que andaban afinando su puesta a punto para el Europeo de la categoría que se iba a jugar semanas más tarde en la capital de Estonia, Tallin. Iba a ser la primera vez que Antetokounmpo, con la nacionalidad recién firmada, vistiera la elástica de cualquier selección helena, bajo las órdenes del veterano Kostas Missas. Y el hecho de que los partidos se jugaran por la tarde permitía a los interesados la movilidad entre Treviso y Jesolo para no perder detalle de los dos eventos.

En la grada, los tres emisarios del club español tenían claro el tema de conversación. "Debatíamos sobre si lo iba a hacer mejor o peor en ACB, pero ya había poca duda de que era para el primer equipo", recuerda Arbalejo. "Abós no las tenía todas consigo con que pudiera jugar de base, pero ya teníamos claro que no nos íbamos a arrepentir", prosigue Villar, antes de describir el rol de Giannis en aquella selección. "No le daban mucha bola todavía, se notaba que acababa de llegar y realmente el jefe era Giannoulis Larentzakis –que acabaría fichando por el CAI en 2016 y marchándose sin llegar a debutar–. Giannis no jugaba de base, pero si cogía el rebote salía botando él. Eso sí, se le notaba aún cierta timidez jugando", cuenta el directivo.

A la conclusión del último partido de Grecia en Jesolo se iba a producir una anécdota muy indicativa del carácter de Antetokounmpo y una imagen para la historia. La primera la narra el propio Willy Villar. "Pensamos que teníamos que hacernos una foto con él, así que le pedimos permiso a Giorgios Panou, que estaba allí. Recuerdo que esperamos a que el equipo acabara de estirar y toda su rutina pospartido. Casi media hora tardaron. Cuando terminaron, nos acercamos, le llamamos y le saludé. Tras ello, de inmediato le presenté a José Luis. Era muy tímido y con una voz muy aniñada, pero fue como si algo se activara en su cabeza cuando supo que ese tipo era su futuro entrenador. Se fue directamente hacia él y me ignoró completamente, como si no existiera, dándole toda la relevancia a la figura del técnico. A mí me veía como alguien de oficina. Estuvieron hablando unos minutos, José

Luis le dijo que le había visto bien y que tenía muchas ganas de trabajar con él. Giannis no hacía más que darle las gracias por todo", evoca. Instantes después de aquello, se produjo una famosa foto, una de las dos únicas que ligan a Antetokounmpo con el CAI Zaragoza. En ella aparecen, junto a él, Willy Villar, José Luis Abós y Giorgios Panou. El fotógrafo fue Luis Arbalejo. Una instantánea que, por cierto, el club aragonés nunca utilizó oficialmente, ante la incertidumbre de qué pasaría finalmente con el jugador.

Ese fue el único encuentro que, como jugador del CAI, mantendría Giannis con miembros de su entonces futuro equipo, si bien era realmente difícil imaginar que eso fuera a ser así. Recuerda Willy Villar con cariño la conversación que mantuvo con Abós mientras abandonaban el pequeño pabellón de Jesolo: "Le dije que qué injusta era la vida, que yo me había ido hasta Atenas a fichar a Giannis y después había tenido que convencer al propio José Luis, y entonces voy, se lo presento y pasa de mi cara para irse con él. Y terminé, entre risas, diciéndole que quién se creía ese tal Antetokounmpo, que ya había empezado a caerme mal".

Atenas

Al mismo tiempo, es necesario entender qué sucedió en la capital griega. Ya se conocen algunos detalles básicos, como que Giannis estaba en su sexta temporada completa en el Filathlitikos –hay que sumar los primeros meses en la primavera de 2007, tras el hallazgo casual de Spiros Velliniatis–. En aquel curso 2012/13, nuestro protagonista debutaba en el primer equipo en la A2 pero, al seguir siendo aún júnior, competía también en esa categoría. Aquel verano se produjo un notable cambio de chip en su mentalidad. Sus agentes, especialmente Panou, habían estado durante meses explorando la posibilidad de conseguir una beca completa –las de mayor nivel, que cubren estudios, alojamiento y manutención– en la NCAA estadounidense. Sin embargo, a ojos de no pocos centros universitarios americanos, el nivel de su representado, por extraño que pueda resultar leerlo a toro pasado, no había sido suficiente para apostar por él. Hoy se puede asegurar que, de haber obtenido la beca íntegra, la historia de Giannis hubiera sido muy distinta. Si mejor o peor, ya queda en el pensamiento y la opinión de cada cual.

Lo que no debe obviarse es que aquel rechazo fue, en cierto modo, un varapalo que provocó un nuevo giro de tuerca en la competitividad del joven jugador que en esos momentos tampoco se mostraba muy conforme con no ser un habitual en las categorías inferiores de la selección griega. Más allá del tema deportivo, primaba el burocrático. "Hubo que recordarle en alguna ocasión que no tenía papeles, y que si quería ir a la selección tenía que dejar de meter veinte puntos en su categoría y empezar a meter cincuenta, pues así empezarían a considerarle realmente. Le dijimos que para alguien normal era difícil eso, pero que para él era muy posible jugando en júniors. Fue algo así como '¡en vez de quejarte, mete cincuenta!'", cuenta Spiros Velliniatis. Aquel empujón motivacional tuvo efecto. "En el primer partido de esa temporada ya metió cincuenta. Y ese es el famoso vídeo que envió Panou a los clubes europeos", confirma el entrenador.

Los flirteos con la NCAA no fueron las únicas veces que los hermanos Adetokunbo pudieron separar sus caminos. En el verano de 2010, Thanasis llegó a un acuerdo con el Maroussi, por aquel entonces uno de los mejores equipos del país. El club del norte de Atenas, donde diera buena parte de sus primeros pasos como profesional Vassilis Spanoulis, había concluido el curso anterior tercero en la liga griega y llegó incluso a disputar el *Top-16* de la Euroliga bajo la dirección de Georgios Bartzokas. Sin embargo, los efectos de la crisis financiera griega mataron sus aires de grandeza. Los notables problemas económicos del presidente y mecenas del club, el empresario y constructor Armodios 'Aris' Vovos, hicieron que éste abandonara abruptamente su apoyo a un equipo que a partir de ahí entró en barrena. Hoy sobrevive como puede en las divisiones inferiores griegas. Uno de los primeros efectos de su decadencia fue la falta de fondos para pagar al Filathlitikos por el traspaso de Thanasis, que finalmente seguiría junto a su hermano en Zografou hasta junio de 2013.

A finales de 2012, el anuncio del fichaje de Giannis por el CAI se produjo justo durante el parón navideño de la A2, que disputó la décima jornada el 15 de diciembre y no volvería hasta el cinco de enero del año siguiente. El Filathlitikos sólo sumaba una derrota y parecía haber entrado de lleno en las quinielas del ascenso, honor reservado a los dos primeros clasificados al final de las veintiséis jornadas de la liga regular. En cuanto a Adetokunbo, aunque su importancia en el juego iba en aumento, obviamente aún notaba la diferencia entre categorías. "Era tímido jugando, porque si bien en júnior ya era el puto jefe, en el sénior estaba más cortado", confirma Willy Villar. "Obviamente sus 7,5 puntos y 5 rebotes hasta ese momento no impresionaban demasiado, pero estábamos hablando de un chaval que llevaba diez partidos en la A2 y que había empezado la temporada con diecisiete años, así que visto con el tiempo esas cifras no estaban nada mal", prosigue el directivo español. Por entonces, el acuerdo con el CAI Zaragoza ya había reportado al joven sus primeros ingresos notables como jugador de baloncesto. Los aprovechó para comprar regalos para toda su familia y una videoconsola con la que jugar con sus hermanos. Pero los utilizó especialmente para sufragar los gastos de la mudanza familiar a Zografou, con el objetivo de estar más cerca del pabellón del Filathlitikos y también de proteger a su madre del frío y la humedad del viejo y minúsculo apartamento de Sepolia, que había generado a la matriarca del clan varios problemas de salud, sobre todo durante los inviernos.

Entretanto, en el entorno de su equipo se empezaba a tener la sensación de que, efectivamente, en Giannis podría crecer un gran jugador. Nombres como Nikos Gikas, Babis Samothrakis, el mismo Thanasis o Christos Saloustros tenían más peso aún en el juego, pero era difícil obviar el enorme potencial que ocultaba el dorsal 4 del Filathlitikos. "Desde el inicio de aquella temporada empezamos a darnos cuenta de que podía hacer muchas cosas muy bien y de que su futuro iba a ser fantástico", evoca Saloustros. "La verdad es que Giannis nunca tuvo miedo de dar el siguiente paso, nunca renegó de ningún reto. Tomaba la dificultad como una motivación. Y en ese proceso el apoyo del entrenador Zivas le resultó de gran ayuda", añade Alexandros Zogas, el viejo colega de origen albanés de Adetokunbo que le acompañó durante la mayor parte de sus años en Zografou. Un paso más allá va Xristophoros Kelaidis: "Creo que nadie excepto él y algunos entrenadores pensaban en algo tan grande. Al menos hasta esa temporada. En aquel momento empezó a demostrar un enorme liderazgo y una capacidad técnica alucinante, tanto en el júnior como en el equipo de A2. Su potencial atlético empezó a ser algo inusual, como esa capacidad para jugar de base siendo tan alto. Además, su competitividad siguió creciendo, y empezó a mostrar un enorme deseo por hacer lo que nadie quería hacer en el primer equipo para encontrar un rol importante. Quizás en ese momento era más difícil darse cuenta, pero creo que si hubiera podido congelar el tiempo y ahora volviera alucinaría en todos los aspectos, si bien entonces aquello sólo era parte de nuestra rutina".

El trabajo con Giannis comenzaba a dar sus frutos. Su enorme repertorio técnico estaba muy por encima de la media, como resultado de la apuesta global de Filathlitikos por él. Donde otros sólo habrían visto un jugador grande y lo habrían desarrollado como un futuro pívot, el grupo de trabajo de Velliniatis y Zivas percibió una imagen más amplia y emprendió una formación que quizá tardó algo más en dar resultados, pero que cuando los produjo generó un jugador sin límites. Por otro lado, el cuerpo técnico del primer equipo se reforzó en aquellos tiempos con Giannis Manos, un anotador letal en las divisiones inferiores griegas, al que su escaso físico le había impedido tener una mejor carrera, pero que siempre gozó de un gran talento. En aquella temporada, colaboró con el trabajo de mecánica de tiro y manejo de balón de Adetokunbo. El de Zografou siempre ha sido un club que ha apostado por los jóvenes –en muchos casos hijos de inmigrantes– y que, sobre la cancha, no juega con posiciones clásicas, dentro de una filosofía que favorece la máxima polivalencia en los jugadores. Difícil pensar en un lugar mejor para desarrollar a alguien con el potencial de Giannis Adetokunbo.

Panou y Dimitropoulos habían redoblado su apuesta; comenzaban a intervenir diferentes tipos de especialistas que empezaron a mirar con detalle el desarrollo corporal de Giannis. Pero esto no siempre había sido así. Casi desde la llegada del jugador al club, los agentes fueron informados de su existencia, y pronto comenzaron a tutelar su crecimiento, aunque sin hacer inicialmente una apuesta mayor a la realizada con tantas otras jóvenes promesas atenienses y griegas en general. En la relación hubo un momento crítico. Coincidió con uno de los episodios más delicados en la economía y estabilidad familiar de los Adetokunbo. Ellos pidieron una mayor ayuda al club, sin encontrarla. "Giannis había estancado su progresión y la directiva perdió un poco la confianza en mí", admite Spiros Velliniatis, que recibió quejas directamente del jugador por haberle llevado al Filathlitikos. Giannis no se sentía demasiado satisfecho por el apoyo de parte del club y llegó a plantearse incluso la opción de cambiar de equipo.

Ahí entró en juego otro de los principales representantes griegos, Nick Lotsos. Su agencia accedió, ejerciendo desde ese momento como segunda representante de Thanasis, a sufragar algunos de los gastos familiares en tan delicada situación. Pese a que también estuvieron interesados en Giannis, la decisión fue sólo trabajar oficialmente con el hermano mayor, si bien no se puede obviar que su ayuda económica resultó relevante en el proceso. El propio Charles Adetokunbo nunca ocultó que se sentía en deuda con la agencia de Lotsos, crucial en esa fase, así como con Giannis Smyrlis, el *general manager* del Filathlitikos, encargado de organizar la ayuda financiera reglada desde el club tras las dudas iniciales. Éste sí siguió muy ligado a todo el proceso con el paso de los años y mantiene una relación casi familiar con el MVP de la NBA en 2019. Por su parte, la apuesta de Dimitropoulos y Panou por Giannis no aceleraría realmente hasta 2011, cuando se produjo el famoso "punto de inflexión". A la larga, tanto el grupo de Lotsos como el de Dimitropoulos han seguido trabajando con Thanasis, mientras que Giannis se quedó finalmente en exclusiva, y convertido en su santo y seña, con los segundos.

A principios de 2013 el crecimiento de Adetokunbo era más que notorio. En los dieciséis partidos restantes de la temporada, su media de minutos en cancha pasó de 19 a 24, y su promedio anotador subió de los conocidos 7,5 a 10,75. Mientras, mantuvo registros similares en rebotes, 5, y asistencias, subiendo de 1,2 a 1,5, y aumentó considerablemente su capacidad de intimidación para pasar de los 0,6 tapones que firmó en los diez primeros encuentros ligueros a los 1,3 que rubricó en los partidos de 2013. Todo ello, recordemos, con dieciocho años y sin ser ni mucho menos la primera opción ofensiva del equipo de Takis Zivas. Cabe destacar su notable porcentaje en tiros de dos para ser un jugador exterior, pues acabó la temporada con un altísimo 62%. Lanzó a canasta más veces de tres, 99, que de dos, 95, hecho que vuelve a dejar clara la apuesta, más de futuro que de presente, que hizo con él el club. Eso sí, su acierto desde el triple se quedó en un 31%.

Su impactante evolución no pasaba inadvertida. El 16 de marzo de 2013, la web de la FIBA, el principal estamento del baloncesto mundial, habló de él por primera vez. Bajo el título "La saga Adetokunbo no ha hecho más que empezar", el columnista David Hein presentaba a Giannis y sus hermanos al gran público. Apenas unos días antes, y siguiendo un patrón muy poco habitual, tanto Thanasis como Giannis habían participado en el All-Star de la máxima categoría griega, celebrado en el pabellón del Apollon Patras, uno de los clásicos del baloncesto heleno. La idea inicial era que el mayor tomara parte en el concurso de mates previo al partido entre los mejores jugadores griegos e internacionales de la competición. La fuerza física e intensidad de Thanasis le había hecho merecedor de tal credencial, incluso durante el evento saltó por encima de Giannis antes de hundir el balón en el aro en uno de los mates que ejecutó. Sin embargo, los dos fueron finalmente invitados a jugar entre los mejores del país. Para esta decisión parece que la perseverancia de Argyris Pedoulakis, entonces entrenador del Panathinaikos, resultó decisiva.

Cuentan que Giannis, chico enormemente tímido en aquel momento y muy respetuoso con los mayores, como en cierto modo eran los mejores baloncestistas del país, no quiso vestirse inicialmente para el partido de las estrellas por pura vergüenza. Al final, la insistencia de los propios jugadores, entre ellos Vassilis Spanoulis y Dimitris Diamantidis, le convenció para compartir equipo con ellos. Fue la primera vez que se veía a tal nivel, pero su apocamiento fuera de la cancha quedó aparcado durante los cuarenta minutos de juego, en los que dejó algunas muestras de su valía en un partido que, de alguna manera, fue su carta de presentación ante el baloncesto local. Era la primera vez que el gran público le veía jugar. Fiel a su forma de ser, su versión en la pista fue diferente a la personal. El equipo griego, eso sí, perdió por 125 a 131 contra el combinado internacional, con 8 puntos de Giannis y 18 de Thanasis. Aquel inolvidable fin de semana de marzo se desarrolló en plena tormenta por la consecución de la nacionalidad de los Adetokunbo. Seguramente el cariño recibido fue importante para la decisión final de apostar por Grecia por encima de las otras alternativas, como Nigeria o España.

En aquella época Giannis ya era una mezcla explosiva. A su evidente talento físico, unía una notable humildad y una ética de trabajo y hambre por triunfar muy por encima de la media. Ingredientes que, unidos en una coctelera, no iban a tardar en eclosionar. La mejor descripción acerca de su ambición en esos días la firma su excompañero Christos Saloustros: "Desde luego en ese momento ya no quería perderse entrenamientos. Odiaba los días de descanso, estaba a todas horas en el pabellón, siempre en la cancha trabajando su mecánica de tiro, su lanzamiento a canasta o lo que fuera. Hacía todo lo posible para mejorar cada día, para llegar al máximo nivel. Sólo quería ser cada día mejor que el anterior". Sin embargo, la despedida del baloncesto de clubes griego no iba a ser precisamente la soñada, pues el Filathlitikos perdió el ascenso en la última jornada. Los de Zivas acabaron el curso con 21 triunfos y 5 derrotas, todas como visitantes. Un balance a priori excelente, pero que, debido a un triple empate con Nea Kifissia y Trikala, les dejó sin subir a la máxima categoría del baloncesto heleno.

Todo se fue al traste en la última jornada. Tras pasar la inmensa mayoría de la temporada entre los dos primeros clasificados, y por tanto ocupando puestos de ascenso directo a la A1, los de Zivas se iban a jugar el gran premio en la fecha final, rindiendo visita al Nea Kifissia. Aquel fue un partido que todavía hoy lleva grabado a fuego en su fuero interno Giannis Antetokounmpo. El ganador del encuentro terminaría como campeón de la A2, mientras que el perdedor caería casi con toda seguridad a la tercera posición, toda vez que el Trikala tenía un asequible partido en casa ante el Pagrati, que terminó venciendo de forma holgada. De modo que tanto Nea Kifissia como Filathlitikos eran conscientes de que el derrotado se quedaría a las puertas de su primer ascenso a la A1. Eran dos clubes sin apenas experiencia, incluso en la A2, por lo que estaban ante una cita histórica. Y difícilmente el partido pudo resultar más dramático.

Kifissia es un barrio acomodado al norte de la capital griega. El partido se iba a celebrar en el angosto pabellón Dimitrios Vikelas, situado en Adames, uno de los vecindarios del lugar. Esta es una instalación reducida, con una sola grada lateral y apenas un metro entre sus líneas de fondo, y la banda sin público, y las paredes. En román paladino, lo que en el argot deportivo se conoce como una caja de cerillas. Además, dada la relevancia del duelo, y por el hecho de que iba a ser el último partido de Antetokounmpo en Grecia, el recinto estaba a reventar. "Es un pabellón en el que apenas entran trescientas personas. Seguramente aquel día habría algunos más, porque además nos dijeron que había unos ochenta ojeadores internacionales. Más de una hora antes de comenzar, el pabellón ya estaba lleno. La sensación de calor, ya bien entrada la primavera, era asfixiante." Las palabras en la web especializada *Gazzetta.gr* de Ilias Papatheodorou, entrenador entonces del Nea Kifissia, permiten entender lo claustrofóbico de la situación y la enorme expectación esa tarde en el Dimitrios Vikelas. Una de las imágenes que mejor representa lo sucedido es la del afamado entrenador Dimitris Itoudis sentado en una silla justo en la línea de fondo, sin apenas espacio entre esta y la pared.

Aquella resultó una tarde para olvidar para Giannis. Su actuación individual, aunque mostró su polivalencia, no resultó esplendorosa: 4 puntos, 9 rebotes, 3 asistencias y 2 tapones. Estuvo por debajo de sus prestaciones en la segunda mitad del curso, quizá notando en exceso ser el foco de atención de casi todo el que se dio cita en Adames. Además, pese a su crecimiento, su desarrollo físico estaba aún lejos del que se conoció posteriormente. "Todavía era frágil, no estaba demasiado fuerte y no era uno de los jugadores principales del Filathlitikos", recordaba Papatheodorou. En cuanto al partido, fue un auténtico drama que se resolvió en la tercera prórroga. Los visitantes bien pudieron cerrarlo antes. Con Nikos Gikas muy mermado por una lesión de tobillo, una canasta del pívot Vassilis Giannoulakos les puso el ascenso en la mano a ocho segundos del final del último cuarto (59-61). Pero no fueron capaces de evitar el tiempo suplementario y, como suele ocurrir en partidos de tal relevancia, cada punto se convirtió en pura agonía. Sobre la bocina de la primera prórroga, un tapón de Giannis Adetokunbo evitó la derrota de los de Zivas. Fue en el segundo suplemento cuando Giannis cometió su quinta falta, lo mismo que le sucedería a Thanasis en la última prolongación del encuentro. Tras 55 minutos de odisea, y mermados por los problemas físicos y las faltas, a los de Zografou se les acabó la gasolina. Los 28 puntos del base Babis Samothrakis fueron en vano y el Nea Kifissia terminó imponiéndose por un 89-81 demasiado claro para lo visto en el pequeño pabellón de Adames.

"Años más tarde, me encontré a Giannis en un entrenamiento con la selección griega. Estuvimos charlando un rato y me reconoció que no podía olvidar aquel partido, que le seguía doliendo y que no había conseguido superar del todo esa derrota", explicó Papatheodorou en *Gazzetta.gr*. La despedida de Adetokunbo del baloncesto griego no fue ni mucho menos por la puerta grande. Un rendimiento menos brillante del que él mismo se autoimponía y una derrota dolorosísima en el que, hasta ese momento, era sin discusión el partido de su vida.

Estados Unidos

La NBA tenía un nuevo punto de atención en Europa, que tras los primeros y misteriosos análisis casi a escondidas del jugador ya nadie pudo ocultar más tiempo. El interés en Adetokunbo era real, con lo que los movimientos en torno al jugador comenzaron a ser intensos por mucho que, según la normativa de la liga estadounidense, los representantes de las franquicias tuvieran estrictamente prohibido hablar con él, como con cualquier otro joven valor en edad de ser elegido en el *draft*. Los interlocutores y representantes válidos eran Giorgios Panou y Giorgios Dimitropoulos en territorio griego y su socio Alex Saratsis en Estados Unidos, que además seguían preparando mentalmente al jugador para el aluvión de noticias y cambios en su vida que se iban a producir de forma inminente.

Panou relató en *AllStar Basket* la que era la principal preocupación de los representantes NBA: "Con Giannis nunca habló nadie, pero todos fuimos conscientes de lo que estaba pasando. Había ojeadores que querían hablar con Takis Zivas o con los veteranos del equipo para saber más sobre su personalidad. Pero lo que todos querían saber es si él realmente quería jugar en la NBA, porque a lo largo de la historia ha habido jugadores europeos por los que las franquicias han apostado en el *draft* y luego nunca han jugado allí. También tenían mucho interés en cómo podía adaptarse a vivir en Estados Unidos alguien que prácticamente nunca había salido de Atenas". Efectivamente, el 'no' de nombres como Oscar Schmidt, Dejan Bodiroga, Theo Papaloukas o Dimitris Diamantidis pesaba y sigue pesando hoy día, aunque el caso más sangrante fue el de Fran Vázquez, elegido ni más ni menos que en el puesto 11 en 2005 por Orlando Magic y que nunca jugó en América, algo que difícilmente olvidarán en la franquicia de Florida. De ahí el interés en conocer si, más allá de su mayor o menor capacidad en la cancha, Adetokunbo estaría disponible para dar el salto a la NBA cuando esta se lo pidiera.

El otro interlocutor habitual de los emisarios americanos era Willy Villar. Con él, la principal duda estribaba en el techo deportivo de la perla que había descubierto. Muchos le telefonearon antes de decidirse a viajar a Grecia, para ver si merecía realmente la pena la inversión. "Cuando me llamaban los *scouts* me decían que un tío que con diecisiete años en la A2 hacía 9 puntos y 5 rebotes no era para tanto. Yo solía contestarles que hicieran lo que quisieran, pero que yo sabía lo que había visto en él", recuerda. Habrá quien compare su caso con el del alemán Dirk Nowitzki, quien también llegó a la NBA directamente desde la segunda categoría de su país. Pero existían notables diferencias. El teutón ya era entonces una estrella de las selecciones germanas de categorías inferiores y había participado en eventos internacionales como el Nike Hoop Summit, exhibiéndose en 1998 en el Alamo Convocation Center de San Antonio. También era el líder indiscutible del DJK Würzburg, al que guio al ascenso en su último curso en Alemania –1997/98–, anotando 25,8 puntos por partido. Nada de eso se daba en Adetokunbo. Todo era más una cuestión de fe en su talento, aún no explotado realmente más allá de la categoría júnior.

Pero progresivamente se convirtió casi en rutina que cualquier partido del Filathlitikos tuviera ojos llegados desde Norteamérica ansiosos por ver a su jugador más joven. Incluso en multitud de entrenamientos había presencia yanqui en la instalación. "Llegó un momento en que a diario teníamos un *scout* allí, y sé que suena extraño, pero en ese momento creo que no éramos conscientes de la dimensión que estaba adquiriendo la situación", cuenta Xristophoros Kelaidis, integrante ese curso del júnior pero también en dinámica con el primer equipo de Zografou. "Llegó a ser algo sorprendente. Venía gente de todas partes. De la NBA y de los grandes equipos de Euroliga, mientras nosotros simplemente entrenábamos lo mejor que podíamos y obviamente tratábamos de ayudar a que Giannis pudiera trabajar a su máximo nivel."

El alero profundiza sobre la gestión que Adetokunbo hizo de la presión cada vez mayor que hubo de soportar. "Es impactante recordarlo, pero era algo que no le preocupaba demasiado. Fue capaz de centrarse simplemente en jugar al baloncesto y no en todo el ruido a su alrededor. No leía nada y sólo pretendía ser mejor cada día para ayudar a su familia. Realmente fueron días de muchas noticias, pero él parecía estar sorprendentemente aislado. Desde luego yo no había vivido algo así antes en mi vida, pero lo manejó muy bien y dando pequeños pasos. Simplemente quería entrenar y entrenar", rememora. Con el tiempo el propio

Giannis reconocería que, cuando empezó a ser consciente de lo que suponían todas esas extrañas presencias en la grada, se esforzó por impresionarles desde el calentamiento. Bendita inocencia, se propuso que sus mates en la clásica rueda previa al partido fueran impactantes. Como si los ojeadores se fueran a enamorar de ellos y no tuvieran un campo de visión del escenario mucho mayor que el de la simple exuberancia física.

Las franquicias querían palpar sobre el terreno lo que conocían a través del teléfono e internet. Veintisiete de los treinta equipos que conformaban en 2013 la NBA tuvieron entrenamientos privados en algún momento con Adetokunbo, al que también observaban en situación real de partido. Interesaba verle en la cancha, tanto en la versión desbocada en categoría júnior como en la más recatada, pero que maduraba a toda velocidad, en sénior. También querían escudriñar a su entorno: observar cómo sus padres nunca se perdían un partido en Zografou, sentándose casi siempre en los mismos asientos, y la fortísima relación que tenía con sus hermanos. Con Thanasis sobre el parqué y con Kostas y Alexis fuera de él. Los dos pequeños solían echar también una mano en lo que era necesario. Pasaron la mopa en los partidos de categorías superiores en no pocas ocasiones. Aunque al lector le parezca extraño, todos esos detalles acaban apuntados en la libreta de un ojeador.

Las visitas de representantes estadounidenses a Grecia se convirtieron en costumbre. Pese a ser conocido desde hacía sólo tres meses, a mitad de marzo de 2013 la web especializada *DraftExpress* ya situaba a Adetokunbo como el segundo mejor jugador internacional entre los elegibles, sólo superado por el croata Dario Saric. Como resulta muy habitual en estos procesos, se le empezó a comparar con jugadores conocidos para hacerse una idea de su perfil. En su caso, lo más recurrente en Grecia fue decir que era algo así como un Diamantidis en alto, en alusión al genial base zurdo de 198 centímetros, ganador de tres Euroligas con el Panathinaikos.

Respecto a Giannis, que ya alcanzaba los 2,06 metros, la previsión era que fuera elegido al final de la primera ronda o, en el peor de los casos, al inicio de la segunda. Con el propósito de hacerle más conocido para el público americano, y por mor de su gran envergadura, 220 centímetros en 2013, y su buen manejo de balón, *DraftExpress* vinculó su perfil al de otros dos nombres europeos y de raza negra con historial NBA: el francés Nicolas Batum y el suizo Thabo Sefolosha. Sin embargo, el aspecto de su antropometría que más llamaba la atención eran sus gigantescas manos: 26 centímetros de largo y 30,5 desde la punta del dedo meñique a la del pulgar. Era capaz de coger la pelota como si de una manzana se tratase para el común de los mortales, lo que le ayudaba notablemente en su manejo de balón y su capacidad de finalización y pase. Pero faltaba mucho camino por hacer. "Técnicamente aún tenía muchas carencias. Por ejemplo, finalizaba mal hacia el aro rival, no tenía un buen tacto. Por eso y por su físico, era habitual verle lanzar mal, coger su propio rebote y encestar bajo el aro", narra un *scout* NBA de la época.

A esas alturas, ir a verle a hurtadillas había pasado a mejor vida. No sólo los *scouts* iban en su búsqueda, sino que cargos aún mayores daban el paso, lo que demostraba el interés cada vez mayor en Giannis. Una divertida anécdota la protagonizó a primeros de abril Danny Ainge, entonces *general manager* de Boston Celtics. El histórico escolta decidió acudir, junto a su asistente principal, Ryan McDonough, al partido de la vigesimosegunda jornada de la A2, en la que el Filathlitikos visitó al Niki Volou en la ciudad de Volos, algo más de 300 kilómetros al norte de Atenas. Acompañados por Giorgios Panou, los dos directivos de la franquicia céltica se sentaron durante el partido junto al banquillo visitante. El ambiente fue en todo momento intenso y hostil, como suele ocurrir en muchos pabellones griegos. La remontada en el último cuarto del equipo de Takis Zivas enervó aún más a los hinchas locales radicales, con lo que los visitantes tuvieron que salir de la cancha prácticamente a la carrera tras el bocinazo final. Con más calma lo hicieron Ainge y sus acompañantes, que fueron objeto de la ira de la afición, al confundirlos con miembros del cuerpo técnico rival. Ante la compleja situación, Panou se acercó a la grada. "¡Calma, calma, este señor es Danny Ainge, la leyenda de los Boston Celtics!", informó a los hinchas. "¿Quién?", replicaron estos, a los que el agente reiteró la información. La respuesta de la grada es una de esas que no se pueden olvidar y que hizo entender perfectamente a Danny Ainge lo pasionales que son algunos aficionados griegos. "¡Lakers, Lakers! ¡Largo de aquí!", comenzaron a gritar, vitoreando al eterno rival de la franquicia de Massachusetts e insistiendo en su inquina hacia Ainge quien, todo hay que decirlo, se tomó con humor lo sucedido. Por cierto, aquel día vio uno de los mejores partidos de la temporada de Adetokunbo: 19 puntos, 9 rebotes y 2 tapones para la importante victoria visitante por 70-75.

El fenómeno no dejaba de crecer. Con el tiempo se ha sabido que una de las franquicias que más interés mostró en él fue Indiana Pacers. Su representante entonces, el exjugador Carl Nicks, llegó a pasar una semana completa en Atenas estudiando todos los detalles con esmero. Sin embargo, según avanzó la fecha fue consciente de que su equipo, que elegiría finalmente en el puesto 23, no tendría posibilidades reales de aspirar a seleccionar al joven del Filathlitikos. Otro equipo que mostró un interés temprano fue Oklahoma City Thunder, que iba a elegir en los puestos 12 y 29. Su *general manager*, Sam Presti, fue de los primeros en viajar a Grecia. Pero quienes terminarían quemando todas sus naves para hacerse con él serían otras dos franquicias del Este: Milwaukee Bucks y Atlanta Hawks, a las que correspondería elegir en los puestos 15 y 17 (Bucks) y 18 (Hawks). Como muestra de su interés, John Hammond y Danny Ferry, sus respectivos *general managers*, pasaron también un buen tiempo en Grecia. El primero visitó Atenas durante tres días en los que, de una forma bastante astuta, estableció un importante contacto con los agentes del jugador y además no perdió de vista a su entorno y su modus operandi.

En el caso de Ferry, tomó una decisión similar a la de Ainge. Se desplazó a Langadas, una localidad en la periferia de Salónica, famosa por sus balnearios y a más de cinco horas al norte de Atenas, para ver in situ el encuentro de la vigesimocuarta jornada de la A2 entre el Ermis Langadas y el Filathlitikos. Asistió al partido acompañado por el entonces técnico del Panionios, Ioannis Sfairopoulos, quien ya estaba en camino de convertirse en uno de los mejores entrenadores griegos. Ferry pudo ver a un Adetokunbo que empezaba a proyectar detalles de un potencial físico descomunal: firmó 13 puntos, 7 rebotes y 4 tapones para el triunfo visitante por 49-69 que mantenía a los de Zivas en la lucha por el ascenso directo. El español Rafa Ortega, entonces residente en Grecia, relató lo ocurrido en Langadas aquella tarde de sábado en su blog *Historias sobre el baloncesto griego*. Residente en Salónica, donde trabajaba como profesor de español, se dejó llevar por la curiosidad de descubrir al nuevo fenómeno del deporte heleno y condujo hasta la ciudad termal para verlo de cerca. Por cierto, antes del encuentro este licenciado en Historia se fotografió con Adetokunbo, convirtiéndose, con total seguridad y sin saberlo, en el primer español en hacerlo y, con el tiempo, en la envidia de muchos compatriotas.

Todo iba a una enorme velocidad. Si en marzo ya había certeza de que su lugar en el *draft* estaría como mínimo al inicio de la segunda ronda, a finales de abril, coincidiendo con el final de la A2 griega y aquel nefasto partido ante el Nea Kifisia, todo había dado un nuevo paso. En ese momento, la siguiente duda por resolver era cuándo Adetokunbo podría tener impacto real en la NBA. Se daba por descontado que en algún momento jugaría allí. Así lo recuerda Willy Villar: "Cuando supimos que iba a ser drafteado con seguridad, tocaba ir un poco más allá. Y recuerdo que un 90% de los *scouts* con los que hablé le veían un enorme futuro, pero eran realmente escépticos sobre su impacto inmediato por llegar desde la A2. Ellos, que necesitaban pasar bastantes informes, me pedían en muchos casos mi opinión sobre cómo le veía. Diría que hablé con todas las franquicias, y la mayoría pensaban que Giannis iba a pasar desde luego por Zaragoza y no pocas que incluso agotaría los cuatro años de contrato en el CAI. Lo veían muy verde".

Curiosamente, el gran encuentro del portento heleno con la NBA no se iba a producir ni en Grecia ni en Estados Unidos, sino en Italia. En el torneo de Jesolo. En plena vorágine emocional, Giannis no fue a los clásicos *workouts* de las franquicias NBA en territorio americano, donde los equipos hacen entrenamientos privados con los jugadores potencialmente elegibles en el *draft*. En su lugar, disputó con la selección U20 su primer torneo internacional, quizás en agradecimiento por la aceleración final en su proceso burocrático de obtención del pasaporte. Por el mismo motivo, tampoco estuvo en el Adidas Eurocamp, que se celebró en las mismas fechas. Sin embargo, la proximidad entre ambos eventos hizo que muchos de los ojeadores desplazados al torneo de Adidas aprovecharan para ir a Jesolo a enriquecer sus informes y, muy especialmente, para ver en acción a Antetokounmpo. El torneo fue una idea de la Federación italiana para promover una selección B, aunque la propuesta no tuvo demasiado recorrido. Se eligió la pequeña localidad costera, uno de los dormitorios de Venecia, por su importante tradición en el baloncesto y su capacidad logística.

En Jesolo tiene su sede la empresa Fun 'N Action, la única en el país autorizada por la NBA para usar su marca en cursos o campus, y que fue la que organizó el cuadrangular. Uno de sus portavoces es Nacho Pezzini, que recuerda así lo especial que resultó esa edición de 2013. "La verdad es que fue un buen torneo. Hacíamos a oscuras las presentaciones de los equipos usando luces LED, algo muy poco habitual todavía entonces. Los partidos de Italia iban en *prime time* y televisados en directo por Sportitalia, que entonces estaba volcada con el baloncesto. Le dimos mucha importancia a un torneo que quizá realmente no era para tanto, pero que con el tiempo, y casi sin querer, ha recuperado cierto empaque por la participación de Giannis", explica. Pezzini asegura que Antetokounmpo fue el principal foco de atención del evento. "Hubo mucho movimiento en torno a él, no sólo por la gran cantidad de ojeadores que vinieron. Realmente todo el mundo hablaba de él y lo hacía con altas expectativas. Además, fue muy demandado por los aficionados y se mostró muy accesible, porque recuerdo que ya le pidieron muchas fotos y él siempre accedió a hacérselas", concluye.

Luis Arbalejo evoca a la perfección una divertida anécdota que radiografía el interés generalizado en el griego: "En uno de los partidos habría unas cien personas, entre las que estaban representantes de prácticamente todas las franquicias NBA. Giannis, que ya estaba muy por encima de los dos metros de altura, jugaba como exterior en Grecia y sufría para defender a sus pares, que solían ser mucho más bajos, por lo que tuvo problemas de faltas. Cuando todavía quedaba mucho partido hizo la quinta y fue expulsado. De pronto, más de la mitad de los espectadores se levantaron y se marcharon, probablemente de vuelta a Treviso. Al no estar Giannis, el partido había perdido todo el interés para ellos. Vivirlo in situ fue tan impactante como divertido".

Como es lógico, la delegación del CAI sintió un enorme orgullo con aquella escena. El tipo sobre el que se centraban todas las miradas era su jugador. A tres semanas del *draft* era un secreto a voces que toda la NBA miraba muy de cerca a Giannis Antetokounmpo, y eso iba a tener una consecuencia con la que muy pocos contaban aún en Jesolo.

EL SIGILO DE LOS BUCKS Y UNA BANDERA SOBRE LA BOCINA

EL 27 DE JUNIO DE 2013 el Barclays Center de Nueva York iba a albergar por primera vez en su historia el *draft* de la NBA. La casa de los Brooklyn Nets, inaugurada en 2012, era el lugar escogido para que las franquicias eligieran los derechos de los mejores jugadores jóvenes del mundo. Es una noche especial, capaz de cambiar la dinámica de un equipo o de hacerle entrar en barrena durante años. A lo largo de la historia se han sucedido elecciones que modificaron el devenir de una franquicia. Casi del mismo modo que errar el tiro con una ronda alta puede señalar a una gerencia, atinar con una elección postrera, lo que popularmente se conoce como un robo 'del' *draft*, ha sido el punto de inflexión en no pocos casos para ayudar a modificar en positivo el rumbo. Entre los errores, por uno u otro motivo, la historia de la NBA recuerda a nombres como Michael Olowokandi, Greg Oden, Darko Milicic, Kwame Brown, LaRue Martin, Sam Bowie, Adam Morrison, Hasheem Thabeet o Eddy Curry, quienes salieron del *draft* como grandes esperanzas de reflotar a sus equipos y finalmente pasaron con más pena que gloria por la liga.

En el lado contrario están figuras como Manu Ginóbili, Marc Gasol, Dennis Rodman, Maurice Cheeks, Tony Parker, Michael Finley, Willis Reed, Spud Webb, Alex English, Jeff Hornacek o Mark Price. Todos fueron seleccionados muy lejos de los primeros puestos y terminaron haciendo una más que sólida carrera en la NBA, llegando a jugar el All-Star Game tras ser piezas relevantes en equipos de postín. Falta aún el caso extremo, representado por aquellos jugadores que no fueron seleccionados en el *draft* y que terminaron generando un alto impacto en la mejor liga del mundo. Entre ellos se debe subrayar a José Manuel Calderón, Bruce Bowen, John Starks o Avery Johnson, pero, muy por encima de cualquiera, a Ben Wallace, un tipo sin ningún talento ofensivo pero que llegó a ser cuatro veces *all-star* y otras tantas Mejor Defensor de la NBA, miembro de los históricos Detroit Pistons que se alzaron con el anillo de campeón en 2004.

Por eso la noche del *draft* es un momento muy relevante para las franquicias, del que Giannis Antetokounmpo no tuvo conocimiento de su existencia hasta 2010, cuando leyó un reportaje sobre la elección de John Wall, número uno de esa edición. "Yo pensaba que si la NBA te veía y le gustabas, simplemente te llevaban con ellos", reconoció años después. En cierto modo, se examinan ese día de su trabajo de todo un año, o incluso más, ojeando talentos por el mundo. Son horas frenéticas, en las que la plana mayor de cada equipo se reúne en una sala repleta de pantallas, ordenadores y pizarras. Allí están propietarios, entrenadores, *general managers* y los principales *scouts* de cada equipo, tomando decisiones contrarreloj en función de cómo va avanzando el *draft*. El teléfono no para de sonar, en muchos casos con ofertas de otros equipos para intercambiar elecciones o jugadores. Cada poco tiempo aparece un nuevo análisis sobre la pizarra que inicia el debate acerca de los beneficios o perjuicios de ese movimiento o aquel otro, mientras las manecillas del reloj no dejan de correr hasta el momento en que a la franquicia le toca tomar la decisión de a qué jugador escoger. En el caso concreto de 2013, se trataba de un *draft* muy emotivo, al ser el trigésimo y último en el que participaría el histórico comisionado David Stern, para muchos el gran creador de la NBA tal y como se la conoce hoy en día, y que meses después sería relevado en el cargo por Adam Silver.

Por otro lado, está el punto de vista de los jugadores. Aunque ellos no pueden tener ninguna relación directa con representantes de los equipos, sus agentes mantienen multitud de conversaciones con aquellos en las semanas previas. Como resultado, cada uno se hace una composición de lugar sobre la posición en la que puede ser elegido, o qué es lo que más beneficia a su interés. Hasta la propia NBA. La liga invita cada año a la denominada Green Room a los jugadores que sabe con certeza y a tenor de la información que le trasladan los equipos que serán elegidos en las posiciones más altas, otorgándoles además un trato vip en el evento, pues ocuparán las mesas centrales junto a sus familias y representantes, esperando el momento en el que serán seleccionados y las cámaras de televisión se dirigirán a ellos.

En 2013, los beneficiados de dicho trato fueron Nerlens Noel, Ben McLemore, Otto Porter Jr., Alex Len, Victor Oladipo, Anthony Bennett, Trey Burke, C.J. McCollum, Cody Zeller, Michael Carter-Williams, Kentavious Caldwell-Pope, Steven Adams y Sergey Karasev. Fuera de estos privilegiados, el resto de jugadores adoptan diferentes posturas. Los hay que renuncian a acudir al evento, mientras que, entre los que están en el pabellón, el asunto se divide entre los que esperan en salas privadas y los que se ubican en la grada junto al público, la opción que Giannis Antetokounmpo eligió tras no ser finalmente invitado a la Green Room. Se ubicó junto a su hermano Thanasis y los agentes Giorgios Panou y Alex Saratsis –Dimitropoulos no viajó porque esperaba su segundo hijo en esos días–. En las tribunas generales también estuvieron aquella noche Rudy Gobert, Shane Larkin, Gorgui Dieng o Mason Plumlee, que igualmente resultaron elegidos.

¿Cuál era el objetivo del griego y su entorno ese día? Cuando comienza el *draft* existe una enorme incertidumbre. En la mayoría de casos, los jugadores no tienen demasiada idea de dónde van a acabar jugando, e incluso de si lo harán en la siguiente edición de la NBA. Aun así, también hay algunas certezas. El primer escenario lo había descrito perfectamente Giorgios Dimitropoulos en una entrevista en el programa *Aragón Deporte Basket* apenas un par de semanas antes. Parecía muy complicado que ninguna franquicia quisiera a Antetokounmpo de forma inminente en Estados Unidos. La percepción era que preferirían un mayor fogueo en Europa antes de dar el salto. "Nos da casi igual si es primera o segunda ronda, e incluso si no es elegido", aseguró el agente en la emisora aragonesa, espoleando las opciones de que acabara en Zaragoza. Incluso fue un paso más allá. Expuso que resultaba "muy obvio que Giannis necesita uno o dos años en Europa en una competición importante y en un club donde pueda evolucionar y jugar, siendo el CAI quien nos da lo que necesita hoy mismo".

Dimitropoulos planteó un escenario muy interesante para el club zaragozano. "Si el 27 de junio no hay un equipo que quiera firmarlo para jugar ya, estará dos o tres años en el CAI. Él quiere jugar en la NBA, pero hasta hace un mes jugaba en la A2 y no era dominante. Y en todo caso, si viene un equipo que lo quiera ya, bien sea un NBA o como mucho un equipo de nivel Euroliga, el CAI habrá hecho un gran negocio", aseveró. Finalmente, se mostró muy convencido de las posibilidades reales de que su representado tuviera un impacto inmediato en la Liga ACB. Estableció una comparación con uno de los más prometedores jugadores españoles del momento: "Vemos que Álex Abrines, que es del año 93, ya está jugando minutos en el Barcelona. Giannis es un año más joven y tendrá esa edad el año que viene. De modo que no es imposible verlo jugar a ese nivel. Hablamos del mayor talento joven de Europa ahora mismo".

Así las cosas, Zaragoza era una opción, pero no la primera. Lo que en aquellas palabras de Dimitropoulos se podía entrever, con el paso del tiempo se ha constatado como una realidad. "Creo que la NBA siempre fue el plan más realista. El objetivo principal era alcanzarla y España debía ser un paso para llegar posteriormente allí", cuenta Christos Saloustros, excompañero de Antetokounmpo en el Filathlitikos. Más detalles de la operación desvela Spiros Velliniatis: "Sin duda querían que su contrato pasara primero por un equipo de una primera división europea, porque si iba directamente a la NBA desde la A2, el Filathlitikos y los agentes apenas ingresarían dinero. Buscaban que el traspaso hacia la NBA saliera de otro club y así poder ofrecer un buen negocio al Filathlitikos". Era una forma de compensar el trabajo del club de Zografou y la buena relación con Giannis Smyrlis, pieza clave en el proceso. El propio Giorgios Dimitropoulos reveló en *AllStar Basket* parte de sus movimientos previos al *draft*: "Hablé con los mejores equipos de la Euroliga, pero ninguno hizo una gran propuesta hasta que tuvimos claro que sería elegido en la primera ronda. A partir de ese momento, sólo la NBA estuvo en nuestra mente". En todo caso, el escenario no estaba ni mucho menos bajo control e iba a depender, al menos cuanto a sus plazos, de la franquicia que terminara eligiendo al ateniense. Equipos como Utah, que escogería en los puestos catorce y veintinuo, y Oklahoma City, que lo haría en el doce, mostraron un alto interés en Antetokounmpo, pero su deseo era que pasara varios cursos en Europa antes de jugar en la NBA. Esta circunstancia no terminó de convencer a los agentes del griego, que querían huir incluso de la posibilidad de que el equipo que lo eligiera lo enviara a la D-League (desde 2017, G League por razones de patrocinio), la liga de desarrollo de la NBA, donde las franquicias colocan en muchos casos a sus jugadores jóvenes sin sitio en el primer equipo para que no pierdan el ritmo competitivo.

Por muy meteórica que hubiera sido la progresión de Giannis, la desconfianza mayoritaria en su impacto inmediato seguía sobre la mesa. Pese al potencial que se le vislumbraba, no olvidemos que era un chaval de dieciocho años sin ninguna experiencia internacional, ni siquiera en la máxima categoría de su país. Ello, sumado a las reticencias que históricamente ha tenido la NBA para apostar de lleno por un jugador no formado en Estados Unidos, le alejaba del radar de casi todas las franquicias que iban a elegir en los primeros puestos. Otro jugador no americano, Dario Saric, finalmente había retirado su candidatura diez días antes del *draft*, y sería elegido en el puesto doce un año después.

Del resto de internacionales, los otros dos nombres que aparecían en las quinielas para ser elegidos entre los diez primeros tenían formación en la NCAA estadounidense: el canadiense Anthony Bennett en Nevada-Las Vegas y el ucraniano Alex Len en Maryland. Los análisis previos situaban a Antetokounmpo en un segundo escalón que iba desde el puesto once hasta el treinta, justo al final de la primera ronda. Ahí estaban la mayoría de jugadores no estadounidenses de, a priori, cierto nivel: el alemán Dennis Schröder, el brasileño Lucas Nogueira, el neozelandés Steven Adams, los franceses Rudy Gobert o Livio Jean-Charles, el senegalés Gorgui Dieng, el ruso Sergey Karasev, el español Álex Abrines y otro canadiense como Kelly Olynyk.

Como se ha comentado, en los días previos al *draft* se producen un sinfín de llamadas, reuniones e intercambios de datos, informes y chivatazos. Si esto es así para cualquier jugador más en su caso. Sabemos que el griego apenas había estado en el escaparate, y además no había asistido a ninguno de los grandes eventos de referencia previos al *draft*. Huelga decir que, por no disponer de pasaporte, no participó en el Nike Hoop Summit en Portland el 20 de abril, ni tampoco, días más tarde, en el *draft combine*. Esta es una cita muy relevante que se celebra cada mes de mayo. En ella, los jugadores se someten a diferentes exámenes médicos y entrevistas y, por supuesto, entrenan ante los ojos de los representantes de todas las franquicias de la liga. Es lo más parecido a una feria de ganado que se estila en el mundo NBA. En 2013 se celebró del jueves 16 al domingo 19 en Chicago, con 63 jugadores invitados entre los que no estuvo Antetokounmpo. El ateniense, debido al compromiso con la selección U20 de su país –y las dudas respecto a su nivel real que había hasta poco tiempo antes–, tampoco disputó el Adidas Eurocamp de Treviso ni, públicamente, acudió a los *workouts* previos de las franquicias. De hecho, viajó al *draft* con un permiso especial del seleccionador Kostas Missas en plena concentración con su equipo nacional.

El pacto con Atlanta Hawks

Por todo ello, Giannis fue uno de los grandes protagonistas en las horas previas al *draft*. Incluso sus representantes llegaron a un acuerdo con una franquicia que les garantizó que le escogerían en el puesto número 17: Atlanta Hawks. Este tipo de pactos no son inhabituales antes de un *draft*, y tienen algunas particularidades. El equipo se compromete a elegir sí o sí al jugador en ese puesto.

La contrapartida es que los agentes deben minimizar la cantidad de información que aportan a otra franquicia para que esta no se adelante a la que ha establecido el acuerdo. Sucede, por ejemplo, con los informes médicos. Hay que entender que, cuando un equipo NBA elige en un puesto alto a un jugador, lo hace con la intención de que éste le ayude, con un rol importante, durante una gran cantidad de temporadas, o bien de que se convierta en un tipo valorado en la liga que a medio o largo plazo le permita mejorar el plantel a través de un traspaso. Por ello, conocer la salud del protagonista es fundamental, en especial en el caso de físicos muy altos o pesados, antes de invertir el futuro del equipo –y mucho dinero– en jugadores cuyas articulaciones tienen un riesgo mayor de lesionarse.

Era el caso de Giannis Antetokounmpo, cuyo crecimiento en centímetros en los años previos al *draft* había resultado muy por encima de lo normal; en junio de 2013 ya bordeaba los 208 centímetros –y 221 de una impactante envergadura–. Un buen conocimiento del estado de, por ejemplo, sus rodillas resultaba crucial a la hora de apostar por él, pues no son pocos los casos de jóvenes enormemente prometedores a su entrada en la NBA a los que el físico no les ha dejado triunfar. Cuando sus agentes empezaron a evitar el envío de sus pruebas físicas a las franquicias que las habían solicitado, conocedoras de este modus operandi empezaron a tener clara la existencia de un pacto como el que había con Atlanta Hawks. Igualmente, el caudal informativo sobre el jugador comenzó a cerrarse desde los propios agentes, que atendían a cualquier franquicia pero con informaciones menos prolijas. A partir de ese momento, seleccionar al griego se convertía en, todavía más si cabe, un acto de fe: había que hacerlo a ciegas de buena parte de sus exámenes médicos. El reto de los Hawks era conseguir que el resto de equipos no supiera que eran ellos los implicados.

Habían sido tres las franquicias que mayor interés habían mostrado en el joven griego. Y las tres querían apostar por él para que diera el salto a la NBA desde el primer año: los citados Hawks, Milwaukee Bucks y Denver Nuggets, si bien los últimos se cayeron rápido de la carrera. La pieza clave en el deseo de la franquicia de Colorado era su vicepresidente ejecutivo y director de operaciones baloncestísticas, Masai Ujiri, que sería nombrado Ejecutivo del Año en la temporada 2012/13, convirtiéndose en el primer no estadounidense en lograr dicho galardón. Ujiri, aunque nacido en Gran Bretaña, se crio en Nigeria, de donde era originario su padre –su madre es keniata–. Su implicación en el caso Antetokounmpo fue incluso emocional, al tratarse, en cierto modo, de un compatriota. Pronto entendió que los Nuggets, que iban a elegir en el puesto 27, no tendrían muchas opciones de llegar a Giannis. Además, el 31 de mayo de 2013, Ujiri aceptó una importante oferta para cambiar de franquicia y convertirse en el *general manager* de Toronto Raptors. En el caso del equipo canadiense, las opciones directamente eran inexistentes, toda vez que, debido a movimientos previos, los Raptors no tenían elecciones disponibles para el *draft* de 2013. A Ujiri no le fue nada mal en Ontario, pues se le considera pieza angular en el primer anillo de su historia, logrado en 2019.

Eliminado Denver Nuggets de la ecuación, las opciones reales de ver a Giannis Antetokounmpo en la NBA 2013/14 pasaban por Atlanta o Milwaukee. Sin duda, el escenario más realista hasta última hora pasaba por el estado de Georgia. Los Hawks habían quemado todas sus naves en el griego. No sólo Danny Ferry había viajado a verle, sino que su asistente principal, Wes Wilcox, había pisado Grecia en multitud de ocasiones en los últimos meses. Más allá de eso, y dentro de un secretismo extremo, Antetokounmpo realmente sí hizo un *workout* justo antes del *draft*. Su viaje a Estados Unidos, abandonando la concentración de Grecia U20, fue de cinco días. Pasó por Atlanta, donde llevó a cabo una prueba privada con los Hawks de la que casi nadie tuvo conocimiento, tal y como desveló el diario *The Atlanta Journal-Constitution* en 2018. Según la misma publicación, Giannis además pasó un exhaustivo reconocimiento médico en Nueva York realizado por galenos externos a la franquicia, pero sufragado por los Hawks, para disminuir aún más las sospechas. De ahí que, más tarde, los agentes del jugador rehusaran entregar las pruebas a otros equipos. Incluso se asegura que Ferry llevó a cabo la operación con tal sigilo que hasta altos cargos de la franquicia desconocieron, hasta después del *draft*, el enorme interés en Antetokounmpo. Todo parecía atado. O más bien, todo lo atado que puede estar algo cuando uno elige en los puestos diecisiete y dieciocho.

Milwaukee tenía algo que decir. Los Bucks, que elegían en el puesto número quince, habían prestado también especial atención a Giannis. Si bien fueron mucho más, permítase la expresión, sigilosos. La de Wisconsin era una franquicia claramente necesitada de estímulos. En las seis temporadas anteriores sólo en una había jugado los *playoffs*. Peor aún, desde 2001 no ganaban una eliminatoria en la postemporada, por no hablar de que habían pasado más de cuatro décadas desde su único anillo, en 1971, cuando los portentosos Oscar Robertson y Lew Alcindor –poco después conocido para siempre como Kareem Abdul-Jabbar tras convertirse al islam– lideraban a los ciervos. Además, el equipo seguía marcado por un movimiento considerado unánimemente como uno de los peores en la historia de la NBA. Sucedió precisamente en una noche del *draft*, en 1998, cuando los Bucks seleccionaron al alemán Dirk Nowitzki en el puesto número nueve para, inmediatamente después, traspasar sus derechos y los de Pat Garrity –elegido también esa noche, en el puesto diecinueve– a cambio del número seis de aquel *draft*, el a priori poderoso pívot Robert 'Tractor' Traylor. Años más tarde, la historia sitúa al teutón posiblemente como el mejor europeo que ha pasado por la NBA, una liga por la que Traylor, fallecido a los 34 años mientras jugaba en Puerto Rico, pasó sin hacer el más mínimo ruido.

Así que, seguramente sin pensar que encontrarían al mirlo blanco que necesitaban para revertir su mala tendencia, los Bucks habían enviado inicialmente a Atenas a su vicepresidente Dave Babcock, al poco de saltar a la palestra el nombre de Giannis. Impresionado con lo que observó y el potencial que atisbaba, Babcock animó al *general manager*, John Hammond, a que fuera a verlo personalmente, de modo que tanto éste como su asistente principal, Jeff Weltman, estuvieron también en la capital griega. Allí tomaron nota de todo, desde los detalles del jugador, al que Hammond recuerda en su primera impresión como "atlético, extremadamente largo y con gran pasión por el juego", hasta el comportamiento de él y su entorno, e incluso la propia filosofía de juego del Filathlitikos, por el impacto que podía tener en su desarrollo. El deseo de seleccionarle fue in crescendo al mismo tiempo que el optimismo en poder hacerlo iba decayendo, en un proceso que explicó posteriormente Billy McKinney, entonces director de *scouting* de los Bucks: "Había un consenso absoluto en elegirle. De hecho, mientras veíamos algunos de sus partidos empezó a extenderse un comentario habitual entre nosotros cuando un jugador realmente nos gusta. Alguien siempre termina diciendo eso de 'no tenemos que preocuparnos mucho porque no estará disponible cuando nos toque'. Con él me pasó. Pensaba que era imposible porque si le veías comparado con los otros jugadores que vimos durante el año, su capacidad técnica era realmente alta. Y la primera vez que Larry Drew –quien había firmado por los Bucks el 31 de mayo de 2013– lo vio dijo exactamente eso. Sin tener ni idea de que era una broma frecuente entre nosotros. Pero lo dijo. Así que no se puede negar que estábamos ansiosos, bastante nerviosos, porque sabíamos que si nosotros podíamos ver ese potencial y su talento, otros equipos lo podían hacer también". Otra anécdota curiosa sobre el descubrimiento de Antetokounmpo por parte de Drew es que, tras aquel primer visionado, el entrenador calculó que, pese a su capacidad para jugar por encima del aro, el chico debía medir 1,85, ya que hacía "cosas propias de un base". Su sorpresa fue notoria cuando le informaron de que el griego ya estaba ampliamente por encima de los dos metros de altura.

A diferencia de otras franquicias más imprudentes, el decidido interés de los Bucks en Antetokounmpo se convirtió en un secreto de Estado Wisconsin. Así lo reconoció el propio Giorgios Dimitropoulos años más tarde: "En Milwaukee siempre dijeron que era un caso que observaban de cerca, pero nunca hablaron directamente del *draft*. Sin embargo, estuvieron encima constantemente, valorando si Giannis llegaría hasta el puesto quince. Mientras, otros eran más directos. Recuerdo que David Kahn, entonces en Minnesota, llegó a asegurarme que estaba tan emocionado con él como cuando eligió a Ricky Rubio en 2009. E incluso me dijo: 'Que sepas que si para cuando llegue el *draft* no me han despedido, le elegiré en el puesto nueve'. Efectivamente le despidieron antes, el 2 de mayo, así que probablemente ya sabía algo cuando me dijo aquello". Mientras tanto, en las semanas previas a la gran cita del 27 de junio, ningún representante de Milwaukee hizo una declaración similar. Tanto es así, que a ojos del CAI Zaragoza el único temor para que Giannis no vistiera de rojo era que fuera elegido por Atlanta. Si el griego caía hasta el puesto diecisiete, los Hawks lo elegirían y se lo llevarían de forma inminente a la NBA. Pero si alguna franquicia se lanzaba antes a la piscina y lo seleccionaba, lo más probable es que no lo quisiera incorporar de inmediato y le dejara completar su formación en Europa. "Nosotros seguíamos trabajando en cómo traer a toda la familia porque estábamos prácticamente convencidos de que se quedaba. Estaba bastante claro que iba a ser primera ronda, pero en ningún momento pareció una opción realmente seria lo de Milwaukee, y más para llevárselo de inmediato", cuenta Willy Villar.

No fue hasta la misma mañana del *draft* cuando todo cambió. Antetokounmpo y su entorno sólo manejaban dos realidades: un contrato profesional firmado en España y el compromiso para ser elegido no más allá del puesto diecisiete por Atlanta. Hasta que finalmente los Bucks movieron ficha. Una llamada desencadenó un frenesí inesperado. De pronto, la incertidumbre era aún mayor y Wisconsin empezó a ser una opción más que real para todos. Incluso para Giannis, para quien lo más estresante hasta ese momento había sido responder a las exigencias de sus agentes de vestir apropiadamente en la ceremonia. Dentro de la ingenuidad de un chaval en pleno proceso de aprendizaje pisó Estados Unidos por primera vez convencido de que iría al Barclays Center en vaqueros. Tras alguna discusión con Panou y Saratsis, fueron unas fotos de LeBron James vestido con chaqueta las que terminaron por convencerle. Ante la imposibilidad de encontrar un traje de tales dimensiones en tan poco tiempo, los agentes lograron que se los hicieran a medida por la vía rápida, tanto a él como a Thanasis –por expreso deseo de Giannis, que no quería ser más que su hermano en la gala–. De nuevo salió a relucir su apego familiar, muy presente todo el día. Cuando conoció la opción de ir a Milwaukee, Giannis dejó clara su posición: sería con su familia o no sería. Y lo que se había trabajado con tiempo en el caso de Atlanta, se tuvo que resolver contrarreloj otra vez. Entre la multitud de llamadas de última hora, lo que más preocupaba al jugador eran las conversaciones con el Departamento de Extranjería de Milwaukee. Mientras no consiguió la garantía de que sus padres y hermanos viajarían con él a Estados Unidos en el medio plazo, no respiró tranquilo con la opción de los Bucks.

En la distancia también había tensión. Willy Villar se encontraba en la isla de Mallorca, incubando un proceso febril justo en un día crucial para los planes de su equipo con vistas al siguiente curso. Además, había adquirido el compromiso de ser entrevistado en directo en Canal Plus durante la retransmisión del *draft*. En plena vorágine, y mientras apuraba la cena, recibió una llamada sorprendente. Al otro lado del teléfono estaba un representante de Dallas Mavericks, que terminó pasándole con el mismísimo propietario de la franquicia texana, Mark Cuban. "Me preguntó por Antetokounmpo, que qué pensaba de él, mientras me hacía promesas en un rudimentario español por si lo acababan eligiendo, del tipo de 'fiesta' y 'cerveza' (*sonríe*). Yo al final me había empollado a todos los jugadores y me sorprendían mucho algunos de los nombres que aparecían delante. Noel, que era el gran favorito, había tenido una lesión muy grave, rotura de ligamento cruzado de la rodilla izquierda, pero es que tenía menos talento que Giannis, que además tenía dieciocho años. Creo que los americanos se miraban el ombligo", evoca. Dallas pasó a ser un nuevo equipo en la ecuación, si bien era uno de los que, a priori, dejarían al jugador en Zaragoza un tiempo. Eso sí, para entonces Villar era conocedor de que la opción de que su rutilante fichaje no se vistiera nunca con la equipación del CAI estaba ahí. "Ya me habían dejado caer eso de 'Willy, a lo mejor no vamos a Zaragoza', pero desde luego no lo tenían seguro", explica.

El vigésimo griego en la historia del *draft*

Así comenzó el último *draft* de David Stern. Para empezar, un bombazo, con Anthony Bennett número uno por Cleveland Cavaliers y las cámaras yéndose hacia Nerlens Noel, para muchos el gran derrotado de una noche que, con el tiempo, será recordada por varios fiascos notables de inicio, si bien la recta final de la segunda ronda lo salvaría bastante a ojos de la historia. Oladipo con el dos a Orlando, Porter en el tres a Washington. Noel no aparece hasta el seis, por New Orleans, siendo traspasado después a Philadelphia. Pasan los minutos, y Portland se queda con C.J. McCollum en el puesto diez. De repente, hay movimiento en los asientos de Antetokounmpo y los suyos. Por si no había suficiente tensión con lo que estaba en juego y el incesante ir y venir de mensajes en los teléfonos, se añadió un factor estresante más. La bandera griega que tenían preparada desapareció entre los asientos. Más ansiedad, por el riesgo de perder la instantánea que daría la vuelta al mundo, con ese chaval negro mostrando su orgullo griego enarbolando la bandera del país.

Salieron Carter-Williams el once por Philadelphia y Steven Adams el doce por Oklahoma City. Turno para Dallas, otra opción. La bandera no aparece por más ahínco que se pone en la búsqueda; levantan incluso de sus localidades a los asistentes más próximos. Por suerte, los texanos eligen a Olynyk. Y entonces, unos chavales ejercen como ángeles de la guarda. En uno de los recesos de cinco minutos entre elecciones de primera ronda, en la segunda el tiempo baja a dos, aparece del cielo. Los adolescentes se acercan a Antetokounmpo a pedirle una foto. Portan una bandera griega, que le entregan cuando se toman la instantánea. "Queremos que la lleves cuando te elijan", le exhortan. Giannis vuelve a su asiento con media sonrisa cómplice junto a su equipo de trabajo. Los rostros muestran esa mezcla de relajación por la repentina aparición de la enseña salvadora y de ansiedad por la constancia de que su momento está a punto de llegar. En el peor de los casos, faltan cuatro elecciones hasta Atlanta, de donde saben que no pasará el asunto. Llega el catorce: Utah Jazz elige a Shabazz Muhammad. Le toca a Milwaukee y la tensión es extrema. El tiempo se detiene hasta que David Stern vuelve al estrado con el logo de los de Wisconsin a su espalda. El prestigioso abogado neoyorquino tose mientras avanza al atril. Se toma unos segundos para leer el nombre del seleccionado, como si su pronunciación fuera especialmente compleja. Ahí va: "En el puesto número quince del *draft* de la NBA de 2013, los Milwaukee Bucks eligen a Giannis Antetokounmpo, de Atenas, Grecia. Su último equipo fue el Filathlitikos, en Grecia".

En ese momento se producen tres sensaciones instantáneas. En el Barclays Center, mientras Giannis se santigua –a la manera ortodoxa– y respira, es Thanasis, siempre más pasional, quien explota ondeando la bandera helena aparecida casi sobre la bocina. Ambos se abrazan, también con Panou y Saratsis. Saben que la vida de su familia acaba de alcanzar una nueva dimensión. Giannis se abotona la chaqueta y desciende por las gradas para cumplir el protocolo de colocarse la gorra de su nuevo equipo y saludar a David Stern. ESPN le presenta en directo para Estados Unidos como un jugador de "potencial ilimitado". No ha terminado de bajar la escalera cuando aparece un tipo para llevarse a la carrera a Thanasis. Quiere que acompañe a su hermano para que aparezca en todas las entrevistas que le van a hacer. En la NBA nada se deja a la improvisación.

La segunda reacción es de decepción y filtración. Se genera a muchos kilómetros de Brooklyn, en Atlanta. En el antiguo vestuario de hockey del Philips Arena a la plana mayor de los Hawks se le acaba de escapar de las manos su gran objetivo de la noche. Allí están reunidos, buscando la menor difusión de información posible fuera de esas cuatro paredes, Danny Ferry, Wes Wilcox, el nuevo entrenador, Mike Budenholzer, el consejero para asuntos de baloncesto, Rick Sund, el director de operaciones de baloncesto, Mike McNeive, y otros miembros del *staff*, como Andy

Birdsong y Jeff Peterson, además del copropietario, Bruce Levenson. Cuando suena el nombre de su gran objeto de deseo, una planta cae por el suelo, como muestra del disgusto. La tierra se esparce, como algunos trozos del recipiente, reventado. "¡Mierda, lo hemos perdido!", se escucha. Aunque no hay tiempo para lamentaciones, pues Atlanta tiene dos elecciones inminentes, la incomodidad y la sorpresa aumentan cuando reciben una llamada de los Bucks solicitando las pruebas médicas del jugador. Horas más tarde, en Atlanta acaba la noche con las elecciones de tres bases: Dennis Schröder, Shane Larkin y el brasileño Raulzinho Neto; pero sobre todo con la constancia de que algo había fallado en su plan, teóricamente secreto, para seleccionar a Giannis Antetokounmpo.

La tercera sensación emergió en Mallorca, donde Willy Villar sufrió lo peor del pico febril justo durante el momento cumbre del *draft*. En la isla la reacción fue de incertidumbre. "Estaba viéndolo hecho polvo, tiritando, sudando solo en una habitación, me sentía realmente mal. Cuando salió elegido le mandé un mensaje a Giorgios Panou felicitándole", explica, sin poder olvidar la contestación del agente: "Gracias por todo, me dice Giannis que te lo transmita también de su parte por haberlo puesto en el mundo". En ese momento, Villar, emocionado por el mensaje recibido, aún mantenía la esperanza de ver a Antetokounmpo en el Príncipe Felipe. "No tenía ni idea del escenario porque Milwaukee a priori no estaba en las quinielas y no sabíamos qué plan tenían con él. No era como con Atlanta, que sí parecía evidente que se lo llevaba sobre la marcha", aclara.

El todavía jugador del CAI Zaragoza se acababa de convertir en el vigésimo jugador griego –incluyendo grecoamericanos– elegido en el *draft* de la NBA. Una lista que inauguró Lou Tsiropoulos en 1957 y que en ese momento cerraba Kostas Papanikolaou (2012). En ella aparecían algunos de los apellidos más célebres del baloncesto heleno: Galis, Giannakis, Fasoulas, Christodoulou, Rentzias, Tsakalidis, Fotsis, Schortsanitis, Spanoulis, Printezis o Calathes. Un elenco de leyenda al que se unía Antetokounmpo –curiosamente el siguiente sería Thanasis, elegido en 2014 por

New York Knicks–. La duda ahora pasaba a ser cuándo se convertiría en el décimo en participar en la liga.

"No pasó mucho tiempo hasta que me lo comunicó Dimitropoulos: 'Estos lo quieren desde ya y para el primer equipo'. La verdad es que Milwaukee lo tuvo claro desde el inicio. Y hay que reconocer que esa fue toda una inversión. ¡Tenía dieciocho años!" Así explica Willy Villar cómo fue consciente de que su gran apuesta no pasaría por Zaragoza. En todo caso, fue un buen negocio para el CAI. Según las cuentas oficiales del club, aprobadas en Junta General Ordinaria el 28 de marzo de 2014 y recogidas por *El Periódico de Aragón*, la entidad pagó 292.333 euros por el fichaje y lo vendió por un millón de dólares en julio de 2013. El beneficio total para los maños fue de 301.000 euros, tras descontar la onerosa comisión abonada a los agentes por la operación. Datos notables que no pueden evitar que exista un regusto amargo por no haber podido ver al jugador de rojo. Tan sólo en una ocasión se enfundó la camiseta del CAI públicamente, en una imagen que envió al club a modo de agradecimiento la temporada siguiente, ya como jugador de los Bucks. "Verle jugar en el Príncipe Felipe hubiera sido el negocio de mi vida", razona con el tiempo Willy Villar, quien a la vista de los hechos entiende que las cosas sucedieron como debían ocurrir. "El sitio del chico estaba claro que era la NBA", concluye.

Comenzaba así el salto al nuevo mundo del joven Giannis Antetokounmpo que, sin embargo, no sabía nada de Milwaukee. Desconocía su tradición cervecera, y que es la ciudad donde se fundó Harley-Davidson en 1903. Desde luego no era capaz de ubicarla en el mapa, e incluso desconocía totalmente quiénes eran los Bucks, cómo era su momento o cuál había sido su historia a lo largo de los años. Y nada sabía del frío. "John Hammond no me habló del clima hasta que aterrizamos en el aeropuerto por temor a lo que pudiera pensar", reconoció con los años.

Así era Giannis, un niño derribando la puerta de uno de los ámbitos más competitivos del planeta, sin ser todavía demasiado consciente de dónde se metía. "De la A2 directamente a la NBA, ni siquiera desde la A1. Es maravilloso, ¿sabes?", le dijo a Craig

Sager, uno de los grandes periodistas NBA durante años, en su primera entrevista en Estados Unidos. Fue en directo en la TNT minutos después de apretar la mano del comisionado Stern en el Barclays Center. "No he visto muchos partidos de la NBA, sólo algunos. Me gustan LeBron James y Kevin Durant, pero aquí no debes mirar a nadie, sólo cómo tú puedes mejorar." Con su cándida y aguda voz de adolescente, pura inocencia, presentaba las pocas credenciales que su currículo mostraba hasta ese momento. El resumen perfecto de una historia que sólo estaba dando sus primeros pasos.

BIENVENIDO AL BALONCESTO DE SELECCIONES, GIANNIS

"¿EL MEJOR MOMENTO DE MI CARRERA? La primera vez que me llamaron para el equipo nacional." Con esas palabras contestaba Giannis Adetokunbo a Jonathan Givony, de *DraftExpress*, en una de las primeras ocasiones en que un periodista internacional se acercaba al jugador del Filathlitikos. Fue el 13 de febrero de 2013, en Atenas, para palpar sobre el terreno la evolución del chaval que parecía eclosionar. Al lector más avispado le habrá llamado la atención la fecha, pues en el segundo mes del año 2013, Giannis, efectivamente, seguía siendo Adetokunbo. No tenía papeles ni, por supuesto, la ciudadanía griega. Por tanto no podía jugar con la selección en ninguna categoría. Sabemos además que no debutó con Grecia hasta cuatro meses más tarde, durante el torneo internacional de Jesolo, en Italia. Así que, para descubrir el motivo de esa respuesta, hay que ir de nuevo atrás en el tiempo.

En el sistema griego de detección de los jóvenes talentos, lo que allí llaman *klimakia*, existen varias concentraciones a lo largo del año. En ellas, los chavales que destacan en los equipos de las ciudades más importantes del país son llamados a realizar entrenamientos para ser observados por los técnicos de la Federación. En las primeras sesiones de cada año puede llegar a haber más de un centenar de chavales luciendo sus habilidades. Poco a poco el número se va reduciendo hasta que en torno a dos decenas superan la criba y se encuentran con opciones reales de representar a Grecia en los torneos internacionales de cada verano. Un sistema a priori bastante democrático: da la oportunidad a integrantes de cualquier club para que, si demuestran una valía o un potencial real, puedan entrar en el radar federativo.

Sin embargo, este método genera una cierta reticencia, dado que en el baloncesto griego se suele mirar con bastante recelo la estrecha relación que existe entre el Panathinaikos y la Federación del país. Sin ir más lejos, ahí está el trasfondo de la enconada disputa que llevó al Olympiacos en 2019 a no presentarse a un partido de liga y terminar descendiendo a la segunda división, con amenazas incluso de abandonar la competición nacional y marcharse a otro país. La versión de estos hechos cambia según el filtro con el que se aprecie pero, como detalle, no ayuda a convencer a los más críticos que la sede de la Federación griega se encuentre justo al lado de la sala OAKA, el magnífico pabellón en el que el gigante verde de Atenas juega sus partidos. Eso sí, no es el único que compite allí, pues también lo hace el AEK, otro histórico de la capital. Volviendo al tema principal, hay bastantes clubes que sospechan que, si envían a sus jugadores a ser observados en la *klimakia*, indirectamente los están poniendo ante los ojos del Panathinaikos, con el riesgo evidente que ello supone de perderlos demasiado pronto. Lo cierto es que el Filathlitikos ha sido históricamente uno de los equipos que ha pensado así, por lo que no ha sido muy amigo de enviar a sus chicos a esos escaparates.

Pese a ello, a partir de 2010, los hermanos Adetokunbo terminaron haciendo algunos de esos entrenamientos bajo el auspicio de la Federación. La clave para ello estuvo en el centro donde cursaban sus estudios: el Instituto Liceo de Vyronas, un lugar con gran tradición deportiva y muy especialmente en el baloncesto. Fue a través de esa vía, y no la del Filathlitikos, por la que Thanasis en primer lugar y posteriormente Giannis acabaron siendo invitados a las sesiones de la *klimakia*, lo que no sentó demasiado bien en el club de Zografou, y en concreto a Takis Zivas. Además, al tratarse de entrenamientos y no de competiciones regladas, no había una mayor exigencia de documentación, por lo que el hecho de ser aún apátridas no resultó impedimento. Si antes no comenzaron a entrenar fue por el escaso interés del Filathlitikos, unido a que su nivel todavía no era suficientemente destacado ni siquiera en Atenas, en pleno proceso de adaptación a un baloncesto al que, recordemos, llegaron en la primavera de 2007 y con escasa regularidad de inicio. Cuando en febrero de 2013 Giannis hizo alusión al mejor momento de su carrera, se refería a la primera vez que, a través de un entrenador en Vyronas, supo que se le invitaba a asistir a la *klimakia*.

Algunos protagonistas de la historia piensan que fue positivo para el desarrollo deportivo del joven. Quien mejor lo explica es Spiros Velliniatis: "En el fondo hay que entender que si hubiera tenido toda su situación en regla, y ante la evidencia de su progresión, el Panathinaikos hubiera acabado fichándolo para ponerlo en su equipo júnior con el objetivo de ser campeones nacionales. Y habría estado jugando contra rivales débiles, hipotecando en cierto modo su desarrollo en una edad crítica en la que lo que necesitaba era ya empezar a competir en sénior. Por eso le vino tan bien seguir en Filathlitikos y poder jugar ese último año en la A2, con un nivel competitivo real. A veces una desventaja se puede convertir en lo contrario si sabes cómo usarla, y así fue". El entrenador sí encuentra un aspecto muy positivo en aquella convocatoria para los hermanos. "No creo que les ayudara demasiado a nivel técnico o táctico, pero desde luego que para ellos fue un empujón anímico y les sirvió para reforzar su autoconfianza y la creencia en que podrían ser realmente buenos en este deporte", cuenta.

Es conocido por el lector el profundo apego por Grecia de Giannis. Desde joven, pese a que las circunstancias no se le alinearon precisamente en ese sentido, se emocionaba con los éxitos de las selecciones. Inicialmente en el fútbol, pero más tarde también en el baloncesto, soñando con defender los colores blancos y azules algún día. Pero, aunque siempre ha tratado de restar hierro al asunto, la realidad es que el racismo estuvo casi siempre cerca de él. Mientras era habitual verle vestir, incluso por la calle, la ropa oficial de la selección que le dieron en alguno de aquellos entrenamientos de la *klimakia*, debía sufrir cómo los aficionados de los rivales del Filathlitikos cebaban sus iras en él y su hermano por el color de la piel.

Un día especialmente duro en ese sentido fue el 2 de febrero de 2013, fecha en la que los de Takis Zivas visitaban, en un duelo crucial, al Aries Trikala. Pese a estar todavía en los albores de la segunda vuelta liguera, ya se vislumbraba que el ascenso probablemente se dirimiría entre los dos contendientes y el Nea Kifissia. Un triunfo de los visitantes se antojaba casi decisivo, pues habían vencido con claridad en Zografou (77-60) en el primer enfrentamiento de la temporada entre ambos. Aquella fue una de las peores tardes que Giannis y su hermano recuerdan en una cancha de baloncesto. El equipo local pasó por encima del Filathlitikos (90-57) y consiguió vencer incluso el *basket average*, lo que resultaría determinante para dejar a los de Zivas sin ascenso. Una diferencia sorprendentemente amplia para un equipo como el Filathlitikos –sólo perdió cinco partidos en todo el curso, y en el resto de tropiezos la máxima desventaja fue de trece puntos–, que acabó el partido desbordado por los acontecimientos.

Las crónicas del día reflejaron que el pabellón municipal de Trikala "recordaba a una jungla". Según el prestigioso portal *Protothema.gr*, "todos los jugadores del equipo de Zografou recibieron palabrotas, salivazos, insultos e incluso comentarios racistas, especialmente los hermanos Adetokunbo por ser de raza negra". Una pesadilla que hizo que en aquel momento, a ojos de los dos jóvenes, casi lo menos importante fuera el doloroso resultado, que a la larga resultaría letal para el Filathlitikos. Pese a estar acostumbrados a ambientes hostiles en contra, como suele pasar en muchas canchas griegas, ese día en Trikala se cruzó una línea roja. Como consecuencia, Giannis, chaval de gran sensibilidad fuera de la cancha, dejó de asistir a algunos de los entrenamientos para formar la definitiva selección que jugaría ese verano el Campeonato de Europa U20. En principio, una vez formalizados los trámites para obtener su nacionalidad, allí debutaría internacionalmente como griego. Estaba profundamente decepcionado con lo que representaban buena parte de sus compatriotas. Y no olvidemos que en aquel momento existían dos posibles vías alternativas para que obtuviera un pasaporte: Nigeria y España.

Así que de nuevo tocó convencer al chico de que lo mejor para su futuro era volver. En este caso no al baloncesto, sino a pensar en la selección griega como la mejor opción. Esta vez fueron dos los principales artífices, a través de multitud de conversaciones y gran cantidad de horas invertidas, de dar marcha atrás a la situación: Giannis Smyrlis, *general manager* del Filathlitikos al que ya conocemos, y Kostas Missas, que iba a ser precisamente el seleccionador griego en el Europeo U20. Un tipo de baloncesto de toda la vida. Leyenda del Panionios, donde jugó entre 1968 y 1989 –con la excepción de dos cursos en el Panathinaikos, de 1986 a 1988–, y con un amplio bagaje en los banquillos; además de su club de casi toda la vida, pasó por otros como los de Peristeri, Papagou, Apollon Patras o Dafni, e incluso por la selección de Chipre, antes de formar parte del equipo técnico de la Federación helena en 2006.

Un año después, Missas fue nombrado seleccionador femenino, y desde 2009, cuando alcanzó el quinto puesto en el Eurobasket –el mejor hasta entonces en la historia de las féminas griegas–, compatibilizó el cargo con el de la U20 masculina, a la que hizo campeona continental en su primera experiencia. En ese equipo había nombres que a posteriori serían profesionales muy destacados, como Kostas Sloukas, Vangelis Mantzaris o Kostas Papanikolaou. Missas, como hombre fuerte de la Federación y parte implicada como técnico de la selección en la que acabaría Giannis, invirtió bastante tiempo en convencerle de seguir con el plan inicial y defender a Grecia en el torneo que se iba a celebrar del 9 al 21 de julio en Estonia. Sobre la mesa, además de la opción de obtener otra nacionalidad, estaba la posibilidad de acudir a los *workouts* en Estados Unidos previos al *draft*: otra vía para ignorar a la U20 griega ese verano.

A la sombra de Papapetrou y Larentzakis

Al final, todo siguió el cauce previsto y Giannis Antetokounmpo entró en la lista de Missas para el torneo de Estonia, en lo que iba a suponer su estreno a nivel internacional. Era una situación totalmente anómala: ser drafteado a los dieciocho años y al mismo tiempo debutar como internacional en categorías inferiores. Es muy difícil encontrar otros casos de jóvenes que tengan un potencial tan grande como para ser seleccionados en su primer año de elegibilidad sin que hayan jugado antes con los colores de su país. Por eso el ejemplo de Antetokounmpo es tan especial. En la selección helena, que empezó los entrenamientos el 3 de junio en Atenas, estaban jóvenes brillantes, como Lefteris Bochoridis, Dimitris Agravanis o Giannoulis Larentzakis. Pero por encima de todos, el líder del equipo era Ioannis Papapetrou, quien se unió a la concentración algo más tarde al estar terminando sus compromisos con la Universidad de Texas, en la que estudiaba y con la que jugaba en la NCAA estadounidense. Dentro de la imprevisibilidad que siempre existe en los Europeos de formación –por la distinta velocidad de maduración de los jugadores– Grecia, con el añadido de Antetokounmpo, era sin duda una de las favoritas junto a Serbia, Lituania o España, que con esa generación se había alzado con el oro tanto en U18 como en U16. Como parte de su preparación, el equipo de Kostas Missas, además del conocido torneo de Jesolo en Italia, iba a disputar partidos en Francia y Eslovenia antes de aterrizar en Tallin, donde se celebraría el campeonato. Una hoja de ruta, por cierto, hecha a la medida de Giannis, puesto que no incluía ningún partido en los días en que debía ausentarse para viajar al *draft*.

Pese a todo ello, Antetokounmpo no era aún, ni de lejos, el líder en la cancha de los de Missas. "Era un buen jugador, tenía sus cosas, pero no estaba entre los mejores a esa edad, ni mucho menos", cuenta Giannoulis Larentzakis, quien recuerda, eso sí, cómo los sucesos en torno a la figura de su antiguo compañero se desarrollaron sin cesar en esas semanas de junio y julio. "Vino como era entonces. Consciente de que jugaba en la A2. El tío se aislaba del ruido que había a su alrededor y estaba cómodo con un rol a priori un poco más bajo, como el que tenía en la selección, donde sabía que no iba a ser el líder en el Campeonato de Europa", analiza el alero, que ha visto cómo, con el paso de los años, el papel de ambos ha cambiado de forma radical. "En el verano de 2019, cuando fuimos a la Copa del Mundo en China, yo siempre le decía que en el equipo éramos once más él, que estábamos ahí para jugar para él. Y Giannis me recordaba que en aquella U20 era al revés, que era él el que estaba ahí para jugar conmigo", explica Larentzakis con una melancólica sonrisa.

Antetokounmpo era el recién llegado al equipo nacional, con todo lo que eso supone, tanto en su papel en el equipo como en el trato al novato fuera de la cancha. Por ejemplo, fue arrojado vestido a una piscina por sus compañeros a su regreso del *draft*, en un hecho a medio camino entre la celebración por lo logrado y una clásica novatada dentro de los códigos de vestuarios existentes en el mundo de la canasta. El de Giannis era un carácter que había que ir curtiendo poco a poco a los designios del profesionalismo. No dejaba de ser un recién llegado a la élite, demasiado inocente también en sus palabras ante la prensa, frente a la que se presentaba sin ambages. En una de sus primeras declaraciones como internacional puso el objetivo para Tallin en lograr una presea. Días más tarde, tras recibir algún tirón de orejas en privado y conocer que Missas rebajaba el reto a pasar de la primera fase –en la que Grecia se mediría a Italia, Serbia, Lituania y Georgia, clasificándose sólo tres–, reculó. "Hablé de medalla, pero me di cuenta de que no se pueden prometer cosas. El objetivo es llegar lo más alto posible", aclaró en un discurso mucho más aséptico y adaptado a los cánones que parecen establecidos antes de una competición, que suelen huir de levantar demasiadas expectativas. Había mucho trabajo por hacer con él también fuera del estrictamente baloncestístico. Un proceso de maduración acelerada en el que el primer escalón pasaba por Estonia.

Dentro de las repúblicas que antiguamente formaron la URSS, Estonia no es precisamente la que más nivel ha tenido en la historia del baloncesto. Las vecinas Lituania y Letonia siempre fueron mejores, como Ucrania, amén obviamente de la gigantesca Rusia. Sin embargo, nombres como Aivar Kuusmaa o Tiit Sokk, o equipos como el desaparecido KK Kalev de la capital, que llegó incluso a ser campeón de la URSS en 1991, demuestran cómo el baloncesto en el pequeño país báltico –uno de los menos poblados de la Unión Europea, con apenas 1,3 millones de habitantes– también ha sido importante a lo largo de los años. Era allí donde se iba a celebrar el Eurobasket U20, en los pabellones de dos de los equipos más representativos de la capital: el Kalev y el TTU. Fuera de ahí, el hotel Park Inn by Radisson Meriton, donde se alojaban las selecciones, fue el otro gran centro neurálgico durante el evento. Un auténtico hervidero de ojeadores siguiendo a las futuras estrellas del baloncesto europeo, con la gran mayoría de las miradas puestas en un nombre en concreto.

"La cosa cambió cuando le eligieron los Bucks. A partir de entonces, todo el mundo empezó a considerarle y a escudriñarle más. '¡Guau, este es Giannis Antetokounmpo, el quince del *draft!*', como mirándole más de cerca, ya sabe", cuenta Giannoulis Larentzakis. Desde entonces, su perfil sobrepasó a todos en el número de miradas, por mucho que en el torneo hubiera jugadores notables, como Papapetrou o Agravanis, el italiano Amedeo Della Valle, el español Jaime Fernández o el francés Vincent Poirier. Además, para no rebajar las altas expectativas, el impacto en la competición de uno de los jugadores más jóvenes –Giannis era de primer año, pero también había participantes nacidos en 1993– resultó notable: en sus dos primeros encuentros brilló en las victorias ante Serbia (79-73, con 14 puntos y 5 rebotes) y Alemania (65-56, con 20 tantos y 2 rechaces). Definitivamente, el *hype* parecía justificado.

De ese modo, era inevitable que incluso los propios participantes en el evento sintieran curiosidad por el dorsal once del equipo griego. Pese a ser un torneo tan intenso –algunos equipos jugaron hasta diez partidos en trece días–, es interesante echar un vistazo a la percepción que tenían algunos de sus oponentes esas jornadas. "Desde luego se hablaba mucho de él, y destacaba principalmente porque sus dimensiones eran descomunales: era muy grande, con brazos muy largos, una espalda de la hostia y piernas muy largas Pero físicamente era débil, sufría en el choque y su juego no llamaba todavía mucho la atención. Había otros jugadores que destacaban más", asegura Mikel Motos, alero de la selección española. En la misma línea lo recuerda Jorge Sanz, quien describe a "un atleta con un físico enorme pero con muchas cosas técnicas y tácticas por desarrollar".

Grecia concluyó la primera fase invicta, tras derrotar a Georgia y Lituania, y confirmó por qué era una de las favoritas al cetro continental de la categoría. Con el inicio de la segunda fase llegó un aumento en el nivel de exigencia. A los de Missas les tocaba enfrentarse a Croacia, Montenegro y Turquía, arrastrando para la clasificación las dos victorias ante los rivales llegados de su primer grupo, Lituania y Alemania, a los que no volverían a enfrentarse en la segunda ronda. En esta fase del torneo se iba a producir una visita muy especial; el sábado 13 de julio, Larry Drew, nuevo entrenador de Milwaukee Bucks, volaba desde Estados Unidos hasta Estonia con el único objetivo de ver jugar a Giannis y, por supuesto, encontrarse con él. Un viaje que demostraba la enorme importancia que desde el primer momento se le dio al ateniense en la franquicia de Wisconsin. A ese barco se subió Drew sin dudarlo.

En la hoja de ruta de los Bucks no estaba que Antetokounmpo disputara ese verano la *Summer League*, por lo que la primera gran toma de contacto entre ambas partes se produciría en la hermosísima ciudad a orillas del Báltico. Durante los días que estuvo en Tallin, Drew, de quien cuentan que valora mucho las relaciones interpersonales con sus jugadores como parte del proceso de construcción de un equipo, mantuvo varias reuniones con su nuevo discípulo. No en vano, a lo largo del verano se encontró individualmente con todos los miembros de su plantilla, algo que tampoco es inhabitual en la NBA. Sin embargo, el de Giannis era un caso especial, de ahí la urgencia en iniciar el contacto. Aún era poco más que un ingenuo adolescente al que había que ayudar a acometer una enorme transición para salir de su barrio y entrar en uno de los sistemas más competitivos y tentadores del mundo. Pero al mismo tiempo podía llegar a ser un jugador extraordinario. Los Bucks tenían que conseguir que se sintiera lo más cómodo posible, asegurando su adaptación no sólo al sistema de juego americano, sino a la cultura del país.

La primera impresión que Larry Drew se llevó de su nuevo jugador fue una buena muestra de lo que era capaz de hacer. Para abrir la segunda fase ante Croacia, con triunfo griego por 77-68, Antetokounmpo firmó unos números más que notables: 12 puntos, 15 rebotes y 6 tapones. El seleccionador croata era el también exjugador Damir Milacic, que recuerda así el rendimiento de su oponente: "Pese a ser un año más joven que la mayoría de jugadores, su dominio físico era evidente, y además mostraba esa energía y talento enormes que todos hemos conocido a posteriori, incluso algunos de los movimientos que luego ha hecho famosos en la NBA. Era verdaderamente ágil y tenía un más que notable manejo de balón para ser tan alto. Y en defensa gozaba ya de una envergadura impresionante, lo que unido a su gran flexibilidad y rapidez le permitía tapar muchos espacios".

El otro gran dolor de cabeza para Milacic aquella tarde fue Larentzakis, autor de 25 puntos, y que explica el papel creciente de Antetokounmpo en el equipo de Missas: "Tenía libertad para jugar. En ese momento lo hacía principalmente de alero y ala-pívot, pero había una cosa clara: si reboteaba se encargaba de subir el balón e incluso podía hacer un *coast to coast*, aunque lógicamente no al mismo nivel que le hemos visto posteriormente". Milacic confirma ese escenario: "Grecia tenía bases de mucho nivel, por lo que él no hacía ese papel, pero si cogía el rebote defensivo sacaba sin dudarlo el contraataque y les permitía ser un equipo mucho más rápido. De modo que no era un base, pero sí que en cierto modo lo hacía cuando había posibilidad". Los helenos fueron casi siempre por delante en aquel partido y lograron un triunfo que ratificaron con otro más veinticuatro horas después ante Montenegro por 70-47, con otro excelente rendimiento de Giannis: 12 tantos, 12 rechaces y 7 asistencias. Eso sí, en el último partido antes de los cruces mordieron el polvo por primera vez. Fue ante Turquía (70-72), en un duelo siempre particular por la especial rivalidad entre ambos países. Los otomanos pasaron a cuartos de final como primeros de grupo y los helenos como segundos.

España, un golpe de realidad

Con su futuro entrenador en la grada, la carta de presentación de Antetokounmpo en el baloncesto de selecciones estaba resultando notoria. Llegaba el momento de la verdad: el temido partido de cuartos de final. Una vez ahí, si bien lo ocurrido hasta entonces puede marcar alguna tendencia, las sorpresas suelen estar a la orden del día. La preparación mental de los equipos suele pesar casi más que el componente físico o técnico-táctico. Y en honor a la verdad, los de Missas no tuvieron demasiada suerte en el cruce, en el que tendrían que medirse con España, un equipo quizá sin nombres demasiado relevantes –Álex Abrines, quien habría sido su gran estrella, no fue autorizado a acudir por el Fútbol Club Barcelona–, pero que a nivel colectivo siempre suele rendir muy por encima de la media a estas edades.

Los españoles no ocultan que, más allá de lo que había en juego, sentían mucho interés por medirse a Antetokounmpo. "Todavía no se sabía si iba a jugar en Zaragoza o se iba ya a Milwaukee, y eso nos generaba mucha curiosidad", admite el pívot Julen Olaizola. "Había gente en nuestro equipo con opciones de jugar en ACB el año siguiente, por lo que medirse a un tío drafteado por la NBA era un gran escaparate", aporta Larry Abia. Baste una anécdota para entender cómo España entendía que en Antetokounmpo había un factor importante: "Había mucho interés. Hablamos de él por el fichaje por el CAI, claro, y como no sabíamos pronunciar su nombre, cuando hacíamos el *scouting* le llamábamos directamente 'CAI'", recuerda Sebas Saiz, quien sería uno de los principales encargados de defender a Giannis.

En lo relativo a la preparación del encuentro, los españoles tenían un plan muy claro para el joven fenómeno rival. "En nuestra defensa no era uno de los principales puntos a tapar. Le podíamos dejar tirar y preferíamos que lo hiciera él a otros. Lo que no podíamos permitirle bajo ningún concepto era ir de cara al rebote ofensivo, que penetrara o que tuviera un uno contra uno liberado sin ayudas. Era un jugador que podía ser determinante, pero el tiro sí se lo podíamos conceder", explica el seleccionador

Sito Alonso. "Teníamos un tipo de jugadores que podía darnos la oportunidad de pararlo, como Dani Díez y Mikel Motos, a los que yo había entrenado en ACB –en Gipuzkoa Basket– y sabía que eran capaces de complicarle la vida a él y a los griegos en general", prosigue. La idea por tanto era cerrarle espacios, castigarle físicamente y arriesgarse a cederle el lanzamiento desde el perímetro, un plan que ya había intentado ejecutar Croacia, como cuenta Damir Milacic: "Tenía dudas en el tiro, y debido a ello los equipos se arriesgaban a concederle lanzamientos, porque era mucho más probable que te castigara con su rebote ofensivo que desde lejos del aro. Además todavía tenía un déficit de masa muscular, por lo que se le podía castigar con contacto. Después ha ganado mucho músculo y parece alguien imparable en ese aspecto".

Pese al favoritismo griego en las apuestas –España había perdido tres de sus siete partidos hasta ese momento–, los de Sito Alonso fueron por delante prácticamente todo el encuentro. Por mucho que la primera parte resultara igualada (37-40), las sensaciones hispanas eran mucho mejores ante un equipo donde sólo los exteriores –Bochoridis, Larentzakis y Papapetrou– parecían capaces de seguir el alto ritmo de juego impuesto por España. El plan de Alonso llegó a su momento álgido en el tercer cuarto, cuando sus pupilos rompieron el partido mientras Antetokounmpo zozobraba en su maraña defensiva. "Sabíamos que podía salir botando perfectamente, pero como era muy alto y no había perfeccionado del todo el bote era posible atacarle y sufría bastante", cuenta Jorge Sanz. "Esa zancada es difícil de olvidar para los que nos tocó defenderlo", agrega Larry Abia. Un movimiento que, aun impactante entonces, se ha perfeccionado con los años. "Todavía no daba el paso tan largo; eso que ha logrado hacer después, que parece que se estira como una goma, aún no lo hacía. Es fruto de su trabajo de fuerza en las piernas", asegura Sebas Saiz.

España terminó cerrando el partido sin apuros (60-82) y demostró que su idea previa sobre el heleno funcionaba –se quedó en 5 puntos y 3 rebotes–. "Fue un partido inesperadamente sencillo, ganado con gran solvencia ante un equipo que había estado jugando muy bien. Con el tiempo hemos comentado alguna vez cómo fue posible ganar tan fácil a una bestia del calibre en el que se ha convertido Giannis", destaca Sito Alonso. El curso de la vida ha hecho que la mayor parte del equipo español subraye dos jugadas icónicas de aquel encuentro que difícilmente podrán volver a repetirse. La primera, un espectacular tapón de Sebas Saiz a Antetokounmpo en el segundo cuarto. La otra, ya con el duelo resuelto, un mate de Julen Olaizola ante el intento de intimidación del portento griego. "El tiempo es muy malo, ¿eh?", bromea el vasco entre risas. "Nunca se me olvidará que le puse ese gorro a un futuro MVP de la NBA", apostilla Saiz. Grecia cayó a la lucha por una amarga quinta plaza y terminó haciéndose con ella tras vencer a Montenegro por 67-52 y a Turquía por 74-60. España ganó la medalla de bronce, mientras que el oro y la plata fueron para Italia y Letonia, los bálticos fueron los verdugos de los de Sito Alonso en la semifinal, respectivamente.

La primera puesta en escena de Giannis Antetokounmpo a escala internacional resultó intrigante por el potencial que se divisaba, pero dejó al mismo tiempo algunas dudas de su rendimiento inmediato como profesional. Casi un *déjà vu* de lo que llevaba viviendo el último año. Jugó muchísimo –31 minutos de promedio–, firmando 8 puntos y 7,6 rebotes de media. Pero en honor a la verdad, probablemente ninguno de los presentes en Tallin fue consciente de estar ante el que sería uno de los tipos más dominantes del baloncesto moderno. "Era un jugador distinto, que no sabías lo que podía ofrecer en cada momento, aunque es cierto que el sistema europeo y las ayudas defensivas dificultaban su forma de jugar. Desde luego que nadie pensaba que se convertiría en lo que ha sido, en absoluto. Tenía algo diferencial, una gran potencia, pero desconocíamos todo ese carácter, esa pasión y sus orígenes, que es lo que le ha llevado a conseguir lo que ha logrado. Todo eso lo hemos sabido a posteriori, cuando hemos descubierto que es capaz de jugar en una liga como la NBA donde es tan difícil destacar y en la que él lo hace prácticamente en todo", analiza Sito Alonso.

Con el paso de los años, y de ello se hablará en este libro, la gran tara del griego ha sido su amenaza desde el tiro exterior.

Sin embargo, en aquel campeonato acabó con un más que correcto porcentaje del 38,7% desde el triple –anotó 12 de los 31 que lanzó–, superior incluso, por raro que parezca, a su acierto en tiros de dos, de apenas un 34,3%. Fue, de hecho, el miembro de la selección griega con mejor porcentaje –sin incluir el 50% de Diamantis Slaftsakis, que sólo lanzó cuatro tiros en todo el campeonato–. Sobre este aspecto, es interesante el análisis que hace Giannoulis Larentzakis: "¡No tiraba nada mal entonces! Podía tirar y meter perfectamente. Creo que quizá lo hacía mejor porque no pensaba demasiado en eso. Ahora quizá le da demasiadas vueltas porque sabe que todo el mundo le ataca por ahí, y por supuesto conoce su poderío penetrando. En ese momento jugaba con menos prejuicios sobre el tiro, no lo pensaba tanto. También creo que él hoy sabe que no necesita demasiado su tiro; es buenísimo pasando o penetrando y puede atacar de mil formas".

Más allá de su nivel de juego, el recuerdo que tienen la mayoría de participantes en aquel Eurobasket U20 sobre Giannis es grato. "Para estar ya elegido en el *draft* era un chico muy normal. De otros te acuerdas que eran unos 'flipaos', pero de él sólo puedo decir que era alguien muy trabajador. Muy intenso, pero muy normal. Se le veía humilde y no se creía más que nadie", comenta Julen Olaizola. "Era hasta introvertido en la cancha. Hablaba muy poco, era muy callado, nada de piques ni cosas así o hacer malos gestos a rivales", continúa Larry Abia. En la misma línea se posiciona Damir Milacic: "No era un tipo engreído. Su comportamiento fue muy correcto y se manejó bien en una situación en la que todo el mundo estaba pendiente de él. Se comportó de forma muy profesional aunque era un tipo predestinado a ser una estrella". Por último, Sebas Saiz destaca la ambición inherente a Giannis que llevaba tiempo acompañándole y que se ha convertido en santo y seña de su lenguaje no verbal a lo largo de su carrera. "Tenía ya ese hambre que se le ha visto posteriormente. Se lo veías en los ojos. Y aunque todavía no le daba su nivel para ello, quería ser el mejor", rubrica el pívot. El último recuerdo que se tiene de Giannis en Estonia data de la fiesta posterior al torneo, en la que coincidió con algunos miembros del equipo español. "Sólo había otro griego más. Suponíamos que, porque no habían tenido un gran resultado, el resto no quisieron salir. Así que les acogimos un poco entre nosotros y estuvimos un buen rato hablando con ellos dos. A Giannis se le veía un tipo humilde, nada crecido ni cosas así, sino amable y muy ilusionado. Y muy integrado con la selección griega además", cuenta Jorge Sanz.

No se puede cerrar este capítulo sin hacer dos apuntes más. El primero hace alusión al nuevo ataque racista sufrido por Antetokounmpo, a colación del torneo continental, por parte del líder de Amanecer Dorado, Nikolaos Michaloliakos. Semanas después de acabar el evento, el político volvió a poner al jugador en el punto de mira; eso sí, con escasa precisión. "Parece que Dios es griego porque en el tercer partido del torneo nuestro equipo nacional perdió y el nigeriano –en alusión a Giannis– no anotó un solo punto", exclamó en una entrevista televisiva. El lector ya conoce que la primera derrota helena en Estonia no llegó hasta el séptimo encuentro. Además, en ningún duelo de aquellas dos semanas en Tallin Antetokounmpo se quedó sin anotar, si bien ante los turcos sólo encestó un tanto, añadiendo once rebotes y dos tapones. Una crítica por tanto que, más allá del indiscutible mal gusto que rezumaba, se alejó bastante de la realidad deportiva.

El segundo aspecto a tener en cuenta tras el campeonato europeo se refiere a unas palabras de Kostas Missas. El técnico hizo balance de su experiencia en Estonia y de sus previsiones hacia Antetokounmpo como posible futura estrella de la selección griega absoluta. Conclusiones en las que dejó entrever lo que a medio o largo plazo se podía convertir en un problema para un tipo tan particular en todos los sentidos como Giannis. "Que nadie se olvide que para jugar con la selección absoluta lo primero que debe hacer es saber adaptarse a un juego completamente distinto al de la NBA y a una cancha más cerrada", aseguró.

Es justo reconocer que las palabras de Kostas Missas en 2013 adelantaron lo que en cierto modo se iba a convertir en el gran problema del baloncesto griego moderno: cómo conseguir encajar a Giannis Antetokounmpo en el equipo nacional sin hacerle perder su ingente potencial, jugando con un reglamento FIBA en el que el ateniense se muestra mucho más incómodo que con la normativa NBA.

UN NOVATO EN CASI TODO AL RESCATE DE UNA FRANQUICIA EN APUROS

"ESTAMOS ANTE EL JUGADOR más joven del *draft* y el más misterioso. Tiene el cuerpo de Kevin Durant, maneja el balón como un *point forward* –término que se usa en Estados Unidos para definir a un jugador con la capacidad generadora de un base pero que, por su tamaño, es más bien un alero y, de hecho, es capaz de actuar en ambas posiciones–, tiene una gran intuición jugando y es un buen chaval con mucha energía. Esta elección desde luego es una inversión de futuro. Los aficionados de Milwaukee deben verlo como si fuera un McDonald's All American –en alusión al partido que cada año juegan los mejores jóvenes estadounidenses en edad de instituto– que necesita un programa de desarrollo. ¿Puedes ponerlo a jugar un partido de NBA ahora mismo? Probablemente no, pero a largo plazo este chaval seguramente tenga más recorrido que cualquier otro de este *draft*". De este modo reseñaba Fran Fraschilla –exentrenador de las Universidades de Manhattan, St. John's y New Mexico, y reputado comentarista de ESPN desde 2003– la elección de Giannis Antetokounmpo en el *draft* de 2013. Un análisis en caliente y apenas segundos después de su selección, pero que, rescatado años después, supone sin duda una excelente carta de presentación del ateniense ante la NBA. Un potencial ingente que precisaba del necesario tiempo de cocción. Y, por supuesto, ganarse el respeto en una competición.

Antes de seguir es necesario contextualizar el complejísimo panorama ante el que Giannis Antetokounmpo metía la cabeza en la mejor liga del mundo. Probablemente lo peor para él no fuera el frío climatológico que iba a pasar en Milwaukee durante el invierno, sino el que podía sufrir en lo deportivo. En primer lugar, la continuidad de la franquicia en la ciudad –su única sede desde que se fundara en 1968– no estaba ni mucho menos clara. La NBA llevaba tiempo lanzando avisos sobre la imperiosa necesidad de que los Bucks tuvieran una nueva casa. El céntrico Bradley Center, que se inauguró en 1988 como una de las instalaciones más modernas de Estados Unidos, llevaba mucho tiempo obsoleto. Pese a haber sufrido alguna remodelación, era un pabellón incómodo, de dimensiones reducidas –aun teniendo más de 18.000 asientos para partidos de baloncesto–, pocos servicios y unos estándares de calidad muy alejados de lo que era la NBA moderna. Todo ello en un escenario en el que ciudades potentes y sin franquicia, como Seattle, Las Vegas y Kansas City, tenían proyectos en marcha para construir recintos de última generación y la propia liga cerraba la puerta a una ampliación inminente de sus treinta equipos. Por tanto, la presión en Wisconsin para responder a las exigencias de la NBA resultaba evidente. "Una cuestión obvia sobre la que tenemos que trabajar es la necesidad de un nuevo pabellón en Milwaukee", llegó a declarar Adam Silver –mano derecha de David Stern, pero a sólo cinco meses de convertirse en comisionado de la NBA– en una reunión privada con patrocinadores y directivos del equipo. Ocurrió el 18 de septiembre de 2013.

El *deadline* para que la franquicia se quedara en Wisconsin estaba marcado para 2017. En sólo cuatro años había que resolver muchos problemas: encontrar un nuevo propietario –Herb Kohl tenía ya 78 años– y construir otras instalaciones eran los objetivos económicos. Para ello lo deportivo era fundamental. Y los Bucks llevaban desde 2001 sin ganar una eliminatoria de *playoffs*, habían tenido un balance negativo de victorias en quince de las últimas veinticinco temporadas –desde el estreno del Bradley Center– y habían sido el vigesimoséptimo equipo en asistencia al pabellón en la temporada 2012/13. Un escenario fantasmagórico para una franquicia de pasado –muy lejano– brillante y futuro más que incierto en un entorno de clara desventaja económica y deportiva con la competencia. Sin embargo, Kohl se mantenía en su empeño de que los Bucks no abandonaran la ciudad de la Harley-Davidson. Como recogió *Milwaukee Magazine*, en 2003 había estado a punto de vender el equipo a un grupo liderado por Michael Jordan, pero sus dudas sobre la posibilidad de que los nuevos gestores cambiaran de sede le hicieron romper el acuerdo a ultimísima hora. Justo en 2012, el CEO de Kohl's –una importante cadena de grandes almacenes– había dejado atrás su etapa como senador, iniciada en 1988 para ser reelegido en otras tres ocasiones, y tenía el firme propósito de dejar a los Bucks en Milwaukee a modo de legado casi eterno con la urbe.

Las altas exigencias de la NBA habían dado lugar a un intenso debate social entre los defensores y aquellos que estimaban que la financiación pública debía tener destinos más necesarios que el deporte profesional. Se estimaba que el nuevo pabellón costaría unos quinientos millones de dólares, mientras *Forbes* había calculado el patrimonio de Kohl en unos 279 millones, lejos del total necesario, por lo que la búsqueda de la mejor fórmula para la inversión pasó a ser tema de discusión en el día a día de la ciudad más poblada del estado de Wisconsin. Los detractores de la operación argumentaban que abandonar el Bradley Center tras apenas un cuarto de siglo de funcionamiento era un brindis al sol y que no era necesario forzar las arcas públicas de nuevo, por mucho que esto fuera algo bastante habitual en la NBA. Sin ir más lejos, de los 41 pabellones construidos en el país –principalmente por motivos de baloncesto– desde 1970, catorce habían cerrado con una vida media de poco más de diecinueve temporadas. Más datos: en el mismo año que el Bradley Center se inauguraron cuatro recintos más, de los que ya habían sido abandonados en 2013 el Miami Arena –en 1999– y el Charlotte Coliseum –demolido en 2007–, mientras que el Arco Arena II de Sacramento y el Palace de Auburn Hills de Detroit tenían fecha de caducidad (Kings y Pistons acabaron dejándolos en 2016 y 2017, respectivamente). Asimismo, los otros dos grandes referentes deportivos de la ciudad, los Milwaukee Admirals –de la NHL de hockey hielo– y los Marquette Golden Eagles –equipo de baloncesto de la NCAA– no necesitaban mejorar sus instalaciones, por lo que los más críticos entendían la operación como un simple capricho de apoyo a los Bucks, si bien la franquicia de la NBA llevaba medio siglo siendo una de las principales marcas registradas en la ciudad y necesitaba un lavado de cara urgente. El debate estaba servido.

A nivel deportivo, pese a que Milwaukee venía de clasificarse para los *playoffs*, la situación tampoco era demasiado boyante. Llevaba años en tierra de nadie: ni aspiraba a acercarse al anillo ni tenía un nivel tan pobre que le hiciera entregarse al *tanking*, una estrategia habitual cada año entre los peores equipos NBA, que acumulan derrotas para tener un puesto más alto en el *draft*, pero sin reconocerlo públicamente porque sería objeto de multa por la liga. Esta indefinición la había dejado patente la barrida sufrida ante los Miami Heat –liderados por LeBron James y que acabaron reeditando el anillo logrado el curso anterior– en la primera ronda de la postemporada (cuatro a cero). Semanas antes John Hammond había reconocido incluso ante los medios que esa situación intermedia hacía que la franquicia no pudiera aspirar a una superestrella: ni elegirían tan alto en el *draft* ni Milwaukee era un lugar atractivo para los grandes nombres de la competición. Los Bucks habían destituido sorprendentemente a Scott Skiles –tras más de cuatro años en el cargo– el 8 de enero después de cuatro derrotas consecutivas, pero con dieciséis triunfos en 32 partidos y en la séptima posición de la Conferencia Este. El hasta entonces entrenador asistente, Jim Boylan, se hizo cargo del equipo, que acabó el curso con 38 victorias y 44 encuentros perdidos, pero recuperando las eliminatorias por el título para Wisconsin tras dos temporadas.

En aquellos Bucks había dos nombres principales. Una pareja de exitoso funcionamiento pero con dudas sobre su potencial a medio plazo; el perímetro formado por Brandon Jennings y Monta Ellis había sido crucial en la clasificación de Milwaukee para los *playoffs* –19,2 puntos, 6,1 asistencias y 2 robos firmó Ellis; 17,6 tantos, 6,6 pases de canasta y 1,6 recuperaciones Jennings–, aunque difícilmente podían ser una garantía para el crecimiento de la franquicia. Por su nivel de juego y su estilo desafiante y atrevido –tanto en la cancha como fuera de ella– se les apodó como los *Swag Twins*, pero lo cierto es que, rascando un poco en su rendimiento, el dúo tenía lagunas: en los ocho peores quintetos defensivos de los Bucks en la temporada habían coincidido en la cancha. No tardaría en confirmarse que en las oficinas del club tenían las mismas dudas que la revista *Slam*, que publicó lo siguiente: "La sabiduría clásica dice que no puedes jugar a un nivel de aspirante al título con dos bases de menos de 1,90 como tus dos mejores jugadores". Milwaukee vivía y moría con su pareja exterior, y eso, tras cinco años de John Hammond como *general manager*, iba a cambiar.

Ni Jennings ni Ellis continuaron en Wisconsin. El primero fue traspasado a Detroit en un movimiento en el que los Bucks recibieron al base Brandon Knight y al alero Khris Middleton, mientras el segundo, que tenía una opción para renovar por once millones de dólares, acabó marchándose por menos dinero –veinticinco 'kilos' por tres temporadas– a los Dallas Mavericks. Fue sólo la punta del iceberg de la revolución. A la conocida llegada de Larry Drew al banquillo se unió una remodelación profunda en la plantilla. Apenas cuatro jugadores se mantuvieron en el equipo, todos interiores: Larry Sanders, John Henson, Ersan Ilyasova y Ekpe Udoh. Ningún componente del perímetro siguió en el *roster*.

En el horizonte se vislumbraba esa temida palabra que se emplea en el mundillo NBA cuando un equipo quiere dar un giro de timón a su rumbo: transición. Básicamente, una apuesta por dejar atrás el pasado más reciente y empezar a construir el futuro casi desde cero. La valiente filosofía de Drew, que había impuesto un alto ritmo de juego en su paso por los Atlanta Hawks, era una pieza más en ese cambio que debía ser fundamental para que, a través del éxito deportivo, se facilitara que la franquicia se quedara en Milwaukee. La duda estribaba en si realmente había mimbres en la cancha para llevarla a cabo. Así de sombrío era el escenario en el que Giannis Antetokounmpo desembarcaba en la NBA.

El sueño americano y una nueva dimensión

La auténtica realidad es que el recién llegado a la NBA seguía siendo, ante todo, un adolescente. Poco más que un niño con las inquietudes acordes a la edad y el envoltorio de quien no controlaba suficientemente el idioma, como quedó patente en su rueda de prensa de presentación en Milwaukee, la mañana siguiente a ser drafteado. En el acto, junto a John Hammond, Larry Drew y el base Nate Wolters –cuyos derechos obtuvieron horas antes los Bucks a cambio de los del alero Ricky Ledo, a quien la franquicia de Wisconsin había seleccionado en el puesto 43, siendo Wolters el 38–, Antetokounmpo reconoció que seguramente la parte más compleja de su adaptación a los Estados Unidos iba a ser la cultural, por encima incluso de la baloncestística. Eso sí, con un inglés bastante macarrónico –que generó cierto cariño entre los periodistas–, dejó claro que todo sería "fácil" una vez que su familia estuviera con él en la ciudad, como si de un aviso –o un ruego– a la franquicia se tratase. A los propios Bucks también les preocupaba. En ese momento, aparte de los representantes, la única compañía de Giannis era Thanasis, quien se iría cuando empezara la temporada. A modo de anécdota, sus primeras palabras públicas fueron precisamente para presentar a su hermano ante los medios locales, mucho más interesados en él que en su familia. Tanto Hammond como Drew destacaron la capacidad de pase y la lectura de juego de Antetokounmpo, e incluso el entrenador apuntó que gozaba de un "talento verdaderamente único" para el baloncesto.

La candidez de Giannis le hacía permanecer en algo parecido a una burbuja, sin ser consciente de lo que se le venía encima. Bastante tenía con alucinar con las instalaciones de los Bucks y los edificios de Milwaukee y, en especial, los que había visto en Nueva York. Acostumbrado a moverse por Sepolia, Zografou y el pabellón del Filathlitikos, aquello era por sí mismo impactante. Un nuevo mundo por descubrir. Costaba plantearse un escenario en el que ese ingenuo chaval pudiera cambiar la compleja realidad del baloncesto en Wisconsin. En todo caso, desde la NBA ya se miraba con mucho interés su evolución, como reconoce el entrenador español Jordi Fernández, por aquel entonces en el cuerpo técnico de los Cleveland Cavaliers: "Cuando llegó sufrió un choque cultural evidente. Los extranjeros que no dominan el idioma tienen ese primer gran reto y para él fue un obstáculo de inicio, por mucho que se viera claramente que sus condiciones físicas eran muy propicias para estar en la NBA. Aparte de eso, estaba claro que tenía que crecer como jugador, porque no llevaba mucho tiempo jugando y no lo había hecho aún a un nivel muy alto".

Mientras, Giannis tenía otra tarea no menos relevante. En el universo NBA un aspecto fundamental para un *rookie* es hacerse respetar. No sólo por los rivales, sino por los propios compañeros de vestuario, que en muchos casos ven al recién llegado como una amenaza para sus intereses, tanto deportivos como, por supuesto, económicos. Aunque la primera señal de que no iba a ser un camino de rosas la recibió pronto –la taquilla que le habían asignado en su llegada a Milwaukee ya no le pertenecía cuando regresó del Eurobasket U20–, lo cierto es que el ateniense tuvo bastantes apoyos entre sus compañeros, que en cierto modo le apadrinaron al igual que el cuerpo técnico. Su historia era tan especial, su forma de ser tan inocente y al mismo tiempo su potencial tan ingente que cayó con el pie derecho en el seno del equipo. La implicación de la franquicia fue total, tal y como reseñó un excelente reportaje de *Sports Illustrated*. Giannis, consciente de sus dificultades con el idioma, buscó refugio en otro europeo como Zaza Pachulia y en su compañero en las tareas de *rookie*, Nate Wolters.

Sin embargo, los veteranos pronto le acogerían en su regazo, y no fueron pocos los que se incorporaron a los Bucks en aquel verano en el que se iniciaba un periodo de transición: Gary Neal –cuyo fichaje se firmó y anunció oficialmente el 30 de julio, junto al del propio Giannis–, Luke Ridnour o Caron Butler fueron algunos ejemplos. Aunque el griego declaró posteriormente que al firmar su contrato supo "que mi vida y la de mi familia habían cambiado", la realidad es que no alcanzaba a entender la dimensión de ese giro. Butler y Pachulia le ayudaron a elegir ropa apropiada para los viajes durante el curso. Más tarde, una vez que sus padres, Kostas y Alex pudieron llegar al fin al país, Giannis se mudó con ellos a un pequeño apartamento cercano al Cousins Center –el centro de entrenamiento de los Bucks desde 1986–. O.J. Mayo envió a su nuevo hogar un camión lleno de muebles para ayudarle en la mudanza.

La colaboración no sólo fue una cuestión de los jugadores. El mismísimo John Hammond y su mano derecha, David Morway, se implicaron en que aprendiera a conducir, si bien fue Ross Geiger –miembro del departamento de vídeo de la franquicia– quien se convertiría en el auténtico cicerone y el mejor amigo de Antetokounmpo en Milwaukee. Pasó muchas horas ayudándole tanto en lo automovilístico como en su adaptación a una nueva vida, tan distinta a la anterior. También compartieron tiempo de ocio. La confianza entre los dos se hizo enorme: fue conduciendo el Subaru Outback de 1997 de Geiger cuando Giannis se soltó al volante, mientras el técnico le explicaba qué canciones –de las que el joven descubría a toda velocidad en su nuevo país– podía cantar en público y cuáles era mejor que no lo hiciera, al no ser sus letras demasiado apropiadas. El *rookie*, que durmió bastantes noches en el sofá de Geiger mientras su familia seguía en Grecia, tardó en asumir la dimensión de su nuevo estatus. De esa nueva vida en la que sólo tenía que jugar al baloncesto y le rodeaban decenas de personas para resolverle los problemas rutinarios. Pese a que su sueldo –1.792.560 dólares en la primera temporada– estaba muy por encima del que pudiera tener Geiger, cada vez que ambos cenaban juntos –aunque fuera en un McDonald's–, el jugador insistía en dividir la cuenta y pagar cada uno su parte. No era una cuestión de avaricia. Para él seguía siendo muy difícil comprender que, de repente, le sobraba el dinero. E iba a seguir mirando por cada céntimo y compartiéndolo con su familia, como había hecho toda su vida. No sabía hacer otra cosa. Evitaba tener un gasto superior al de su dieta de 190 dólares diarios, guardando la mayor parte de sus ingresos para el futuro o bien para enviar cuantiosas cantidades de dinero a Grecia. Brandon

Knight contó que incluso se llevaba comida del *catering* del pabellón a su casa.

Esa nueva magnitud económica en la que se empezó a mover iba a ser una fuente de anécdotas y un auténtico filón para los medios de comunicación, que reconocieron rápidamente la de Giannis como la historia más emotiva de las llegadas en ese curso a la NBA. "¡Dios bendiga a América!", escribió emocionado en Twitter el 20 de enero de 2014, cuando probó por primera vez en su vida un *smoothie* de frutas del bosque, algo a priori al alcance de casi cualquiera pero a lo que él no había tenido acceso antes. Un descubrimiento tan apasionante como el del sabor de la mantequilla de cacahuete, otro lujo con el que alucinar. Antetokounmpo –con el que incluso los veteranos del equipo compartieron en varias ocasiones sus dietas, para ayudarle a reducir gastos– seguía siendo un perfil muy lejano de un profesional.

Caron Butler contó en 2019, durante una charla entre jugadores promovida por la *TNT*, lo siguiente: "Le recuerdo corriendo descalzo alrededor de la cancha de entrenamiento porque no tenía contrato de zapatillas aún. Yo solía usar un par por partido, y luego las donaba. Nike me mandaba un cargamento. Algunos jugadores las tiraban a la basura tras cuatro o cinco partidos. Y él iba y las cogía de allí. Eso lo era todo para él". Otro gran ejemplo se produjo en sus primeros días en Estados Unidos, cuando acudió, acompañado por un trabajador de la NBA, a ver el estado de sus finanzas. Esperaba que los Bucks le hubieran ingresado una primera cantidad que se suele proporcionar como adelanto a los jugadores jóvenes para ayudar a su adaptación al nuevo entorno. La sorpresa de Giannis se produjo cuando observó que tenía un cargo a su favor en la cuenta corriente, pero que era de la mitad de la cifra que él había escuchado que se le ingresaría. Sorprendido, le preguntó al miembro de NBA que le acompañaba:

"–¿Por qué no está todo el dinero?

–Porque la otra mitad forma parte de los impuestos –le aclaró su acompañante.

–¿Y qué es eso de los impuestos? –continuó algo incrédulo.

–Es una parte de tu dinero que se destina a hacer carreteras, construir hospitales o pagar a trabajadores públicos –le explicó.

–Ah, vale –pareció concluir, acaso convencido. Sin embargo, tras unos segundos de meditación, volvió a cuestionar a su interlocutor–: ¿Y cómo puedo hacer para no pagar esos impuestos?".

Aquella experiencia no debería interpretarla el lector como la actitud de un simple evasor de impuestos. Estamos ante alguien que acababa de tener por primera vez un ingreso reglado. De ahí que, desconocedor de lo que es un sistema fiscal y con una percepción aún demasiado infantil de la realidad de un adulto, actuara de esa forma. Un comportamiento que incluso se veía reflejado en la cancha: cuando el 13 de enero de 2014 le pitaron una falta técnica en la derrota de los Bucks en Toronto, corrió hacia el colegiado para rogarle que se la quitara. El motivo no era otro que la multa de 2.000 dólares que acarreaba la infracción según el código interno del equipo. Antes, a finales de noviembre, vivió otra historia que probablemente ningún otro jugador de la liga estadounidense pudiera protagonizar. Ocurrió en las horas previas a un partido de los Bucks en casa ante los Charlotte Bobcats, tal y como recogió *Sports Illustrated*. Con, a priori, tiempo suficiente, Giannis fue a una oficina de Western Union para enviar dinero a su familia antes de dirigirse al Bradley Center. Cuando realizó el giro no fue consciente de que había sacado el máximo disponible en su tarjeta; no llevaba dinero encima para pagar un taxi que le llevara hasta el pabellón. Angustiado, decidió ir corriendo al partido, hasta que una joven pareja le reconoció por la calle.

"–¿Eres el *rookie* de los Bucks?" –le preguntaron.

–Sí –confesó él, algo avergonzado.

–¿Necesitas que te llevemos al partido?

–Por favor –agradeció, viendo el cielo abierto por la acción de aquellos buenos samaritanos que, por cierto, le recomendaron que se comprara un abrigo para el frío invierno de Milwaukee. Giannis apenas llevaba encima un cortavientos."

Al conocer la anécdota, John Hammond le recordó a Antetokounmpo que había muchas personas en la franquicia a las que poder recurrir en caso de necesidad. Incluso al propio *general manager*, llegado el caso. Todo ese arsenal de nuevas experiencias, por simples que le puedan resultar al lector, llamaba la atención del novato en América. Más allá del moderno iPhone de 1.000 dólares que los Bucks le entregaron nada más llegar a la ciudad, de los edificios, de las hamburguesas y los estilosos batidos repletos de azúcar en cualquier local de comida rápida, de las máquinas de gancho para sacar peluches o de las posibilidades que daban las modernas televisiones, Giannis gozaba hasta de ponerle manualmente el combustible a su vehículo, pese a que en Estados Unidos la mayoría de gasolineras ofrecen sistemas automáticos. Consciente de lo importante que era, quería adaptarse cuanto antes a su nueva vida.

Siempre iba con los ojos bien abiertos y la mente dispuesta a adquirir conocimientos. Tomó incluso nociones de fútbol americano, pues mostró interés por el papel de los *quarterbacks*, los creadores de juego en el deporte del balón ovalado. Quería captar todo lo que le rodeaba al mismo nivel al que entendía el baloncesto, y para ello el idioma fue un problema de inicio. Lo pudo comprobar en su primera reunión con Herb Kohl, nada más llegar a Milwaukee. "Recuerdo cómo sus ojos se abrieron cuando escuchó aquella voz", relataba John Hammond en *Sports Illustrated*. Resultó que JoAnne Anton, mano derecha de Kohl y presente en el encuentro, hablaba un perfecto griego, lo que permitió a Antetokounmpo –tras las dudas iniciales– vaciarse emocionalmente ante el propietario de los Bucks. Una fortuna que ya había tenido con Alex Saratsis, el socio americano de sus representantes, que hablaba también el idioma debido a su procedencia helena.

La obsesión por demostrar cierta madurez y un mayor nivel de adaptación del real llevó a Giannis a tomar también decisiones que eran básicamente fachada. Comentó el periodista Chris Mannix que, cuando Nike le entregó una primera docena de zapatillas antes de comenzar la temporada, las embaló todas para llevárselas a casa. Ante el estupor de sus compañeros, les aclaró que lo hacía para "apilarlas" en su armario "y hacer que parezca uno de *MTV Cribs*", un popular programa de televisión en el que los famosos enseñan sus hogares, siendo muy habitual que aparezcan estantes llenos de zapatillas deportivas, como muestra de poder económico y estilismo. En aquella decisión subyacía la falta de costumbre –y, sobre todo, de necesidad– por cambiar de zapatillas cada dos por tres, algo habitual en el profesionalismo.

En el lugar indicado en el momento oportuno

Con todos los mimbres conocidos, sobre el papel el rol de Giannis Antetokounmpo en su primera temporada en la NBA debía ser marginal en lo que a minutos sobre la cancha se refiere. Sería a priori una época para fomentar su adaptación al país y a la competición, pero en la que su peso específico en los esquemas de Larry Drew no sería demasiado significativo. Así era el plan y la línea en la que se movían todos los portavoces de la franquicia antes del inicio del curso. "Queremos usarlo, pero no sobreexponerlo ni colocarlo en una posición demasiado incómoda para él desde el primer momento", recordó John Hammond en la noche del *draft* sobre el mimo con que los Bucks vigilarían a su diamante. "Creo que en la pretemporada ya ha jugado la gran mayoría de sus minutos este año, le queda mucho por aprender. Aún estamos trabajando el tema del lenguaje, asegurándonos de que entiende toda nuestra terminología. A veces está perdido, como corresponde a un chico de dieciocho años que viene de otro país", agregó un cauto Larry Drew el 23 de octubre, justo una semana antes del primer partido de los Bucks, que sería en el histórico Madison Square Garden ante los New York Knicks.

Así que no parecía que el griego fuera a ser una pieza importante en los esquemas de Drew. Sin embargo, pese a no haber hecho una pretemporada descollante –6,8 puntos, 5 rebotes, 2 tapones y 1,2 robos en 23,4 minutos de promedio–, Antetokounmpo demostraba que no era ningún disparate que su sitio estuviera en la NBA. Su talento físico, el hambre competitiva y la escasa intimidación ante el reto americano que evidenciaba eran una gran carta de presentación y le habían convertido en el jugador que más tiros libres había lanzado en la preparación de los Bucks, como resultado de su agresividad en la cancha. Eso sí, su tacto con el balón hacia el aro seguía siendo muy mejorable: apenas anotó un 35% de sus tiros de campo antes del inicio de la campaña. Pero el foco sobre él y el interés de la liga por sus posibilidades empezaban a aumentar. Hasta el discurso de la franquicia comenzó a cambiar poco antes del primer duelo oficial. "Nos gustaría acelerar el reloj. Quiero que tenga veinte años ya, o veintiuno, pero no podemos hacerlo. Tenemos que darle su tiempo, debemos dejarle desarrollarse", señaló John Hammond en una entrevista en ESPN en la que, sin embargo, abrió la puerta a un nuevo escenario. "Habíamos hablado de no sobreexponerle. Creo que puede estar en la cancha, que puede encontrar una forma de ayudar y ser un factor positivo en los partidos desde ya mismo", concluyó el directivo, que con esas palabras parecía dar un cheque en blanco a Larry Drew para que el técnico se entregase a su joven perla y los aficionados se ilusionaran con ello. Más aún, había un escenario con multitud de problemas físicos en Milwaukee, donde las lesiones de Carlos Delfino, Ersan Ilyasova y Ekpe Udoh generaban un repentino espacio en la rotación para Antetokounmpo.

"No ha habido ningún motivo para que los fans de los Bucks se emocionen desde los días de Sam Cassell y Glenn Robinson –una pareja que alcanzó su cénit en Milwaukee con la final de la Conferencia Este de 2001– hasta ahora. Después de algunas semanas de pretemporada, todo va mucho más rápido de lo que parecía. Hay destellos que no se esperaban ver hasta dentro de tres temporadas. Los jugadores de la NBA están impresionados. Está reemplazando a los lesionados y cumpliendo. Teniendo en cuenta su potencial a largo plazo, esto debe ser terrible para el resto", publicó el periodista Andrew Sharp en *Grantland.com* en la previa del nuevo ejercicio, impresionado además por el descomunal tamaño de la mano de Giannis. La mecha del *hype* había empezado a prender en Estados Unidos. "Mi primer recuerdo es lo delgado que estaba, pero lo larguísimo que era. Un tipo longilíneo, muy atlético, y al que ya empezabas a notarle que atesoraba un potencial gigantesco", recuerda el alero sueco Jonas Jerebko, entonces en Detroit Pistons. El propio Andrew Sharp fue un paso más allá, al preguntarse en su análisis si el ateniense podría llegar a ser "tan bueno en unos años como para emocionar a todos en la franquicia por sí mismo y ayudarles a seguir en Milwaukee cuando el plazo del pabellón expire".

En ese caldo de cultivo, el debut del griego en la NBA no iba a tardar en producirse. Sería en el estreno del curso aunque, eso sí, con el freno de mano echado aún. En la derrota de los Bucks en Nueva York (90-83) disputó cuatro minutos y 43 segundos, con margen para anotar su primer punto y perder su primer balón. Su tiempo de juego iría in crescendo con el paso de la temporada, especialmente cuando los Bucks entendieron que iba a ser un curso muy doloroso en cuanto a resultados, pero propicio para foguear a Antetokounmpo. De los catorce primeros partidos, se quedó sin jugar en cinco por decisión técnica. A partir de ahí, con sólo dos victorias en el casillero de los de Larry Drew, éste soltó definitivamente amarras, y Giannis, que en el decimosexto encuentro de la temporada se acercó a la media hora sobre la cancha –la mejor muestra del cambio de filosofía del equipo–, jugó todos los partidos restantes. Paradójicamente, los Bucks habían caído al infierno deportivo e iban camino de firmar la peor campaña de su historia, pero en su plaga de lesiones y suspensiones encontraron la excusa perfecta para la eclosión de su futura estrella. Un tipo que se convirtió en alguien a seguir, en carne de *highlights*, pero que era mucho más que eso. Por todas las emociones que su juego comenzaba a generar en la cancha y las que su historia vital producía fuera de la misma. En definitiva, había llegado al sitio indicado en el momento propicio.

El 18 de diciembre, en un duelo ante los New York Knicks, salió por primera vez en el quinteto titular y jugó la friolera de

La ética de trabajo de Giannis Antetokounmpo es impresionante. (Foto: Nike.)

Única imagen con la camiseta del CAI Zaragoza.

De izquierda a derecha, Willy Villar, Giannis, José Luis Abós y Giorgios Panou en el Torneo de Jesolo (Italia). (Foto: Luis Arbalejo.)

Junto a David Stern, comisionado de la NBA, después de ser elegido en el puesto número 15 del draft *de 2013.*

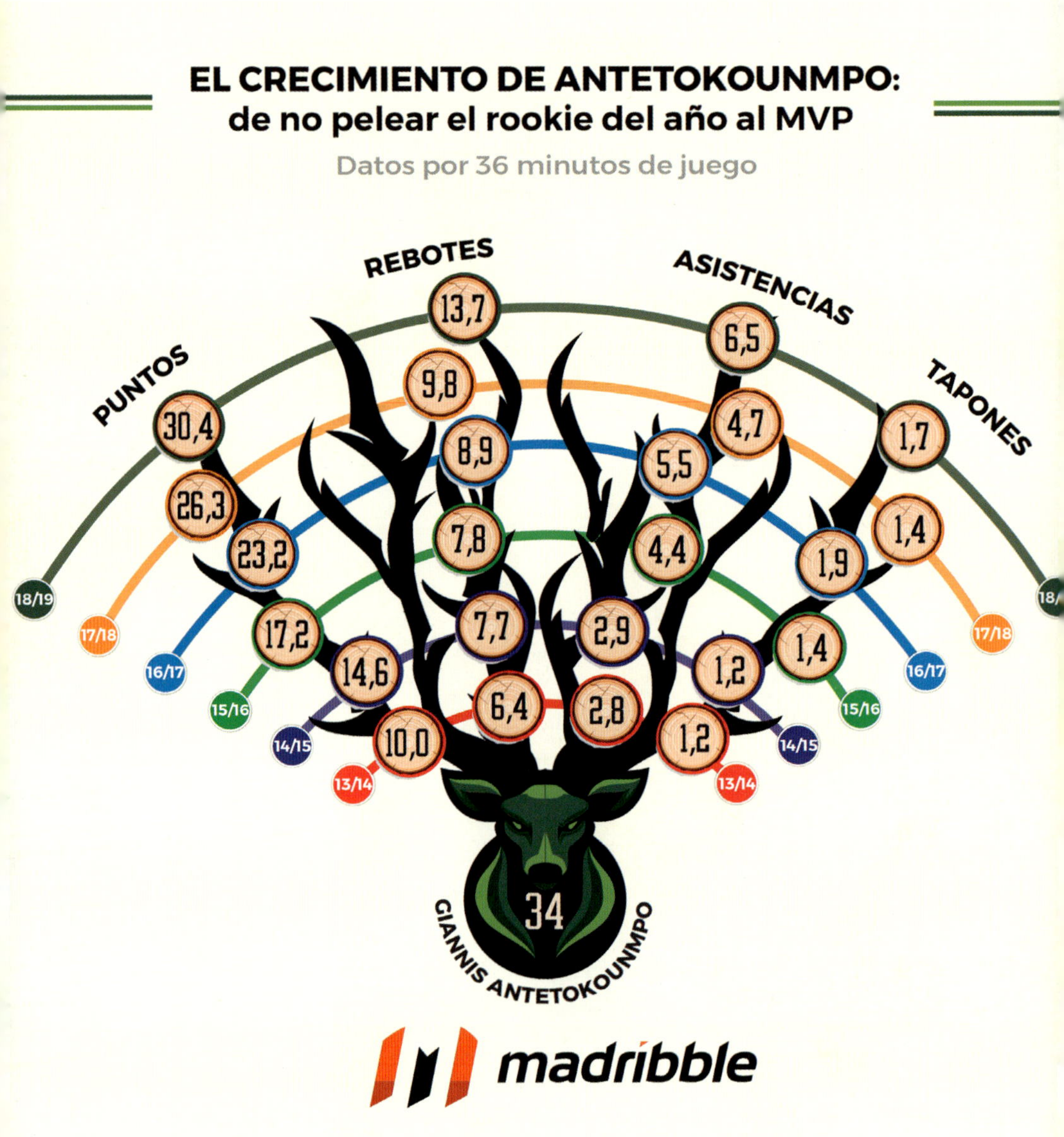

La evolución estadística de Antetokounmpo tuvo un crecimiento sostenido cada año. (Diseño: Maddrible.)

Su compromiso con la selección griega, pese a las habladurías, es total.
Aquí, en el partido ante Bélgica del Eurobasket de 2015.

En junio de 2019 en la presentación de las Zoom Freak One en las pistas de Tritonas, en su barrio, Sepolia. (Foto: Nike.)

La familia es su pilar fundamental. De izda. a dcha., Kostas, Alex, Thanasis, Veronica (su madre) y Giannis. (Foto: Nike.)

Arropado por familia, amigos y seguidores durante el acto en Sepolia. (Foto: Nike.)

Arriba, con Khris Middleton; abajo junto a Brook Lopez.

La decepcionante 'burbuja' de Orlando: arriba con Eric Bledsoe, y abajo con Pat Connaughton, Khris Middleton y Kyle Korver.

Arriba junto a Jason Kidd.
Con Mike Budenholzer (abajo) fue doble MVP de la NBA.

Arriba defendido por James Harden, con quien ha creado una gran rivalidad.
Abajo, junto a Kevin Durant, en el All-Star de 2019 en Charlotte.

Con sus hermanos Kostas, Alex y Thanasis, durante un acto promocional en el Záppeion de Atenas (Foto: Nike.)

En 2019, Nike jugó con motivos de la Grecia clásica para la campaña de lanzamiento mundial de las Zoom Freak One. (Foto: Nike.)

Torneo Acrópolis 2019. Arriba junto a su hermano Thanasis y Kostas Papanikolaou. Abajo, en una rutina de estiramientos en la sala OAKA. (Foto: José Manuel Puertas.)

All-Star de 2020 en Chicago. Arriba los capitanes de las dos Conferencias: LeBron James y Giannis. Abajo con Luka Doncic, los dos europeos dominantes de la NBA.

Respeto y trabajo junto a las leyendas. Giannis y Thon Maker (7) escuchan las instrucciones de Kevin Garnett en 2017.

Imagen promocional del Africa Game de 2015, celebrado en Johannesburgo.

Un coloso en la cancha.

41 minutos. Muy lejanas resultaban las palabras de Hammond y Drew durante el verano. Ambos estaban ya prendados por la polivalencia y capacidades del griego. "No tiene que meter puntos para dejarse notar. Por su tamaño puede hacer cosas que son imposibles para otros, y le da cosas únicas al equipo. Hay chicos que tienen una carrera estelar en la universidad y luego llegan a la NBA y simplemente no dan el nivel. Él hace cosas que muchos veteranos de esta liga no consiguen. Ha demostrado que merece un sitio en la competición", afirmó Drew en un corrillo con periodistas días antes de la primera titularidad de Antetokounmpo. Una sensación que el técnico, que acumulaba diez cursos como jugador y tres como entrenador principal –más otros veinte como asistente– en la NBA, ya tuvo en el Europeo U20 del verano en Estonia. En una jugada vio a su futuro discípulo coger un rebote por encima del aro, acelerar el juego hacia la canasta contraria, fintar y dejar atrás a su par en la línea de tres, llegar hasta la línea de fondo y dar un pase con bote a un tirador abierto. Todo, en apenas unos segundos. "Me impresionó. Aquello fue propio de un jugador NBA. Empecé a darle vueltas a sus posibilidades", reconoció Drew en una entrevista en el *Milwaukee Journal Sentinel*.

Poco más tarde, a finales de enero de 2014, *Sports Illustrated* ya situaba a Giannis como el mejor jugador de su *draft*, calificándole como el "mayor talento" de su generación –por mucho que los galardones de *Rookie* del Mes se los repartieran en esa temporada Michael Carter-Williams y Victor Oladipo–. Una sensación que empezó a correr como la pólvora también entre los ejecutivos de la liga. Muchos, claro, lamentándose de no haber apostado por él en junio. En sólo unos meses las expectativas sobre la joya de los Bucks –seleccionado por la NBA para el partido entre novatos y jugadores de segundo año del All-Star– se habían desbordado, con el ateniense habiendo cuajado quince duelos de diez o más puntos y otros tres con diez o más rebotes, datos notables para quien acababa de cumplir los diecinueve años. El 11 de enero, tras un brillante rendimiento en Oklahoma City –13 puntos, 11 rebotes, 5 asistencias y 2 tapones– el técnico de los Thunder, Scott Brooks, llegó a compararle con la megaestrella de su equipo, el alero Kevin Durant. "Tiene un repertorio técnico similar. Odio poner esa presión sobre él, pero se nota. No da un paso atrás, hay mucha dureza en él", aseguró el entrenador. Poco después llegaría otra muestra de lo especial que era. Años más tarde lo recordaba el ala-pívot John Henson en una entrevista en la CBS. "Puso un tapón, cayó al suelo, se levantó y puso otro tapón más. Aquello fue como un chispazo de todo el potencial que guardaba", expuso el de Greensboro, impactado por la jugada en la que Antetokounmpo se rehízo de una pérdida de balón en Philadelphia para recorrer casi veinticinco metros, taponar a Tony Wroten y, en un muy meritorio y casi inhumano segundo esfuerzo, volver a cazar en el aire a Michael Carter-Williams, ante el asombro de la grada del Wells Fargo Center. Mientras tanto, en Cleveland comenzaban a tirarse de los pelos por la elección de Anthony Bennett como número uno. El canadiense no respondió ni de lejos a las expectativas y apenas tuvo impacto en la NBA; será considerado durante décadas como uno de los mayores fiascos de la historia del *draft*.

La primera temporada de Giannis Antetokounmpo en Estados Unidos estaba resultando, por tanto, excelente. Mucho mejor de lo previsto incluso por su propio equipo. Pero sin olvidar la lógica línea de irregularidad que corresponde a casi cualquier novato y también el conocido efecto del *rookie wall*. Así se conoce al bajón de rendimiento que sufren los recién llegados a la liga por mor de la sucesión de partidos y la sobrecarga de minutos que ello les genera. Esto se ha convertido en un muro casi infranqueable que ha hecho larguísimo a bastantes noveles el final de su primera temporada en la NBA. Si en diciembre Giannis había promediado 8,4 puntos, 5,4 rebotes, 1 tapón y 1,8 asistencias con un 47,1% en tiros de campo, sus números menguaron con el paso de las semanas. En ninguno de los siguientes meses igualó esos registros en los tres primeros apartados, y sólo subió ligeramente en los pases de canasta. Donde más cayó fue en el porcentaje de acierto hacia el aro rival, que fue del 41,9% en enero, 35,9% en febrero, 37,7% en marzo y tocó fondo con el 34,2% de abril. Una señal inequívoca de cómo la carga física hizo mella en el impacto del griego en su aterrizaje en la NBA, y una pista de por dónde debía pasar su evolución inminente: necesitaba un desarrollo físico considerable para aguantar las exigencias de la mejor liga del planeta y el cada vez mayor conocimiento de sus cualidades por parte de los rivales. Paradójicamente, uno de sus momentos más bajos fue justo antes del parón del All-Star, al que Giannis llegó cansado y en un momento de forma muy mejorable, tras enlazar cuatro de sus peores partidos del curso.

En Milwaukee como en casa y al parque de atracciones del All-Star

Justo antes de esa mala racha de cuatro encuentros iba a llegar seguramente el más especial para Giannis de toda su primera temporada NBA. Fue, otra vez, ante los Knicks, aunque en este caso en Milwaukee. Sería enormemente relevante no por el buen rendimiento de Antetokounmpo –15 puntos y 3 rebotes– ni tampoco por la victoria local (101-98), algo no demasiado usual en esos días, ni tan siquiera por la forma de lograrlo, con un triple prácticamente sobre la bocina de Brandon Knight para evitar la prórroga. Lo fue porque era la primera vez que sus padres y sus dos hermanos pequeños le iban a ver jugar en la NBA.

Al fin los trámites burocráticos habían sido superados, y el gran escollo que más había preocupado al griego a su llegada a Estados Unidos quedaba definitivamente atrás. Para ello, resultó de nuevo crucial la figura de JoAnne Anton, la asistente de Herb Kohl, con experiencia en asuntos de inmigración durante la etapa del dueño de los Bucks como senador. La embajada estadounidense en Grecia concedió una visa P-4 a cada uno de los cuatro familiares de Giannis, cuyo salvoconducto era de nivel P-1, como deportista profesional en el país. Resultó relevante que el jugador fuera aún menor de veintiún años, lo que en algunos aspectos legales se considera como menor de edad en Estados Unidos. Como no podía ser de otra forma, Giannis jugó ante los Knicks especialmente motivado esa noche, y hasta el propio Larry Drew declaró haberle visto con una "energía especial" sobre el parqué.

Todo ello generó otro capítulo más del cuento de hadas que Antetokounmpo, y a partir de ese momento los suyos, estaban viviendo en el país de las oportunidades. La imagen de Veronica, Charles, Kostas –quien llamó la atención de John Hammond por haber crecido varios centímetros desde que lo vio en Grecia– y Alexis celebrando la canasta ganadora de Brandon Knight ante los Knicks con todos los aficionados que les rodeaban también fue empleada por multitud de medios locales, estatales y nacionales. Otro momento muy destacado fue durante la primera visita privada de la familia al completo al Bradley Center, cuando Giannis, mientras todos observaban las siete camisetas retiradas y colgadas del techo en ese momento por los Bucks –así como el estandarte de campeones del año 1971– no tuvo reparos en soñar en voz alta: "Quizás en quince o veinte años yo esté ahí, junto a Kareem Abdul-Jabbar". El resto de nombres que en esos momentos observaba eran los de Oscar Robertson, Junior Bridgeman, Sidney Moncrief, John McGlocklin, Bob Lanier y Brian Winters. La mayoría probablemente muy desconocidos para él, pero todos referentes en el mundo de la canasta, especialmente en Wisconsin. El viaje continuaba y la siguiente parada para Giannis, que pronto se mudaría con su familia a un modesto apartamento de tres habitaciones, era ni más ni menos que el All-Star.

El fin de semana de las estrellas de la NBA se celebró entre el 14 y el 16 de febrero, siendo la sede Nueva Orleans, lo que tenía un simbolismo notable: algo así como la confirmación de que la principal urbe del estado de Luisiana había comenzado a reponerse de los efectos del devastador huracán Katrina. A finales de agosto de 2005, uno de los temporales más letales y dañinos de la historia de los Estados Unidos dejó 1.833 muertos, 107.379 casas inundadas y un impacto económico en torno a 146.000 millones de dólares. Como consecuencia, el 80% de los habitantes de Nueva Orleans se vieron obligados a abandonar sus hogares. Que la NBA quisiera albergar allí el All-Star no era asunto baladí. Y Giannis Antetokounmpo, que un año antes se había colado por la gatera en el mismo evento de su país pese a no estar a priori llamado a ello, iba a ser uno de los protagonistas del fin de semana.

Tomaría parte tanto del partido del viernes entre los mejores jóvenes de la competición, disputado entre dos equipos formados por *rookies* y *sophomores* –jugadores de segundo año–, como del concurso de habilidades que se celebraría el sábado en la previa del All-Star Game, el encuentro entre los mejores de la liga.

Aquellos días para él fueron como seguir en el parque de atracciones permanente en el que se había instalado desde su llegada a Estados Unidos: además de la alegría de encontrarse con su hermano Thanasis, que iba a participar en el concurso de mates del All-Star de la D-League –pues pasó esa temporada jugando en los Delaware 87ers–, fue protagonista en sesiones de fotos, entrevistas, firmas de balones, actos con aficionados y entrenamientos con verdaderas estrellas del baloncesto. Una completa agenda que también incluyó participar en la actividad del programa solidario NBA Cares, con el que la liga estadounidense busca ayudar a colectivos necesitados en ámbitos como juventud, familia, salud, alimentación o inclusión social. A Giannis le correspondió pasar unas horas colaborando en las tareas de reconstrucción del barrio de Algiers, un vecindario de mayoría afroamericana donde la huella del Katrina aún era palpable, y en el que el joven volvió a protagonizar una divertida escena que resultó otro filón mediático: debido al enorme tamaño de sus manos, le costó Dios y ayuda encontrar unos guantes de su talla para poder pintar la fachada de una casa. Tras romper varios pares sólo con colocárselos, finalmente le proporcionaron unos que sí resistieron sus dimensiones. Antetokounmpo, por su historia y sus características, seguía siendo una mina de oro para el anecdotario NBA. Días antes del All-Star, el 4 de febrero, había aprobado en sus redes sociales el sobrenombre, de origen desconocido, que le acompañaría el resto de su carrera: *Greek Freak* –el portento griego, por su cuerpo y potencial únicos– debió surgir de una mente brillante tras alguna acción espectacular de ese tipo capaz de coger una pelota de baloncesto como si de una de béisbol se tratase. Nadie lo sabe a ciencia cierta, pero el caso es que empezó a extenderse y Giannis acabó adoptándolo.

En lo puramente deportivo, Antetokounmpo formó pareja en Nueva Orleans con el escolta de los Toronto Raptors DeMar De-

Rozan en el concurso de habilidades, del que fueron eliminados en primera ronda por Michael Carter-Williams y Victor Oladipo. La noche siguiente, en el partido de las estrellas emergentes, sí fue algo más exitosa. Enrolado en el *Team Grant Hill* –gestionado por el mítico alero de Pistons, Magic, Suns y Clippers, y entrenado por Nate McMillan– se llevó la victoria por 142-136 ante el *Team Chris Webber*. Anotó nueve puntos que incluyeron la última canasta del duelo tras 48 minutos en los que, eso sí, los rigores tácticos y la intensidad defensiva brillaron por su ausencia, como suele ocurrir en un evento que ha evolucionado más a un concurso de mates que a un verdadero partido de baloncesto.

Pese a la intensa actividad que llevó en Nueva Orleans, el parón de hasta seis días sin jugar de los Bucks con motivo del All-Star y el influjo anímico por la llegada de los suyos parecieron sentarle bien a Antetokounmpo. Aunque había vuelto a tener un papel saliendo desde el banquillo, en los seis siguientes partidos rozó los diez puntos de promedio y colaboró en dos triunfos más para los de Larry Drew. Empero, la factura física por acumulación de duelos en las piernas del novato no tardó en reaparecer, y pese a que siguió jugando muchos minutos el resto de la temporada, apenas alcanzó la decena de tantos en cuatro de los veintitrés últimos choques. Unos Bucks muy mermados por las lesiones vagaban directos hacia la que terminaría siendo la peor campaña de su historia, concluyéndola con sólo quince triunfos en los 82 encuentros de los que consta la temporada regular. Los malos resultados propiciaron que los ya de por sí pobres datos de asistencia de la franquicia en sus partidos en casa cayeran aún más, convirtiéndose, con 13.487 espectadores de media –desde los 15.035 del ejercicio previo–, en el peor registro de la competición. La discusión sobre la conveniencia o no de construir un nuevo pabellón siguió sobre la mesa todo el curso.

Pero antes del final de la temporada había llegado una sorpresa a la sociedad de Milwaukee: el 16 de abril de 2014 se anunció la venta de la franquicia de los Bucks por parte de Herb Kohl a un grupo liderado por los inversores Marc Lasry y Wes Edens por 550 millones de dólares –recordemos que Kohl la había comprado en 1985 por dieciocho 'kilos'–, el mayor monto pagado por un equipo de la NBA. El acuerdo supuso un espaldarazo notable para la estabilidad de la entidad, considerada en ese momento por la revista *Forbes* como "financieramente la franquicia más débil y con sede en el quinto mercado más pequeño de la liga". Además, el pacto de venta recogía el compromiso de construir el pabellón que sustituyera al Bradley Center y dejara a largo plazo a los Bucks en Milwaukee. Herb Kohl pondría cien millones de dólares para tal objetivo, la misma cantidad que los nuevos propietarios, mientras que se aseguraba de que había comprometidos otros tantos millones de financiación privada, faltando unos doscientos más para acometer el inicio de las obras. Eso sí, en el contrato se incluyó una cláusula por la que, si el pabellón no estaba listo a finales de 2017, la NBA podía comprar la franquicia por 575 millones para venderla al mejor postor, con lo que el riesgo de la marcha de Milwaukee seguía presente para los Bucks.

Sin embargo, y aunque probablemente casi nadie en la ciudad lo supiera, la realidad del equipo estaba comenzando a cambiar y años después pocos se mostrarían preocupados por la posible salida de los Bucks del estado de Wisconsin. Y eso que, cuando se produjo el traspaso de la propiedad, el que sería más tarde unánimemente reconocido como salvador del baloncesto en Milwaukee apenas estaba descubriendo la NBA y el sabor de un *smoothie* de frutas del bosque.

LA EXPLOSIÓN DEL *GREEK FREAK*

UNA VEZ SUPERADO EL MURO FÍSICO Y MENTAL que supone el debut en la competición americana para casi cualquier jugador, el crecimiento de Giannis Antetokounmpo en la NBA iba a ser prácticamente exponencial. He ahí, de hecho, una de sus grandes fortalezas: la sensación de que, año tras año, ha sido cada vez mejor jugador pese al entorno de enorme competitividad en el que se ha movido. Para empezar, con la llegada de su segunda temporada en Estados Unidos, comenzaría su evolución definitiva hacia lo que suponía ser un profesional del baloncesto desde todos los puntos de vista. Por la exigencia que ello genera, por todo lo que supone a diario ser la cara más visible de una franquicia y, desde luego, también por el concepto del negocio que se tiene en la liga estadounidense. Pese a estar en evidente periodo de transición, la pésima campaña que los Bucks habían firmado el curso anterior iba a tener rápidas consecuencias: los nuevos dueños de la franquicia quisieron dar un giro de timón rápido al devenir de los acontecimientos.

El primer damnificado fue Larry Drew, a quien de nada le sirvió tener contrato: fue fulminantemente despedido. En su lugar llegaría al banquillo de los ciervos el emblemático exbase Jason Kidd, por el que la apuesta desde Wisconsin fue ostentosa: para liberarle de su contrato como asistente en los Brooklyn Nets, los Bucks enviaron dos futuras rondas del *draft* hacia el estado de Nueva York. Fueron días de cierta tensión en Milwaukee, en los que llegó a filtrarse que Kidd desembarcaría también como presidente de operaciones baloncestísticas, lo que habría puesto en peligro el rol de John Hammond en la entidad, si bien finalmente fue sólo el entrenador el sacrificado, apenas cinco días después de un *draft* en el que las selecciones de los Bucks fueron los aleros Jabari Parker –en el número dos– y Damien Inglis –en el 31–.

Con la salida de Drew se hizo palpable que la gerencia del equipo no iba a tolerar otro curso tan malo en unas fechas cruciales para el futuro en la ciudad. Sin embargo, hubo otras marchas que hicieron más mella anímica en Antetokounmpo, que perdió en poco tiempo a dos de sus mejores confidentes y amigos. El coordinador de vídeo Ross Geiger fichó ese verano por los Phoenix Suns, mientras que su compañero como *rookie*, Nate Wolters, fue cortado al poco de arrancar la temporada. Puro modelo NBA y, sin duda, un palo para el griego, como él mismo relató años después en *Sports Illustrated*: "Haces esas relaciones, conoces gente y entonces de repente te llega un mensaje en verano: 'No voy a volver'. ¿Qué? Te cabreas. Pero entiendes que esto es un negocio". El consuelo para él fue que la situación habría sido mucho peor de no ser porque su familia se había instalado en Milwaukee semanas antes.

Aun así, el plan de los Bucks con su joven jugador seguía en marcha. En 2014 no le iban a permitir volver a disputar el Europeo U20, que además se iba a celebrar en Grecia. Formaría parte de la plantilla que competiría en la *Summer League* en Las Vegas, coincidente en fechas durante el mes de julio con el torneo continental europeo. Eso sí, a partir del 30 de agosto, Giannis debutaría oficialmente como internacional absoluto griego a las órdenes de Fotis Katsikaris en la Copa del Mundo que se iba a celebrar en España. De vuelta a la liga de verano, allí se iba a dar el primer paso de la sorprendente estrategia que, a medio plazo, Jason Kidd quería llevar a cabo: jugar con Antetokounmpo como base en la mejor competición del mundo. Esa fue, en efecto, la posición en la que el griego –que sólo había jugado como alero en su primer curso americano– se desempeñó en la mayoría de sus minutos en Las Vegas y también en la pretemporada oficial.

"Jugó mucho y francamente bien, mayoritariamente de uno. Le veían claramente como un *point forward* y le probaron allí ya", recuerda Willy Villar, presente esos días veraniegos en el estado de Nevada, como la gran mayoría de directores deportivos de clubes europeos, que buscaban futuribles jugadores para su agenda. El canario no había vuelvo a ver in situ a Giannis desde el torneo de Jesolo, más de un año antes, y asegura que le encontró "muy suelto y sorprendentemente más alto y grande de lo que le recordaba". En su primera liga de verano, Antetokounmpo, varios centímetros más alto que unos meses antes, jugó cuatro partidos. Promedió 17 puntos, 5,7 rebotes, 1,7 asistencias, 1 robo y 1 tapón en casi 33 minutos.

En la franquicia comenzaban a tener claro que su éxito futuro pasaba por la evolución del heleno hacia un jugador total, capaz de ocupar prácticamente todas las posiciones en la cancha. De ahí que no desaprovecharan la mínima oportunidad de fomentar su polivalencia. Mientras tanto, los Bucks iban a mantener una importante capacidad de renovación en los siguientes cuatro ejercicios, que empezaron todos con Kidd en el banquillo. De la primera plantilla que encontró Antetokounmpo en Milwaukee, tan sólo él, Khris Middleton y John Henson continuaban en el equipo al final del curso 2017/18. En ese tiempo, que va desde octubre de 2014 a junio de 2018, hasta 37 jugadores nuevos vistieron la elástica de los Bucks, una cifra nada desdeñable que confirma el permanente lavado de cara de una franquicia que paso a paso se iba confirmando como una futura potencia en la Conferencia Este. Es muy probable que para esa renovación influyese la mala fortuna de Jabari Parker con las lesiones. El alero formado en la Universidad de Duke, que llegó a la NBA con fama bien justificada de rutilante anotador, sufrió en 2014 y 2017 dos gravísimas lesiones, rotura del ligamento cruzado anterior en su rodilla izquierda, que lastraron su carrera y mermaron su sociedad con Antetokounmpo, en su momento considerada como una de las más prometedoras de la NBA.

En todo caso, los Bucks tenían una idea clara sobre la construcción de su plantilla. Progresivamente fueron añadiendo piezas hasta convertirse en un equipo muy joven e impactante físicamente, en el que no sólo el griego destacaba por su presencia. Pese al evidente fiasco que supuso el pívot Larry Sanders –que pronto acabaría apartado del plantel y con serios problemas relacionados con el consumo de marihuana–, John Hammond fue añadiendo piezas de notable tamaño hasta conformar una estructura de equipo inusual, capaz de hacerle la pista muy pequeña al rival. El base de casi dos metros Michael Carter-Williams, el pívot Greg Monroe o el australiano de origen sudanés Thon Maker se unieron a un conjunto que ya destacaba por su capacidad física y envergadura, con Antetokounmpo, Parker o Henson entre otros. El tiempo en el que Brandon Jennings y Monta Ellis conformaban un perímetro de reducidas dimensiones había quedado muy atrás. Este recorrido tuvo su punto más álgido en 2019, cuando los Bucks llegaron a comenzar un partido con Khris Middleton, Giannis, Nikola Mirotic, Ersan Ilyasova y Brook Lopez, uno de los quintetos más altos en toda la historia de la NBA.

La apuesta de Milwaukee por Giannis cada vez era más seria. El 16 de octubre de 2014 la franquicia anunció que renovaba su contrato por un tercer año, aún bajo las condiciones salariales del *draft*. En su segundo curso en la NBA, Antetokounmpo sería el jugador que más minutos pasaría en la cancha a las órdenes de Kidd, si bien su salario –1.873.200 dólares– sólo sería el decimoprimero en el vestuario de los Bucks. Larry Sanders era el mejor pagado, pese a su escasa aportación deportiva, con once millones.

Aquellos primeros Bucks de Kidd funcionaron: pese a la grave lesión de Jabari Parker en diciembre, alcanzaron el parón del All-Star con un excelente balance de 30-23. El 11 de febrero habían sumado ya el doble de victorias que en toda la temporada previa. Además, lograron volver a enganchar al público de Milwaukee, alcanzando de nuevo un aforo medio próximo a los 15.000 espectadores. Era un equipo que presumía de cada triunfo, como corresponde a la juventud. "Realmente era una plantilla muy disciplinada y hambrienta, aunque a Giannis ya se le notaba un deseo especial por ser sencillamente el mejor", recuerda el base mexicano Jorge Gutiérrez, que firmó por los Bucks el 28 de enero, procedente de la D-League. Cuentan las crónicas de la época que la pasión del griego se notaba en el día a día. Cada derrota se reflejaba en su cara como si de un partido de *playoffs* se tratase, mientras que tras cada victoria emergía en la zona mixta sonriente, bromista y jovial. El proceso de maduración era innegable, pero el potencial salvador del baloncesto en Milwaukee seguía siendo un niño. Y, sin embargo, su comportamiento empezaba a ser el del auténtico líder del joven vestuario de los Bucks. "Su naturaleza ya era la de preocuparse de que todo fuera bien, como suelen hacer los grandes, pese a ser realmente muy humilde. Siempre estaba para ayudar, para que quien estuviera a su alrededor se lo pasara bien y disfrutara del proceso", cuenta Gutiérrez, que rememora cómo Antetokounmpo "pasaba mucho tiempo hablando con Jason Kidd como parte del palpable proceso para la construcción de su liderazgo".

Durante el curso 2014/15, Giannis siguió jugando la mayor parte del tiempo en la posición de alero, si bien comenzó a pisar algo más la pintura: tuvo también minutos como ala-pívot. Sin embargo, su desarrollo corporal aún no le permitía enfrentarse a las exigencias que debe cumplir un interior en la competición americana. El croata Damjan Rudez, que aquel año debutaría en la NBA con Indiana Pacers, lo describe muy gráficamente: "Me tocó defenderle bastantes minutos porque jugó de cuatro y recuerdo bien alguna acción de poste bajo en la que intentó meterme bajo el aro, pero aún no podía. Todavía estaba muy delgado y no tenía fuerza. Recuerdo sentir y pensar en mi interior que le faltaba mucho por mejorar físicamente".

Pecados de juventud

La estrategia de los Bucks para convertirle en una suerte de base –o como poco creador de juego– en la cancha seguía su rumbo. "Desde luego aportaba más en otras posiciones y era mejor que jugara de ala-pívot, pero estaba en un proceso de mejora global y trabajaba muchos aspectos con ese objetivo final: el tiro, la paciencia, el control del ritmo o la visión de juego. Esas cosas que un base debe tener. Ahí tenía carencias pero le sobraba ambición", apunta Jorge Gutiérrez, que con sus 190 centímetros de altura fue pareja de baile de Antetokounmpo en muchas sesiones. "Hicimos mucho uno contra uno en los entrenamientos y fue una gran experiencia emparejarme con alguien que me sacaba unos veinte centímetros y con una envergadura tan impactante. Era algo distinto para mí, pero ellos tenían el objetivo de que Giannis pudiera defender a jugadores bajitos", destaca el mexicano. A nivel defensivo sí había ocasiones en las que se veía ese tipo de emparejamiento, como en el primer gran pique entre Antetokounmpo y James Harden –que en 2019 pelearon por el MVP y mantuvieron una enconada rivalidad con múltiples declaraciones cruzadas–, que se produjo el 29 de noviembre de 2014. Los Rockets ganaron en Milwaukee con relativa comodidad (103-117), pero, a tres minutos del final, el griego forzó una falta en ataque de 'la Barba' en un uno contra uno. El posterior cruce de palabras entre ambos acabó con la intervención de Larry Sanders –con cuentas pendientes anteriores con Harden– y una falta técnica para los tres. Allí se gestó en buena medida una de las grandes rivalidades de la NBA moderna.

Pese a que era evidente que Antetokounmpo no había llegado aún a su apogeo como jugador, su consistencia iba más allá de la de un tipo de destellos. En la primera semana de febrero, tras dos noches brillantes ante Los Angeles Lakers (25 puntos, 6 rebotes, 2 tapones) y Houston Rockets (27 tantos, 15 rechaces, 4 asistencias), fue nombrado por la NBA mejor jugador de la Conferencia Este. Sería la primera de muchas nominaciones a lo largo de su carrera. Apenas unos días más tarde volvió a participar en el All-Star Weekend, en esta ocasión en el Madison Square Garden de Nueva York. Allí jugó de nuevo el partido de las estrellas emergentes. Lo hizo como titular en el equipo del Resto del Mundo que venció a las promesas estadounidenses por 112-121 con 12 puntos y 10 rebotes del griego. Mucho más discreta fue, eso sí, su participación en el célebre Concurso de Mates. Giannis trató de mostrar, sin suerte, toda su exuberancia física en su primer intento, y recurrió al factor emocional en el segundo cuando su hermano Thanasis –entonces en los Westchester Knicks de la

D-League– le puso un *alley-oop* que el de los Bucks hundió en la canasta a aro pasado. Pero el rectificado que empleó no terminó de convencer a los jueces en una noche en la que Zach Lavine comenzó su reinado entre los matadores NBA. Antetokounmpo se quedó fuera en la primera ronda.

De vuelta a la competición, el equipo de Jason Kidd terminó la temporada mejorando notablemente sus prestaciones previas: 41 victorias y las mismas derrotas devolviendo a Milwaukee a los *playoffs* como sexto clasificado del Este. Respecto a Giannis, si bien sus números aún no eran impresionantes, dio un paso. Se fue hasta los 12,7 puntos, 6,7 rebotes, 2,6 asistencias y un tapón de promedio en los 81 partidos que disputó –71 como titular–, lo que le valió concluir séptimo en la votación que distingue al 'Jugador Más Mejorado' en el curso en que se convirtió en el *buck* más joven de la historia en llegar a los mil tantos. El progreso era constante, así como la maduración personal y la adaptación al país.

El 8 de abril, con los Bucks buscando una plaza en las eliminatorias por el título, Kidd decidió que Antetokounmpo no jugaría ante los Cleveland Cavaliers de LeBron James. No mediaba lesión ni ningún plan de descanso. Al joven no le gustó, y mucho menos las explicaciones posteriores de su entrenador –que se aferró a un criterio puramente técnico y no dio razón alguna a su pupilo–, según dijo el jugador ante la prensa. Tal fue el enfado que el ateniense acudió a su teléfono móvil para investigar los méritos del tal Jason Kidd que había osado dejarle fuera sin justificación aparente. "Entonces vi que había sido '*Rookie* del año', campeón de la NBA, oro olímpico con Estados Unidos, segundo en asistencias de toda la historia y bla, bla, bla. Y me quedé pensando: 'Por los clavos de Cristo, ¿cómo voy a competir con eso? Mejor me callo la boca'", contó el propio Giannis más tarde en *Sports Illustrated*. Meses después, el periodista Zach Lowe (*ESPN*) desveló que el motivo del banquillazo a Giannis no era otro que las quejas de Jabari Parker acerca del pobre esfuerzo del griego durante un entrenamiento previo. Lo que hizo Kidd fue darle un tirón de orejas a su perla. Y debió funcionar, pues el heleno no soporta que se cuestione su esfuerzo en la cancha y en la vida.

Todavía quedaba en aquella temporada una nueva lección para Giannis. Por primera vez en la NBA –y en su vida deportiva como sénior– iba a conocer lo que era jugar un *playoff*. Todo cambia cuando llega el momento de las eliminatorias por el anillo. A nivel de intensidad física, dureza y calidad, nada tiene parangón en el universo de la canasta a lo que en Estados Unidos se juega en abril, mayo y junio. Y Antetokounmpo lo pudo palpar en su estreno. Los Bucks perdieron en primera ronda en seis encuentros ante los Chicago Bulls –que contaban con Pau Gasol, Jimmy Butler o Derrick Rose en sus filas–, en un duelo con cierta rivalidad por la cercanía entre la ciudad del viento y Milwaukee. Fue una eliminatoria recordada por su especial fogosidad, en la que se repartieron hasta quince faltas técnicas entre ambos equipos. "Chicago era muy duro, pero Milwaukee quería mandar un mensaje y empezar a marcar ya el territorio pese a ser un equipo inexperto. Demostrar por qué estaban allí", repasa Jorge Gutiérrez. Efectivamente, pese al tres a cero con el que los Bulls encarrilaron el pase, los Bucks tiraron de orgullo para ganar el cuarto partido como locales y, con aún más mérito, el quinto en Illinois.

Gutiérrez cree que la clave estuvo en el trabajo de Jason Kidd: "Demostró ser un gran entrenador que supo manejar al grupo y darnos la motivación necesaria para no desfallecer", subraya. Pero en el sexto encuentro los Bulls pasarían como un huracán por el Bradley Center y cerrarían su clasificación para la semifinal de Conferencia en un duelo que, sorprendentemente, apenas tuvo historia (66-120). El base mexicano lo recuerda como "una noche malísima en la que ellos salieron acertados y compitieron muy bien y a nosotros no nos salió nada". Para Antetokounmpo fue una experiencia horrible, de esas que quedan guardadas en el fuero interno y ayudan a forjar un carácter aún inmaduro. No supo gestionar la exigencia de tan intensa eliminatoria y resultó protagonista negativo al ser expulsado por acometer una acción claramente antideportiva, algo extraño en su carrera, sobre Mike Dunleavy poco antes del descanso, con los Bulls ganando 28-58. Sobre aquel cruce de cables, y cómo una derrota tan humillante afectó al griego, opina Jorge Gutiérrez: "Se podía ver en su cara y su forma de expresarse; le molestó mucho todo lo sucedido ese día. Y se prometió que nunca más le volvería a pasar algo así". Cuestionado por aquello años más tarde, Antetokounmpo admitió su error de juventud: "Fui tonto. Era mi primera eliminatoria, venía de fuera y entendí las cosas de forma literal cuando me dijeron que tenía que golpear primero", admitió. En la eliminatoria que cerró su segundo curso en la NBA, Giannis promedió unos más que aseados 11,5 puntos, 7 rebotes, 2 asistencias y 1,5 tapones, pero demostró estar aún un tanto verde para las exigencias del primerísimo nivel del baloncesto americano.

'Point Giannis', el base más anómalo de la historia

Coinciden bastantes fuentes en que el verano de 2015 resulta crucial para entender a Giannis Antetokounmpo. Su historia había cautivado a toda la NBA, de la que empezó a convertirse en embajador en actos internacionales. A finales de mayo viajó hasta Asia para ser una de las caras visibles del Cathay NBA Youth Madness de Taiwán, un programa con el que la competición estadounidense pretendía, con el baloncesto como vector, dar a conocer entre jóvenes, padres y educadores la relevancia de un estilo de vida saludable, buscando también la formación de un mayor número de entrenadores en el país. Semanas más tarde –el 1 de agosto–, participó en la ciudad sudafricana de Johannesburgo en el NBA Africa Game, el primer partido en la historia en celebrarse en el continente negro con jugadores NBA y bajo la organización de la propia liga. Formó parte del *Team Africa* debido a sus raíces nigerianas. En ambos eventos empezó a entender que su relevancia entre la gente comenzaba a ser enorme. A nivel global, se estaba convirtiendo en un auténtico icono deportivo y social, lo que sin duda le iba a acarrear beneficios a medio plazo, pero también una presión deportiva con la que debía lidiar a través de una preparación mental. En un reportaje de la revista *Slam*, Alex Saratsis, agente americano de Giannis, contaba cómo fue consciente –precisamente en Taiwán– del momento crucial que estaba atravesando en su maduración y cómo estaba dispuesto a afrontarlo sin ambages. Durante una cena en Asia hablaron sobre ello: "Me decía 'vale, entiendo que todo el mundo me tiene en el punto de mira, y estoy aprendiendo a manejar las expectativas. Estoy cómodo con toda esta presión y ante este reto porque esto es lo que quiero ser y, sea lo que sea lo que venga por delante, sé que está en mis manos el manejarlo'", explicaba el representante.

En aquellos meses entre temporadas, Antetokounmpo tendría su segunda experiencia como internacional absoluto con Grecia, con la disputa en el mes de septiembre del Eurobasket 2015. Fiel a su innata ambición competitiva, apenas gozó de vacaciones más allá de si se puede considerar así a los actos en Asia y África. El resto del tiempo lo invirtió en seguir trabajando un cuerpo que no paraba de dar pasos hasta convertirse en uno de los más perfectos que nunca se hayan visto en una cancha. Como había predicho aquel pretérito estudio griego de su sistema óseo, siguió creciendo hasta alcanzar esa temporada los 211 centímetros de talla con 223 de una monstruosa envergadura cada vez más fibrada, pero aún con recorrido muscular por delante. Además, su adaptación a la cultura estadounidense parecía prácticamente finalizada. En su tercera temporada en la NBA –y con un equipo que venía de jugar los *playoffs*– el caldo de cultivo era idóneo para que Giannis Antetokounmpo, al que los Bucks habían prolongado el 26 de octubre su contrato de novato por última vez –para completar en la 2016/17 las cuatro temporadas estipuladas–, eclosionase en estrella de la NBA.

"Nunca se queja, sólo sale y juega. Y va a jugar en las cinco posiciones para el equipo", avisaba Jason Kidd en la previa, aumentando aún más el interés en Antetokounmpo. El impacto de inicio del *Greek Freak* fue sobresaliente. Ausente en el primer duelo por la sanción que le acarreaba la falta flagrante sobre Mike Dunleavy en el último partido de la eliminatoria ante los Bulls, se fue hasta los 27 puntos y 9 rebotes en su estreno en la temporada, aunque perdiendo ante Washington Wizards. En sus cinco primeras apariciones no bajó de los 17 puntos, pero la marcha de los Bucks –comenzaron con tres derrotas seguidas para luego enlazar cuatro triunfos– ya avisaba de que sería un curso irregular en Wisconsin.

Muy pronto, en noviembre, Giannis superó por primera vez la treintena de puntos en un partido NBA, con 33 ante los Cavaliers y un portentoso doce de quince en tiros de campo. Poco después, los Bucks fueron el primer equipo en derrotar a los intratables Golden State Warriors –que habían comenzado la defensa del anillo con 24 victorias seguidas–, con el griego rozando su primer triple doble en el Bradley Center: 11 puntos, 12 rebotes y 8 asistencias. Pero las cosas no iban bien para Milwaukee, reforzado ese verano con Greg Monroe, de quien se esperaba mucho más y que alcanzó el parón del All-Star con un desalentador balance de 22 triunfos y 32 encuentros perdidos.

En aquellos días de febrero, Kidd entendió que necesitaba dar un giro de timón a su equipo si no quería quedarse fuera de las eliminatorias por el anillo. O quizá empezó a pensar a medio plazo. El caso es que ni Carter-Williams ni O.J. Mayo respondían a las expectativas, y además sufrían problemas físicos. Todo ello, unido a su sensación de que el proceso formativo de Antetokounmpo como creador de juego había alcanzado un mínimo punto de cocción, le hizo dar un paso que, a la larga, revolucionaría la NBA. De pronto, para sorpresa de prácticamente todos en la liga, el 34 de los Bucks empezó a ejercer de base. "Recuerdo que jugamos en Milwaukee y en el informe que nos pasaron del *scouting* le ponían de uno. Yo pensaba que eso no podía ser, colocar a un chaval de veintiún años y más de 2,10 que hasta entonces era ala-pívot de base titular en la NBA, que no era posible que fueran capaces. Recuerdo que todo el mundo comentaba que qué narices era eso", explica Damjan Rudez, por entonces en Minnesota Timberwolves. Al croata no se le olvidan las sensaciones que tuvo en su visita al Bradley Center. "Nunca en mi vida he jugado contra un equipo tan enorme como aquellos Bucks. Giannis salió de titular, efectivamente como base, y comenzó a jugar con una facilidad, un acierto y una calma que era alucinante. Aquel día fui consciente de que el resto de equipos iban a tener un gran problema en adelante con él. Tenía una enorme percepción de lo que pasaba en la cancha y una portentosa visión de juego. Desde luego sabíamos que no era un gran tirador, pero la forma en que ya usaba su cuerpo, penetrando y atacando el aro. Definitivamente, era un jugador muy diferente al de un año antes. Ya entonces tenía una musculatura increíble, se le notaba que había estado todo el verano en el gimnasio y que Kidd le había dado las llaves del equipo, por la libertad con la que jugaba", desarrolla.

Los Bucks vencieron esa noche por 116-101 y Antetokounmpo firmó registros de megaestrella –27 puntos, 12 asistencias, 9 rebotes y 2 tapones–, confirmando la tendencia mostrada desde la modificación de Kidd en el esquema de los Bucks. En los quince primeros partidos con la nueva estructura, Milwaukee ganó nueve. Antetokounmpo alcanzó los 19,5 tantos, 9,3 rechaces y 7,2 asistencias, incluyendo sus tres primeros triples-dobles en la NBA –acabaría la temporada con cinco–. Estos números sólo eran equiparables en ese momento a los de Russell Westbrook, y superiores a los de otros expertos en aportar en múltiples facetas, como LeBron James, James Harden o Draymond Green. Por su parte, Jabari Parker pasó de anotar 13 a 20 puntos; casi un tercio de ellos de las manos del gigante heleno. La idea de Jason Kidd había dado resultado y generaba una gran cantidad de desajustes ante el desconcierto de los rivales: veían cómo la versatilidad de Giannis le permitía ser capaz de defender al pívot más puro de la plantilla rival y en la siguiente jugada al base, mientras que en ataque igual podía iniciarlo él mismo y generar que esperar en la línea de fondo para finalizarlo.

Sobre ese proceso y su impacto, reconocería más tarde Jason Kidd en *Slam* que "en la pretemporada seguíamos sin verle preparado, pero con el tiempo vimos cosas distintas y nos pareció un buen momento dar el paso justo antes del All-Star. Es, sin duda, un creador de juego, porque no es egoísta y porque hace pases que la mayoría no pueden por su tamaño. Le ponemos en multitud de escenarios complicados y siempre nos responde". Habían sido muchas las horas invertidas en afinar la puesta a punto del griego para que pudiera actuar de base en la NBA, en un proceso del que el principal responsable fue Sean Sweeney, integrante del equipo de trabajo de Kidd –llegó a los Bucks de su mano desde los Nets–. Sobre la relación entre el técnico y Antetokounmpo, en ESPN se publicó que "es imposible ir a la cancha de entrenamiento y no verles juntos, yendo hacia la sala de vídeo o simplemente charlando. Son inseparables".

Sweeney se había convertido en el mejor confidente del heleno, y no sólo en Estados Unidos. Durante varios veranos le acompañó en sus viajes a Grecia y a cualquier evento internacional. También estuvo con él en Andorra en la primavera de 2017 cuando, una vez terminada la NBA, Giannis visitó en el pequeño país pirenaico a su hermano Thanasis, enrolado en el MoraBanc de la Liga ACB española. Siempre aprovechaba cualquier momento libre para invertir un par de horas en la cancha. Compartieron también multitud de entrenamientos nocturnos tras casi cualquier partido, recordando jugadas que habían sucedido en el encuentro de ese día y buscando el punto de mejora para no repetir el mismo error en el siguiente. Relató *Sports Illustrated* en su momento que Sweeney empleó muchos vídeos de tres ejemplos a seguir para Giannis: Magic Johnson, por su capacidad para jugar de base desde las alturas –Spiros Velliniatis ya lo utilizó de modelo en su día–, Shawn Kemp, por la forma de finalizar contraataques con contundentes mates, y Kiki Vandeweghe, por sus movimientos al poste de la vieja escuela y repletos de calidad. La misma publicación contó igualmente cómo ambos trabajaron intensamente en el verano de 2016 en el Walter Pyramid, el pabellón de la californiana Universidad de Long Beach State. Emplearon incluso voluntarios entre los allí presentes para ocupar distintas zonas de la cancha y simular posibilidades de contraataque o juego posicional a mayor o menor velocidad. Con dicha representación querían aumentar el nivel comunicativo de Antetokounmpo y su capacidad para conocer a sus compañeros, dos cualidades imprescindibles para un buen base.

De vuelta al curso 2015/16, lo cierto es que no acabó bien. Pese a la mejoría desde el cambio de sistema en febrero, una racha de cinco tropiezos seguidos a finales de marzo dejó a los Bucks sin *playoffs*. Fueron decimosegundos del Este con un pobre balance de 33 victorias y 49 derrotas. Un registro decepcionante, pero que no hizo cambiar la idea de Jason Kidd para el siguiente ejercicio. Giannis iba a seguir siendo su base y así lo dejó claro en una entrada a modo de balance en su propia página web: "Ponerle ahí funcionó muy bien y todos pensamos que hizo un gran trabajo. Ha dado un paso al frente en lo referente a cómo dirigir a un equipo. Hay muchas cosas que debe aprender, y creo que le puedo ayudar a entender el manejo de un partido y esas pequeñas cosas que hacen falta para ser un buen base, pero está en una buena posición simplemente por ser como es. Por su competitividad y su deseo de trabajar, creo que va a ir bien".

En definitiva, pese al mal resultado global, la tercera temporada de Antetokounmpo en la NBA había provocado el definitivo cambio de chip en su mentalidad. Su estatus siguió creciendo –concluyó tercero en la votación al 'Jugador Más Mejorado' y se convirtió en una estrella no sólo en Milwaukee–, el aforo medio subió hasta los 15.166 y muchos aficionados reconocieron que volvieron a ver baloncesto por el *Greek Freak*. Fue, según *Slam*, el segundo jugador de la NBA con más visualizaciones en redes sociales, por detrás de Stephen Curry. Sus estadísticas dieron otro salto hasta los 16,9 puntos, 7,7 rebotes, 4,2 asistencias, 1,4 tapones y 1,2 robos por noche, con porcentajes del 50,6% en tiros de campo –altísimo para un base– y un 25,7% en triples –aún pobre, pero en auge desde el 15,9% del curso previo–. Lo mismo sucedió con su confianza, pues aunque necesitaba alcanzar esa consistencia de las superestrellas que les hace ser prácticamente infalibles noche tras noche, empezó a valorarse como un verdadero creador de juego, un factor desequilibrante en la cancha. Así se lo reconoció a Alex Saratsis en aquella primavera, según el agente declaró a *Slam*: "Me dijo que se sentía un jugador distinto, que pensaba que no importaba lo que hiciera, que nadie podía pararle. Que aunque cometiese errores sabía que no iba a ir al banquillo porque tenía un gran impacto en el juego. Y que los entrenadores llevaban años hablándole de su confianza y que ese momento había llegado en su tercer año en la liga".

Ni el fichaje en verano por los Bucks de dos exteriores de prestigio, Matthew Dellavedova y el veterano Jason Terry, ni la elección en el *draft* del pujante Malcolm Brogdon iban a cambiar eso. El paso al siguiente nivel había llegado y el propio Giannis sería muy rotundo en ese sentido: "Ya no soy más ese chaval de los *smoothies*". Había madurado personal y físicamente para comenzar a dominar la NBA. Era un jugador tan especial que la prensa acuñó el concepto *Point Giannis* para tratar de hacer lo imposible: definirle. Y el griego no dudó en aceptar el reto.

Números para quitar el hipo

Si la temporada anterior había sido la del cambio de mentalidad de Giannis Antetokounmpo, la 2016/17 iba a ser la de su ingreso definitivo en el Olimpo de la NBA. Tanto en el aspecto deportivo como en el económico, donde pasaría a ser considerado entre la élite de la liga. Transcurrió otro verano de fuertes exigencias entre Milwaukee y la selección griega –a la que no consiguió clasificar para los Juegos Olímpicos de Río de Janeiro–, afinando un físico que aún tenía margen de mejora por increíble que pareciera. En este marco, los Bucks no dudaron en ponerle encima de la mesa el primer gran contratazo de su carrera. En septiembre de 2016 ambas partes acordaron una renovación por cuatro temporadas. El griego, a partir de la 2017/18, ingresaría cien millones de dólares, subiendo exponencialmente en la escala salarial de la competición. Una cifra mareante para quien aún no había cumplido los veintidós años y que confirmaba que era la piedra angular sobre la que los Bucks querían construir su futuro.

Antetokounmpo se había convertido en una máquina de producir en la cancha y un permanente dolor de cabeza para los rivales. Por dar un dato, apenas en cuatro duelos en toda la liga, sin contar uno en San Antonio donde jugó nueve minutos, anotó menos de diez puntos. Sus exhibiciones empezaron a contarse como habituales, y en la NBA se asumió que el *Greek Freak* había llegado al máximo nivel para quedarse. "Ya empezó a jugar a nivel *all-star*, con una confianza enorme. Comenzó a usar esos pasos largos tan increíbles. Recuerdo intentar defenderle dándole espacio sabiendo que no iba a tirar, pero con esa zancada y lo fuerte que se había puesto aprovechaba cualquier espacio para arrancar en velocidad y finalizar con un reverso o un *eurostep* con una gran facilidad. Ahí entendí que era un jugador muy distinto al de dos años antes que apenas podía postearme. Además, ya tenía otro comportamiento en la pista, mucho más maduro; era sin discusión el líder de la franquicia. Hablaba con todos los compañeros y todos confiaban en él. Protagonizó un crecimiento impresionante, como no he visto otro igual en mi vida", cuenta Damjan Rudez, ese curso en Orlando Magic y que sufriría como rival el primer triple doble esa temporada de Giannis: 21 puntos, 11 rebotes y 10 asistencias a finales de noviembre.

Otro icónico momento del fulgurante inicio llegó poco después con la visita del vigente campeón, Cleveland Cavaliers, al Bradley Center. El equipo comandado por LeBron James, Kyrie Irving y Kevin Love salió escaldado de Wisconsin (118-101) en una portentosa exhibición de Antetokounmpo. La propia web de la NBA remarcó que Giannis "nunca había mostrado mayor exuberancia en la pista", en el lenguaje no verbal pareció dar un giro de guion "como corresponde a un jugador que ha ascendido al estrellato a tiempo completo como líder del equipo". 34 puntos, 12 rebotes, 5 asistencias, 5 recuperaciones y 2 tapones adornaron un rendimiento descomunal. El titular de la resaca del partido que el periodista Jimmy Carlton firmó en *OnMilwaukee* no pudo ser más gráfico: "Mirada de asesino: Giannis Antetokounmpo se ha convertido en un tipo muy malo".

El griego había llegado a ese momento en el que uno sólo se fija en sí mismo, sin preocuparse de quién tiene enfrente. Cabe anotar aquí las sensaciones que el propio jugador describió en *Sport 24* sobre su primer duelo con LeBron cuando estaba en Miami nada más aterrizar en la NBA: "Cuando llegué al American Airlines Arena, el pabellón de los Heat, unas tres horas antes del partido, un montón de pensamientos vinieron a mi mente. Me preguntaba cómo me iría cuando las luces se encendieran y tuviera enfrente al mejor jugador del planeta. ¿Tendría miedo? ¿Nervios? No paraba de darle vueltas a eso". En 2016, no quedaba nada de aquellas dudas.

Noche tras noche era patente que su nivel empezaba a alcanzar ese aura de regularidad reservada a los elegidos. "Antes de que comenzaran las votaciones le dije que iba a ser *all-star*. Quería que se relajara y que siguiera jugando igual, porque teníamos que descubrir cómo ganar", contó Jason Kidd en *The Undefeated.* Tan cierto era el colosal crecimiento de Antetokounmpo como que los Bucks no terminaban de romper en equipo solvente. Mientras el griego seguía impresionando a propios y extraños, los resultados colectivos eran un tanto decepcionantes. Protagonista de la primera portada de la prestigiosa *Sports Illustrated* en 2017, enlazó catorce partidos con veinte o más puntos –lo que no lograba un *buck* desde Michael Redd en 2006–, puso 7 tapones ante Chicago y ganó su primer encuentro sobre la bocina –con una recordada media vuelta en suspensión en el Madison Square Garden para tumbar a los Knicks–. Más tarde, el 10 de febrero, superó por primera vez la cuarentena de puntos en la NBA. Logró 41, pero cayó ante unos Lakers en decadencia. Con aquella derrota, los Bucks firmaban, superado el ecuador de la temporada y a las puertas del All-Star Weekend, un preocupante balance de 22-30, fuera de los puestos de *playoffs*. Además, el 8 de febrero Jabari Parker –que promediaba más de veinte puntos– había recaído de su lesión de rodilla y no volvería a jugar más en ese curso.

Pese a la irregularidad de su equipo, el enorme salto en las prestaciones de Antetokounmpo le había valido para ser elegido en el quinteto titular de la Conferencia Este de cara al Partido de las Estrellas. Un hito, pues los Bucks no aportaban un titular de pleno derecho al icónico encuentro desde que lo fuera Sidney Moncrief en 1984 –repitió en 1986, pero sustituyendo al lesionado Michael Jordan–. De hecho, ningún miembro de la franquicia había disputado la cita desde Michael Redd en 2004, dato que dejaba bien a las claras la travesía del desierto que habían atravesado en Milwaukee y que podía concluir gracias a su diamante griego, el titular más joven en la historia de los Bucks en dicho evento. El All-Star, por cierto, se celebró de nuevo en Nueva Orleans, y no en Charlotte como estaba previsto, después de que la NBA cambiara de sede por la aprobación de una polémica ley en el estado de Carolina del Norte que discriminaba al colectivo de lesbianas, gays, bisexuales y transexuales.

La otra novedad fue que aquel año la NBA cambió su tradicional sistema de elección –después de alguna polémica previa– y redujo el peso del voto popular al 50%, dejando el resto para prensa especializada y jugadores. Esto dio aún más mérito a la elección de Antetokounmpo: no se basó exclusivamente en el gusto de unos aficionados que, por cierto, tuvieron que aprender en muchos casos a deletrear su apellido para apoyar su candidatura. Muchos votos se perdieron por el camino por errores en la escritura. Una vez en el partido, el ateniense no pareció notar demasiado la presión por debutar en un envite de tal relevancia, ni por compartir quinteto con LeBron James, Kyrie Irving, DeMar DeRozan y Jimmy Butler. Baste señalar que fue el máximo anotador de su equipo con 30 puntos. La Conferencia Este perdió por 182 a 192.

Superadas las loas del All-Star, a Antetokounmpo le quedaba demostrar lo más importante: que por encima de ser un jugador de dibujos animados, era capaz de hacer ganar a su equipo. Durante el mes de marzo dejó poco lugar a la duda. Su versión más devastadora seguía floreciendo, y además los Bucks lograron encontrar una inercia ganadora fundamental. En el tercer mes del año, los de Jason Kidd vencieron en 14 de sus 18 partidos, algo que en Wisconsin no lograban desde, ahí es nada, 1971. Giannis fue nombrado 'Jugador del Mes' en el Este por primera vez en su carrera. Sólo tres jugadores de los Bucks –los citados Redd y Moncrief, así como Terry Cummings– lo habían conseguido anteriormente desde que en 1979 se instaurase dicho galardón. El *Greek Freak* ya no era una estrella potencial, sino que se había asentado en la élite de la liga mientras devolvía a Milwaukee a los *playoffs*. Cuajó una temporada sencillamente histórica en la que, anotando un 52,1% de sus tiros a canasta, lideró a su equipo en las cinco principales categorías estadísticas: puntos (22,9), rebotes (8,8), asistencias (5,4), tapones (1,9) y robos de balón (1,6). Una cima hasta entonces sólo hollada por Dave Cowens, Scottie Pippen, Kevin Garnett y LeBron James.

Giannis se situó entre los veinte mejores jugadores de la NBA en los apartados numéricos, algo nunca visto. De este modo demostró su capacidad para ser lo que en Estados Unidos llaman un *all-around player*. Pero, en la época de la estadística avanzada aplicada al deporte, quizás el dato más impactante fue el que obtuvo en el PER –*Player Efficiency Rating*–, un parámetro que busca recoger la aportación de un jugador a su equipo en un solo número, sumando los aspectos positivos y restando los negativos. El 28,8 registrado por Antetokounmpo en la 2016/17 se convirtió en el mejor dato logrado por un jugador NBA de veintidós años o menos desde que se implantó el triple en 1979, por delante de nombres como Shaquille O'Neal o Chris Paul. Como consecuencia, Giannis fue incluido en el segundo mejor quinteto de la temporada. También formó parte del segundo mejor cinco defensivo, al tiempo que recibió –por abrumadora mayoría en los votos– el galardón a 'Jugador Más Mejorado' del curso. Incluso recibió apoyos para ser el MVP de la competición, honor que recayó en Russell Westbrook, siendo el séptimo jugador en esa clasificación, empatado con John Wall.

Pero por muy brillante que resulte la participación de cualquiera en la liga regular, es ante el incremento de la exigencia de los *playoffs* donde se suele medir a aquellos que realmente están hechos de otra pasta. Los Bucks, sextos clasificados del Este, se midieron a los Toronto Raptors, y volvieron a caer en seis partidos, como les sucedió con Chicago dos años antes. Pese a que los de Jason Kidd tuvieron por momentos la sartén de la eliminatoria por el mango –al ganar el primer partido en Canadá y el tercero en Milwaukee–, lo cierto es que fueron los canadienses los que avanzaron a la semifinal de Conferencia. Dejaron patente que el proyecto colectivo de los Bucks aún precisaba de más desarrollo para convertir a los ciervos en aspirantes al anillo de campeón. En Wisconsin ya había un líder indiscutible –Antetokounmpo firmó 24,9 puntos, 9,5 rebotes, 4 asistencias, 2,1 robos y 1,6 tapones en esos seis duelos, con un notabilísimo 53,5% de acierto en tiros de campo–, pero las mimbres que le rodeaban aún eran insuficientes para aspirar a cotas mayores. De hecho, el enorme crecimiento como jugador de Giannis había generado un problema en la gestión del equipo, reconocido posteriormente por Kidd en ESPN: "Lo vimos en los *playoffs*, se pusieron en sus manos. Le dieron el balón en todo momento esperando que nos rescatara. Pero no podemos hacer eso. Veremos qué seguirá pasando porque él es muy talentoso, pero habrá veces en las que necesite ayuda y no podemos pedirle que nos rescate siempre". Así, pese a tener en sus filas a uno de los jugadores más versátiles del baloncesto moderno, la capacidad creativa del equipo estaba en entredicho.

Llegados a este punto hay que volver la vista a la situación de la franquicia. Cabe recordar que tenía que tener disponible su nuevo pabellón a finales de 2017, bajo amenaza de que la NBA se hiciera con el control y pudiera venderla a mejores postores fuera de Milwaukee. La situación política tampoco resultaba el escenario ideal, con el Partido Republicano renovando en noviembre de 2014 su control del Gobierno en Wisconsin. Marc Lasry, uno de los propietarios de los Bucks, era un conocido demócrata que había llegado a financiar la campaña de Barack Obama a la Casa Blanca. Sin embargo, al final de la cuarta temporada de Antetokounmpo en Milwaukee había ya una notable tranquilidad sobre la viabilidad del equipo.

Desde la llegada del griego el interés mantenía un continuo crecimiento –el aforo medio en ese curso fue de 15.828 espectadores, el mejor dato en una década–, si bien el vetusto Bradley Center seguía siendo un problema económico –fue la cuarta asistencia más baja de la competición–. En todo caso, eso era una cuestión de tiempo, pues la primera piedra del nuevo pabellón se había puesto en junio de 2016, cumpliendo así los mandatos de la NBA. Además, como muestra de fortaleza y sustento para un futuro que esperaban brillante, los Bucks estrenaron en agosto de 2017 su flamante nuevo centro de entrenamiento, el Froedtert & the Medical College of Wisconsin Sports Science Center. Dejaban atrás el histórico Cousins Center que habían usado desde 1986.

Todo formaba parte del plan estratégico para asegurar el futuro de la entidad. La nueva instalación de los Bucks era totalmente vanguardista y contaba, además de con dos canchas de baloncesto, con tres piscinas, sala de musculación, sala de jugadores e incluso servicios como el de peluquería o el de cocina, con chef y dietista; una suerte de ciudad deportiva en la que los integrantes del equipo, además de disponer de todos los requerimientos para su entrenamiento, podían pasar buena parte de su tiempo libre. El recinto, situado en el corazón de Milwaukee, también comenzaría a ofrecer servicios de atención médica a los vecinos de la zona. Una apuesta de enjundia por parte de la franquicia y con un ambicioso propósito que el presidente Peter Feigin dejó claro en una entrevista en el programa de televisión *Daybreak Live*: "Lo que hemos hecho es crear un destino, no ser más un mercado pequeño e inferior; nos hemos convertido en un modelo de gran mercado. Tienes que hacerte atractivo, mantener a los jugadores que tienes con lo mejor y atraer a otros. Una instalación como esta, que es como un santuario y un hogar para ellos en el que queremos que pasen dieciséis horas diarias, es una de esas piezas que nos sirven para cambiar el rumbo del partido y comenzar a atraer a ese tipo de jugadores".

En mayo de 2017, John Hammond abandonaba el cargo de *general manager* de la franquicia tras nueve años –y uno antes de que expirase su contrato– para marcharse, en el mismo puesto, a Orlando Magic. Una sorpresa que vino seguida de otra no inferior, cuando la gerencia anunció que su sustituto no sería el gran favorito, Justin Zanik, asistente de Hammond el último año e interino, sino el jovencísimo Jon Horst. A sus apenas 34 años, y tras casi una década en Milwaukee, el siguiente paso deportivo de los Bucks, quizás el más difícil, iba a recaer en buena medida sobre su toma de decisiones. Había llegado la hora, a rebufo del resplandor de la mayor estrella emergente de la competición, de que en Wisconsin empezaran a pensar en ganar la NBA.

"NO ME LLAMÉIS MVP HASTA QUE NO VUELVA A GANARLO"

EL 25 DE AGOSTO DE 2017 Kobe Bryant debía de estar un tanto ocioso y decidió retar a algunas celebridades a través de las redes sociales. Cantantes, atletas, jugadores de fútbol americano y algunos de la NBA, como Isaiah Thomas o DeMar DeRozan, fueron sus objetivos. Apenas dos días después, Giannis Antetokounmpo –quizá celoso por no haber estado entre los elegidos, pese a su gran confianza con el de Filadelfia– pidió a Bryant que le pusiera un desafío. El encargo de la 'Mamba Negra' no pudo ser más ambicioso: ser el MVP de la NBA. A ojos del poseedor de cinco anillos de campeón, mejor jugador en una ocasión de la liga regular, en dos de las finales y en tres del All-Star Game, el griego debía tener ya entre ceja y ceja convertirse en el mejor del mundo.

Después de un verano en el que finalmente no defendió los colores de Grecia en el Eurobasket, sobresalió con 37 puntos y 13 rebotes para liderar el triunfo de los Bucks en el debut de la temporada en el TD Garden de Boston ante unos Celtics que, con el fichaje de Kyrie Irving, volvían a contar entre los aspirantes al anillo. Fue sólo el comienzo de un arranque furibundo, dando otro paso más al frente en lo que a su rendimiento y liderazgo en el equipo se refería, y encontrando al fin ese ansiado objetivo que se había planteado meses antes: ser infalible partido tras partido, con una aportación casi robótica para los suyos. Ganara o perdiera Milwaukee, su líder siempre estaría ahí dando la cara y dirigiendo la nave. En sus trece primeras comparecencias del curso, Antetokounmpo sólo anotó una vez menos de 28 puntos –yéndose en siete ocasiones por encima de los treinta y en dos de los cuarenta– mientras que sólo bajó una vez de los 8 rebotes, firmando en al menos siete duelos más de diez capturas. Había alcanzado el estatus en el que se aportan números casi por inercia. Nadie en la historia de la liga había logrado promediar, en sus ocho primeros partidos de temporada, los 31,3 puntos, 10,6 rebotes y 5,1 asistencias del griego. Pero aún por encima de la estadística estaba la sensación de que iba camino de convertirse en indefendible. "Puede ser prematuro, pero tras tres semanas está claro que Giannis Antetokounmpo será el baloncestista más imparable en tres años", auguró *Sports Illustrated* esos días. "Nunca he visto a nadie como él", esgrimió en *The New York Times* Michael Redd, la última gran leyenda de los Bucks, mientras las dobles y triples defensas sobre el heleno formaban ya parte del decorado habitual.

Sin embargo, no eran momentos de especial euforia en Wisconsin. Un reportaje de ESPN mostró que Giannis se jugaba un tercio de los tiros de su equipo mientras estaba en cancha –en la temporada en que batió su récord de minutos jugados, con 36,7 de media–, y las dudas sobre las mimbres que le rodeaban volvieron a emerger, más cuando los Bucks sumaron cuatro derrotas seguidas a primeros de noviembre. Fue ahí cuando, tras un mercado estival sin apenas novedades, la franquicia buscó dar un giro de timón con un movimiento de calado: fichó al base Eric Bledsoe, de los Phoenix Suns, a cambio de Greg Monroe y dos rondas del *draft* de 2018. Una adquisición con la que Jon Horst, ante la evidencia de que Jabari Parker nunca sería el jugador que prometía, buscó acompañar a Antetokounmpo con otro creador de juego. Bledsoe, pese a ser un discreto tirador y tener también bagaje de lesiones graves en las rodillas, llegaba con la vitola de notable creador y anotador desde el *pick & roll*, situación en la que ni Dellavedova ni Brogdon destacaban especialmente, lo que podía liberar de responsabilidades a Giannis y enriquecer la ofensiva de los Bucks.

Pero mientras Antetokounmpo seguía rayando a un nivel excepcional –a mitad de enero fue de nuevo elegido titular para el

All-Star Game, lo que no lograba un representante de los Bucks dos años seguidos desde Marques Johnson en 1979 y 1980, cuando Milwaukee aún formaba parte de la Conferencia Oeste–, las cosas a nivel colectivo seguían sin arrancar, y apenas unos días más tarde, tras una serie de cuatro derrotas en cinco partidos, Jason Kidd era despedido para sorpresa de muchos. Los Bucks habían ganado 23 de sus 45 duelos, lo que se antojaba insuficiente para un curso, el del cincuenta aniversario de la franquicia, en el que se esperaba un nuevo salto de calidad y el objetivo de ser capaz de superar una ronda en los *playoffs* estaba en el discurso público. Pero los problemas defensivos en el perímetro se repetían para un equipo situado el vigesimocuarto de la liga en su eficiencia en campo propio; un hecho sorprendente por su gran presencia física y, a priori, piernas frescas. Todo ello además había ido a peor en la etapa de Kidd –los Bucks fueron la segunda mejor defensa en la 2014/15–, tras la paulatina erosión de la relación del californiano con algunos miembros relevantes de la plantilla, como Jabari Parker, Greg Monroe o Malcolm Brogdon. Joe Prunty tomó las riendas en su primera experiencia como técnico principal en la NBA tras más de dos décadas como asistente –a finales de 2015 ya había sustituido a Kidd, tras sufrir una cirugía de cadera– en seis franquicias y con tres anillos en su haber. Su primer análisis del equipo fue muy gráfico, pues señaló que estaba siendo "consistentemente inconsistente".

El despido se produjo en una de esas situaciones que casi sólo pueden darse en la NBA, donde el frenético ritmo de partidos no da respiro. Fue el 22 de enero, horas antes de un encuentro ante los Phoenix Suns, cuando un abatido Giannis Antetokounmpo, según contó ESPN, telefoneó por sorpresa a su entrenador minutos antes de las tres de la tarde. Una situación para nada usual, pues el choque era a las ocho. De hecho, básicamente lo que buscaba era salvar su puesto de trabajo. Según la información del prestigioso medio, confirmada por ambas partes, la conversación fue el siguiente:

"–Entrenador, no está bien lo que están a punto de hacer, pero te van a dejar marchar.

–Tenía la sensación de que iba a pasar –replicó Kidd, lejos de la sorpresa.

–¿Qué puedo hacer? Llamaré a los dueños o a mi agente –insistió el jugador.

–No hay nada que puedas hacer. Sólo di la verdad, eso es todo –zanjó el técnico, agradecido por la fidelidad de su estrella".

Quince minutos después, Jason Kidd compartía mesa y mantel en una pizzería con el *general manager*, John Horst, y el presidente, Peter Feigin. Fue entonces cuando supo oficialmente lo que ya no se le escapaba. Las expectativas de la gerencia con el equipo no terminaban de cumplirse, después de que Kidd ni tan siquiera alcanzara el 50% de victorias en sus tres cursos y medio en Wisconsin, y tampoco fuera capaz de ganar una eliminatoria de *playoffs*. Al otro lado de la balanza estaba la enorme evolución de Antetokounmpo bajo sus órdenes –y la lealtad que el griego sentía hacia el técnico que había confiado en él como una futura megaestrella de la competición–, pero finalmente pesó más el global y la etapa de Kidd en Milwaukee, para disgusto de Giannis, acabó de forma abrupta.

Como ha ocurrido tantas otras veces, el ascenso de Joe Prunty tuvo un efecto positivo en los resultados de unos Bucks que, si bien afrontaron una fase del calendario amable, lograron ganar nueve de sus doce primeros encuentros con el nuevo técnico, mejorando notablemente sus registros defensivos. Pero la irregularidad acabó regresando a un equipo que repetiría presencia en los *playoffs*; eso sí, entrando como séptimo clasificado en el Este con 44 triunfos, seis menos de los cincuenta a los que a principio del curso aspiraban.

Se generó así una paradoja en el estado de ánimo en Milwaukee. Aunque los resultados no terminaban de escalar lo deseado, la evolución de su gran esperanza sí daba pasos como para emocionarse. Muchos años después, los Bucks aparecían desde su pequeño mercado en el debate y los titulares nacionales. Antetokounmpo ya era el primer pensamiento de muchos americanos al ser preguntados por la ciudad –incluso por encima de la cerveza o la Harley-Davidson–, y un auténtico icono incorporado al club de los cinco o diez mejores jugadores de la NBA. Concluyó la liga regular, aún con veintitrés años, dando otro paso en su evolución estadística: 26,9 puntos –por encima del 30% en tiros de tres–, 10 rebotes, 4,8 asistencias, 1,5 recuperaciones y 1,4 tapones. Trepó hasta la sexta posición en la votación para un MVP que correspondió a James Harden.

En una entrevista en la CBS en marzo, Peter Feigin desveló que más de la mitad del tráfico digital de los Bucks llegaba desde fuera de Estados Unidos, y que la cifra no paraba de crecer. Mientras, a nivel local, el aforo medio del Bradley Center subió hasta los 16.714 espectadores, que prácticamente suponían su tope. El inminente traslado al nuevo pabellón resultaba providencial para el crecimiento de la entidad y de la propia ciudad, toda vez que ya se notaban los efectos económicos de un movimiento que iba a crear una importante cantidad de puestos de trabajo en el entorno directo e indirecto del equipo.

Los Bucks volverían a quedarse en la primera ronda de los *playoffs*, cayendo en siete partidos ante Boston Celtics, pero, llegados a ese punto, cabía afirmar que Giannis –quien solía escuchar gritos de 'MVP, MVP' no sólo en el pabellón sino en muchos otros lugares de Milwaukee– había sido pieza trascendental para salvar el baloncesto local. En todo ese cóctel de circunstancias, con una franquicia en clara expansión y ante la eclosión de uno de los dominadores de la competición, el banquillo de los Bucks, que iba a tener un nuevo ocupante para el siguiente curso, se convirtió en uno de los más cotizados de la NBA.

Un sistema para crear un MVP

"Jugar más rápido, tirar más de tres y crear espacios."

El 16 de mayo de 2018, en un restaurante español de Milwaukee, Giannis Antetokounmpo, Khris Middleton y el entrenador Mike Budenholzer compartían mesa en torno a unos huevos y una ración de jamón ibérico. El técnico, que acababa de dejar atrás cinco años en los Atlanta Hawks, con los que llegó a alcanzar el primer puesto del Este en 2015, era uno de los dos aspirantes finales al banquillo de los Bucks. El otro era el italiano Ettore Messina, después de un proceso selectivo de varias semanas por parte de la gerencia. Como suele ser habitual en ese tipo de encuentros, el griego –cuaderno en mano– bombardeó a preguntas a Budenholzer, que había volado hasta Milwaukee desde Nueva York, donde tanto él como Messina se habían reunido con las altas esferas de la franquicia. Probablemente, Mike ya sabía entonces que iba a ser el siguiente técnico de los de Wisconsin.

Budenholzer, asistente durante casi dos décadas de Gregg Popovich en San Antonio Spurs, expuso también en el desayuno su gran anhelo: establecer un sistema sin posiciones, con jugadores cuya polivalencia les permitiera ser intercambiables prácticamente en todo momento. Su principal objetivo era evitar el colapso de la pintura y generar espacios, un escenario en el que Antetokounmpo resultaría muy difícil de frenar. "Era horrible entrenar contra él, una pesadilla hacer el plan de partido, imaginar cómo le puedes mantener lejos del aro", declaró Budenholzer sobre su nuevo pupilo en palabras a *Associated Press*. Una vez confirmado en el cargo, la idea del entrenador caló en la gerencia, como se demostró en los fichajes: ese verano llegaron al equipo consumados especialistas en el triple, como Brook Lopez y, de vuelta, Ersan Ilyasova. Cualquier cara nueva debía portar en su ADN amenaza exterior. También firmaron los aleros Pat Connaughton y Donte DiVincenzo, elegido en el puesto 17 del *draft*, y, ya con el curso empezado, Nikola Mirotic y George Hill, aportando más pólvora perimetral. Una tendencia que se prolongaría la temporada siguiente, cuando Milwaukee incorporó a Kyle Korver, Wesley Matthews, Robin Lopez y Marvin Williams, además de a Thanasis Antetokounmpo, en otro gesto de la franquicia para 'mimar' a su gran estrella.

Había motivos para agasajarle. Las dos primeras temporadas de Budenholzer en los Bucks encumbraron a Giannis como el jugador más dominante de la competición durante la liga regular, algo sustentado tanto en la evolución del griego como en el nuevo plan de juego. La revolución desde el triple que aportó el técnico iba a quedar plasmada en los números: tras ser el vigesimoquinto equipo en número de intentos en la 2017/18, con 24,8 por juego, los Bucks pasaron a ser el segundo al curso siguiente, lanzando 38,2 cada noche, que aumentaron hasta 38,7 un ejercicio después. La mayoría de sus lanzamientos fueron bajo el aro o desde el triple, en la búsqueda de una mayor eficiencia, sumándose así a la tendencia imperante que huía del uso de la media distancia, llevada al extremo por los Houston Rockets de Mike D'Antoni.

Para entender la relevancia del tiro exterior en la NBA moderna, quizá no haya mejor ejemplo que Brook Lopez. El californiano, pívot que comenzó su carrera como clásico exponente del juego de poste bajo y que no anotó ni un triple hasta su séptima temporada en la liga (la 2013/14), promedió 6,3 intentos en la 2018/19, con un notable acierto del 36,5%. Budenholzer tenía claro que quería rodear a Antetokounmpo de tiradores para minimizar su principal punto débil, aunque en su libreto entraba que lanzara cada vez más desde la línea, pues sabía que el techo del equipo pasaba por la mejoría de su referente en el triple. Giannis promedió 4,7 intentos en la segunda temporada con su nuevo técnico –con mucho, la mayor cifra de su carrera–, siendo su segundo mejor dato de acierto: 30,4%.

Aquel parecía el momento propicio para dar un golpe sobre la mesa, aprovechando el final del tiránico reinado de LeBron James en la Conferencia Este –el de Akron fichó ese verano por Los Angeles Lakers después de jugar ocho finales de la NBA consecutivas, cuatro con Miami y cuatro con Cleveland–. Asimismo, Milwaukee iba a adaptarse definitivamente a los tiempos, y no sólo en su estilo de juego. El 26 de agosto de 2018 se inauguró oficialmente el Fiserv Forum, el pabellón que ponía a los de Wisconsin a la altura de las mejores franquicias de la liga. El evento coincidió con la cuarta edición de la Block Party de los Bucks, pero no hubo que esperar mucho para ver que el flamante recinto ocultaba un plan de juego no conocido hasta entonces: en el primer partido celebrado allí, un amistoso de pretemporada ante los Bulls, los Bucks lanzaron 45 triples. El dato podría resultar frío de no ser porque nunca en su historia habían hecho algo así desde que se instaurase la línea de tres y porque en el ejercicio 2017/18 su récord de intentos fue de 36. Era una evidente declaración de intenciones.

El inicio del curso oficial no hizo sino aumentar la expectación en torno al equipo. Un claro triunfo ante Toronto Raptors –sin la participación de Antetokounmpo, que había sufrido un golpe en la cabeza en el partido previo ante Orlando– permitió a los de Budenholzer igualar el mejor comienzo de temporada de su historia, que databa de 1971, con siete triunfos seguidos. Poco después llegaría una impactante victoria en Oakland ante los todopoderosos Golden State Warriors (111-134), entre una catarata de elogios para los de Wisconsin. Se destacaba también su estructura defensiva, que apostaba por conceder tiros exteriores, pero se mostraba férrea a la hora de proteger el aro. Un esquema arriesgado que daba réditos, en el que los centímetros de Brook Lopez y Antetokounmpo dificultaban cualquier penetración hacia canasta. Los Bucks, que venían de ser los vigesimosegundos de la liga en el porcentaje de acierto concedido a los rivales –con un 46,8–, desarrollaron su defensa hasta convertirse en los mejores de la competición con un excelente 43,3%. Estaban en camino hacia el demoledor 41,4% de la 2019/20, mientras eran, con mucha diferencia, el equipo que más intentos triples concedía al ataque rival.

La estrategia de Budenholzer convirtió la pintura en un campo minado para los adversarios, sabiendo que con espacios Antetokounmpo era prácticamente imparable. Las exhibiciones del griego volvieron a convertirse en el pan de cada día, con un dominio estadístico no visto en años que le posicionó como indiscutible candidato al título de MVP –su único rival serio era James Harden–, mientras las comparaciones situaban su rendimiento a la altura de los mejores años de Wilt Chamberlain en la década de los sesenta. Por ejemplo, firmó quince partidos con al menos 25 puntos, 15 rebotes y 5 asistencias, superando los doce de Shaquille O'Neal –récord en una temporada desde 1977–. Sus tiránicas prestaciones le hicieron acreedor al premio de 'Jugador del Mes' en la Conferencia Este en cinco de los seis meses de la 2018/19 –Joel Embiid se lo arrebató en enero– y en tres de los cuatro de la 2019/20 –cortada abruptamente por la pandemia del coronavirus el 11 de marzo–. Sólo dejó escapar el de febrero, a manos de Jayson Tatum. Nunca un jugador de Milwaukee había ganado ese galardón más de una vez. Asimismo, en marzo de 2019 recibió el premio Euroscar, con el que *La Gazzetta dello Sport* reconoce al mejor europeo del año, por delante de Luka Doncic y Nikola Jokic. Anteriormente, sólo un griego lo había conseguido: Nikos Galis, en 1987.

Tanto en 2019 como en 2020, Antetokounmpo fue el jugador más votado para el All-Star Game, siendo elegido capitán de equipo y encargado de llevar a cabo el peculiar *draft* con el que la NBA intentó dar una nueva vuelta de tuerca al evento. En ambos casos su rival fue el que, en ética de trabajo, desarrollo como jugador y legado fuera de la cancha considera el gran espejo en el que mirarse: LeBron James, el más votado del Oeste. Y por cierto, en ninguno de los dos años Giannis enroló en sus filas a James Harden. No fue casualidad, pues la rivalidad entre ambos es conocida y ha sido especialmente fogosa desde que pugnaron por el MVP. Se respetan como jugadores, pero no se gustan como personas. En los corrillos de la liga es sabido que apenas se dirigen la palabra. La confrontación ha saltado incluso a la esfera pública. En 2020, Giannis eligió para su equipo del All-Star a Kemba Walker por delante del escolta de los Rockets. Aseguraba que necesitaba "alguien que pase el balón". Tras el encuentro, apuntó que su estrategia consistió en "buscar al que defendiera Harden". Días más tarde, en una entrevista en ESPN, 'la Barba' puso en cuestión irónicamente el repertorio técnico del heleno: "Ojalá yo pudiera correr y medir siete pies para simplemente machacar. Eso no requiere ninguna habilidad especial". Estamos ante una de las grandes rivalidades de la NBA moderna, como muestra que la liga eligiera un Rockets-Bucks para la jornada inaugural del curso 19/20. Una noche en la que Antetokounmpo firmó un triple doble –30 puntos, 13 rebotes y 11 asistencias– demostrando que su hambre no había decrecido tras el MVP y logrando ser el primer miembro de los Bucks desde Oscar Robertson en 1966 en abrir la temporada con un registro similar.

Polémicas aparte, para Giannis tuvo un gran significado liderar por primera vez el apoyo popular de cara al All-Star en la edición de 2019, celebrada en Charlotte. Y lo refrendó con un claro guiño a un pasado mucho menos boyante. En las zapatillas con las que disputó el duelo, un modelo 'Kobe' diseñado expresamente por Nike para la ocasión, escribió de su puño y letra "Thanasis, gracias por compartir", en recuerdo a los partidos en el Filathlitikos en los que ambos se veían obligados a usar el mismo par de deportivas. Penurias inolvidables pero muy lejanas para quien se había convertido por méritos propios en uno de los jugadores más dominantes de la competición. Un estatus que no iba a caer tras el All-Star, y no sólo por sus prestaciones individuales –como los 52 puntos y 16 rebotes o los 45 tantos y 13 rechaces en dos partidos con un margen de dos semanas ante Philadelphia 76ers, otro de los aspirantes del Este–, sino mucho más por la mejora indiscutible que generaba en los Bucks.

Un tirano pese al *load management*

El equipo de Mike Budenholzer logró ser el mejor de su Conferencia tanto en 2019, con 60 victorias y 22 derrotas –registro no visto en Wisconsin desde hacía cuatro décadas–, como en 2020, cuando firmaron un balance de 53 triunfos por 12 tropiezos en una liga que debió completarse con ocho partidos en la burbuja de Disney World tras el parón por la pandemia. Fueron dos años en los que los Bucks, durante la fase regular, se acostumbraron al vino y las rosas. El Fiserv Forum, colgando noche tras noche el cartel de "No hay billetes", se convirtió en uno de los centros neurálgicos de la vida en la ciudad. Y el equipo de baloncesto, en su gran atractivo. En el curso 2019/20, la presencia media de espectadores hasta el fatídico día en que un virus obligó a la NBA a tocar el botón rojo y paralizar el deporte mundial había ascendido hasta los 17.710, para disfrutar de unos Bucks capaces de obtener dieciocho victorias seguidas a finales de 2019, su segunda mejor racha de siempre, o de lograr, con 24 triunfos en 27 fechas, el mejor inicio de liga de su historia. En ese periodo de tiempo, Antetokounmpo firmó 19 dobles-dobles consecutivos en puntos y rebotes, lo que no lograba nadie desde Bill Walton en 1977. Y las huestes de Budenholzer habían consolidado una estructura que les hacía presumir del mayor equilibrio ataque-defensa de la competición.

En esas dos temporadas, los Bucks lideraron el *net rating* de la liga. Se trata de un dato que refleja el diferencial entre puntos anotados y recibidos por cada cien posesiones, de gran valor en el baloncesto contemporáneo y para el que el rol de Antetokounmpo fue crucial. En defensa fue el espíritu libre que dominaba la pintura de los Bucks en la estrategia de Budenholzer, y en ataque se convirtió en uno de los valores más seguros de la competición. Lideró la anotación de la NBA tanto en puntos en la pintura como al contraataque. Con él en cancha, Milwaukee ya fue, en la 2018/19, el segundo mejor ataque –113,3 puntos por cien posesiones– y la mejor defensa de la NBA –100,3 tantos recibidos por cien posesiones–. Un año más tarde, Giannis fue el mejor de la liga en pista trasera, dejando a sus pares en apenas un 41,5% de acierto a canasta, que fue un notabilísimo 34,9% cuando se emparejó con aleros –la mayor parte del tiempo–, mostrando más sufrimiento (51,8%) cuando, puntualmente, se emparejó con pívots. Además, su más/menos, la cifra que mide los puntos sumados y encajados por un equipo mientras el jugador está en cancha, fue el mejor de toda la competición, con un disparatado +11,5.

Ciñéndose a registros más clásicos, sus números siguieron creciendo de forma impactante: 27,7 puntos, 12,5 rebotes y 5,9 asistencias en el primer ejercicio a las órdenes de Budenholzer, por 29,6 tantos, 13,7 capturas y 5,8 pases de canasta en el segundo. Pero seguramente lo más remarcable fue que lo hizo en un momento de mayor control de sus cargas –el llamado *load management*– por parte de su entrenador: desde los 36,7 minutos por noche en el último año de Jason Kidd bajó hasta los 32,8 y 30,4

–sólo en su temporada de novato había jugado menos– tras el relevo en el banquillo. Una situación que pretendía aumentar su longevidad deportiva y que calculaba al milímetro sus descansos. Incluso provocó algunas ausencias sin que mediasen lesiones. El griego aceptó inicialmente a regañadientes la decisión del técnico de dosificarle, pero es de subrayar cómo logró aportar más a su equipo pese a jugar cada vez menos, prácticamente el minutaje habitual en un sexto hombre. Así, en la temporada 2019/20, fue el octogésimo jugador de la liga en lo que a minutos en la cancha se refiere.

En ese escenario, resultó impactante su registro en el PER en la 2019/20, cuando se fue hasta un 31,91, que supuso el mayor dato en la historia de la competición, por encima del 31,82 de Wilt Chamberlain en 1963. Era la muestra de un abrumador dominio y una eficiencia sobresaliente. Ese curso volvió a recuperar un acierto desde el triple superior al 30%, lo que no conseguía desde su debut en la NBA, aspecto trascendental para alcanzar su máximo potencial. Llegó incluso a encestar cinco triples en un partido el 19 de diciembre ante los Lakers con el mejor récord de la liga en juego. Poco antes había registrado otro hito: frente a Utah Jazz se convirtió en el segundo jugador de todos los tiempos, junto a Michael Jordan, en sumar al menos 50 puntos, 10 rebotes y 5 asistencias sin cometer ni una pérdida de balón. Más tarde llegarían otras actuaciones escandalosas: 36 puntos y 20 rebotes ante Philadelphia o 41 y 20 contra Charlotte, en un duelo celebrado en París, el primero oficial en la historia de la NBA. "Quizás estaba motivado por ser en Europa y haber muchos griegos, pero él es así, te hace esos números y no te enteras. Parece que ha hecho menos y cuando miras las estadísticas alucinas con la facilidad que tiene para sumar", recuerda Willy Hernangómez, que esa noche le sufrió con los Hornets. También sumó cinco encuentros seguidos con más de 30 tantos, 15 rechaces y 5 asistencias, hecho inédito desde 1983, el año desde el que se registran con mayor fiabilidad los pases de canasta. Acabó el curso regular en 2020 con 19 choques con al menos 30 puntos y 15 rebotes. Números de marciano.

El 14 de julio de 2019, miles de aficionados celebraban en las inmediaciones del Fiserv Forum el galardón de MVP de la liga regular con el que la NBA reconocía a Giannis Antetokounmpo como su mejor jugador. Pese a no alcanzar el objetivo del anillo, fue un año relevante para la franquicia, pues Mike Budenholzer sería nombrado Entrenador del Año y Jon Horst *General Manager* del Año. Durante el multitudinario acto, agasajado por las masas, el griego dio otra muestra de su capacidad para mantenerse hambriento hacia los siguientes objetivos. "Después de hoy, os pido por favor, para poder ser mejor y llevar a este equipo a un título, que no me llaméis MVP hasta que no lo gane de nuevo el año que viene", expuso marcándose un reto de enjundia, sólo logrado por once jugadores en la historia de la liga. Desde aquel día, por cierto, cada 14 de julio en Milwaukee se celebra el "Día de Giannis Antetokounmpo".

Sobre la evolución en esa temporada de su antiguo discípulo en la selección, Fotis Katsikaris, que aquel curso formó parte del cuerpo técnico de Utah Jazz, tiene claro que merecía el MVP: "Diría que no hizo tres partidos malos en todo el año. Realmente progresó muchísimo, y hay una anécdota que lo demuestra. Yo no fui el encargado de hacer el *scouting* de los Bucks, pero el compañero que lo hacía me comentó algo: Giannis siempre se ha sentido más cómodo saliendo por la derecha, pero esa temporada observaron una evolución hacia una finta con la izquierda para luego atacar verticalmente el aro, no lateralmente, con la pierna derecha sobre la cadera del defensor. Esto resultaba imparable y prácticamente siempre sacaba algo positivo, ya fuera una falta o un dos más uno con mate. Es uno de esos detalles que muestra lo mucho que ha trabajado".

Un año después, la NBA volvía a reconocer al heleno como el mejor del curso, yendo en este caso un paso más allá, pues al galardón de MVP unió el de Mejor Defensor del Año. En ambos casos su victoria fue rotunda, por delante de LeBron James y Anthony Davis, y le situó en una terna muy especial, junto a Michael Jordan y Hakeem Olajuwon: los únicos jugadores en la historia en obtener ambos galardones en la misma campaña. Sin embargo, en este caso el premio vino envuelto en cierta polémica –el primer año apenas James Harden cuestionó la decisión–, ya que la nueva decepción de los Milwaukee Bucks en los *playoffs* lanzó el debate sobre la justicia del reconocimiento. Cabe reseñar que, en una anómala temporada marcada por el coronavirus, los votos hicieron alusión a lo ocurrido hasta el 11 de marzo, y no cabe duda de que, hasta ese fatídico día, el griego era el mejor de la competición. Por ello, lo habitual es encontrar opiniones como la que ofrece Willy Hernangómez: "Su doble MVP es más que merecido, ya que volvió a demostrar ser el mejor y además mejoró respecto al año anterior, demostrando una ambición sin límites", valora el madrileño.

Eso sí, a partir de ese momento, Antetokounmpo tendría un asterisco sobre él: su fiabilidad durante los *playoffs* estaba en entredicho.

EL LÍDER ESTAJANOVISTA

Encontrar a Giannis Antetokounmpo el 30 de septiembre de 2017 en el Froedtert & the Medical College of Wisconsin Sports Science Center no debería haber sido noticia, pues es en el centro de entrenamiento de los Milwaukee Bucks donde la estrella del equipo pasa la mayor parte de su tiempo un día cualquiera. Sin embargo, esa vez era diferente. Unas horas antes un infarto de miocardio había acabado con la vida de su padre. Pese al profundo dolor de la noticia, por lo que suponía y por la inesperada forma de darse, y aunque su cabeza y su alma no estaban en el mejor estado, Giannis buscó refugio en el lugar en el que admite "encontrar la paz": la cancha de baloncesto.

Cierto es que deben salvarse todas las distancias, pero no es la única vez que el griego ha tratado de consolarse en la pista. Durante años, sus métodos estajanovistas le han convertido en un obseso del trabajo. Contó *Sports Illustrated* cómo, cuando tiene un mal partido, se marcha sin ducharse directo al centro de entrenamiento para, una vez allí, recrear casi al milímetro el duelo. Cada tiro fallado, cada mal pase, cada error. Se lo vio a Chris Paul y empezó a hacerlo. Una y otra vez, hasta las dos o las tres de la mañana si es necesario, busca liberar una ira que quedaría guardada en caso de marcharse a casa. Giannis asume que, más allá de su indiscutible talento, es el trabajo el que lleva al éxito. "Su dedicación es la de un hombre obsesionado, con hábitos de trabajo que casi nadie tiene en la NBA. En los corrillos se habla de sus costumbres, de cómo recrea los errores. Cuando ves cómo está evolucionando, alucinas con el resultado", cuenta Damjan Rudez.

Sobre su personalidad, salta a la vista la necesidad de progresar y ser cada día mejor que el anterior. En definitiva, su inconformismo. "Estoy muy feliz, pero no puedo quedarme en el momento porque eso te hace acomodarte y no quiero. Cuando sales de tu zona de confort, mejoras", aseguró en *Kicks,* revista sobre zapatillas publicada por *Slam,* en 2019, ya como MVP de la NBA. Fotis Katsikaris confirma sin ambages su ambición: "Antes de empezar la Copa del Mundo 2014 me preguntó qué quería de él, y le dije que tuviera hambre por cada balón. Así que en los partidos cada vez que hacía algo me miraba buscando mi aprobación. Es muy competitivo, le das algo y él te devuelve el doble porque todo es un reto personal". Tan a pecho se toma las tareas que las afronta con cierta inconsciencia. En una de sus primeras sesiones con los Bucks, le encargaron que defendiera al escolta O.J. Mayo. La actitud de Giannis define perfectamente al recién aterrizado en un universo muy desconocido para él, en el que disfrutaba hasta hinchando los balones manualmente, sin la bomba automática. "¡Ok! ¿Quién es ése?", se limitó a contestar entre las sonrisas de los presentes. En otra ocasión, según contó el entrenador Josh Oppenheimer en *The Athletic*, durante el campus del prestigioso Tim Grgurich en Las Vegas, Antetokounmpo se mostró esquivo con "un tipo" que quería entrenar con él cada mañana. Le gustaba cómo trabajaba pero, al no saber quién era, no se fiaba: resultó ser Rick Carlisle.

Otro de los rasgos que más destaca es su incansable deseo de aprender: es muy habitual que tome notas en reuniones o entrenamientos con el objetivo de repasarlas más tarde y repreguntar lo necesario. También pidió en sus inicios en los Bucks sentarse cerca de los coordinadores de vídeo en los vuelos del equipo para poder ver partidos y profundizar en el *scouting*. No hay nada de fachada en ello, y baste un ejemplo extraído del *Milwaukee Journal Sentinel* para contextualizarlo mejor. En su primer entrenamiento grupal con los Bucks, Larry Drew entregó a cada jugador su libro de jugadas, que no era precisamente un cuadernillo. Más tarde, ya en casa, el técnico recibió un mensaje del heleno, aún *rookie,* diciéndole que estaba revisando el *playbook* y que había un error en un sistema ofensivo. “Primero pensé que sería el único del equipo en ojear el libro el primer día. Y sí, había un fallo. Aluciné con el hecho de que fuera capaz de descubrirlo”, reconoció Drew, al que encandilaba el interés de Giannis por entender el juego y la gran cantidad de preguntas que hacía si algo se le escapaba. No sería el único miembro del cuerpo técnico en palparlo. El coordinador de vídeo Ross Geiger, que como sabemos pasó muchísimo tiempo con él en su primer año, quedó impactado con la capacidad para leer el juego, incluso situaciones complejas.

Antetokounmpo presume de ser leal a quien confía en él, lo que debería tener tranquilos a los aficionados a los Bucks. También su juventud le ha marcado hasta el punto de que no resulta sencillo ganarse su confianza. A lo largo de los años, ha recibido multitud de ofertas de otros jugadores NBA y de entrenadores de prestigio para trabajar con ellos de forma privada durante el verano, algo muy habitual en la liga americana. Pero él suele preferir hacerlo con el cuerpo técnico de los Bucks. Siente que es una forma de evitar que sus rivales conozcan mejor algunas de sus debilidades y luego puedan sacarle partido. Sabemos que durante años Sean Sweeney se convirtió en su sombra por medio mundo. “Lo que le hace único es que no necesita que le demuestres lo que le importas. Quiere ser el mejor y ganar, así que lo que le preocupa es que puedas ayudarle a eso. La relación personal con él llega después. Es al contrario de lo habitual, que sueles pasar tiempo aprendiendo y conociendo a un jugador y después llega la relación laboral”, explicó en su día el entrenador en *The Athletic*. En otra entrevista en *Eurohoops* aclaró que “Giannis no necesita que le estés empujando a trabajar; él es el que tira de ti, eso le hace distinto y te facilita el trabajo”.

Con quien sí ha sido más receptivo Antetokounmpo a la hora de ejercitarse ha sido con exjugadores. El ruso Joel Bolomboy –compañero en los Bucks en la temporada 2017/18– recuerda cómo “siempre estaba trabajando en el pabellón. Antes del entrenamiento o después, siempre estaba allí. Además, durante aquella temporada Kevin Garnett vino a muchas sesiones a currar con él. Pasaron mucho tiempo juntos, hablando o en la cancha”. La relación de Giannis con '*The Big Ticket*' había empezado en el curso anterior, con el ex de Timberwolves y Celtics faenando también con otros hombres grandes de los Bucks, como Thon Maker. Otro de sus confidentes fue Kobe Bryant, con quien mantenía un contacto muy fluido, con conversaciones casi diarias, hasta el trágico fallecimiento del mítico escolta. La relación se inició en febrero de 2016, en una visita de los Lakers a Milwaukee. Por la mañana, Giannis había bromeado ante la prensa diciendo no tener claro si Bryant sabía quién era. Tras el partido –con 27 puntos, 12 rebotes y 10 asistencias del griego y triunfo de los Bucks–, Kobe entró al vestuario local y pasó una hora reunido con Jason Kidd, Antetokounmpo y su familia.

Ahí se fraguó una conexión en la que, en cierto modo, el de Filadelfia apadrinó al joven griego con el objetivo de transmitirle su famosa 'Mentalidad Mamba', algo que el *Greek Freak* admitió años más tarde que le había sido de gran utilidad. Por eso le pesó tanto que, cuando sus redes sociales fueron pirateadas en mayo de 2020, uno de los principales objetivos de la ofensa del *hacker* –además de LeBron James, Stephen Curry o los mismos Milwaukee Bucks– fuera precisamente Kobe. Garnett y Bryant son dos leyendas de la NBA contemporánea de las que Antetokounmpo, a quien también se le conocen entrenamientos privados en Grecia con Theo Papaloukas, ha buscado extraer, aparte de aspectos técnico-tácticos, un mayor conocimiento del juego y, sobre todo, la forja de un carácter ganador, seguramente la característica más definitoria de ambos. En ese propósito también le fue útil el paso de Jason Terry por Milwaukee.

Toca detenerse en el talante del griego en la cancha. En una competición en la que los roles están tan marcados, Giannis siente respeto por los veteranos, pero nunca se ha dejado pisotear. "Quiere ser uno de los mejores y no muestra signos de debilidad. Otros jugadores notan si alguien teme jugar contra ellos y a este chico no le pasa. Él compite", destacó Larry Drew en su año de novato. Un curso en el que ya se las tuvo tiesas con Carmelo Anthony, por entonces indiscutible en la élite de la liga. "Es uno de los mejores, pero habla mucho. Trató de intimidarme para que perdiese la concentración. No puede salir a intimidarnos, a hablar conmigo todo el tiempo. Tienes que responder y decirle algo para que pare. Cuando estás en la cancha no me importa quién eres, eres sólo una camiseta", expuso sobre el uso del famoso *trash talking* por parte de Anthony, estrella de los Knicks. Más tarde, es conocido cómo le costó gestionar la frustración ante Mike Dunleavy en los *playoffs* de su segunda temporada. La construcción del carácter es un proceso de aprendizaje que llega con la madurez y con los consejos de expertos en esas lides.

En todo caso, ganar estatus en la liga no ha hecho al griego ser demasiado proclive a esas tácticas de veterano, aunque haya admitido que, desde 2017, lo ha usado en alguna ocasión, ante la dureza psicológica de algunos partidos. Pero no es su modus operandi más habitual. "Sólo juega muy, muy duro y es alguien que no se queja nunca. No le recuerdo malas palabras ni usar el *trash talking*. Es uno de los mejores del mundo y no creo que necesite hablar o decir cosas. Sólo seguir trabajando, desarrollándose y siendo humilde", matiza Jonas Jerebko. "Es alguien que cae bien en la liga y al que todo el mundo respeta porque ves la transparencia que tiene. Trabaja, está pendiente de sus compañeros y es competitivo; no hay más", añade Jordi Fernández, entrenador asistente de Denver Nuggets. Un ejemplo más: en febrero de 2018 dejó una jugada para el recuerdo con un icónico mate en el Madison Square Garden volando por encima de Tim Hardaway Jr. Tal fue el impacto de la escena que llegaron a venderse camisetas con la foto del momento. La reacción del *Greek Freak* fue pedir que se retiraran. Consideraba que no debía faltarse al respeto a un compañero de trabajo.

Ciertamente, hay poco de artificial en su comportamiento, también fuera de la cancha, donde Willy Hernangómez reconoce encontrar a "un tipo totalmente normal, tranquilo, amigo de sus amigos, muy familiar y bastante bromista". "Lo más increíble es que nunca olvida. No olvida nada, siempre está ahí cuando lo necesitas. Sabe de dónde viene y dónde está, pero sigue siendo humilde y amable aunque quiere avanzar cada día para ser el mejor", añade Christos Saloustros, excompañero en el Filathlitikos y, posteriormente, también en la selección griega. Durante la burbuja de la NBA en Disney World en 2020, a causa de la pandemia de coronavirus, algunos jugadores se quejaron de sus condiciones de vida en el complejo hotelero. El heleno fue uno de los primeros en salir al paso y señalar lo privilegiados que debían sentirse por su situación. También es raro verle formar parte de ese extravagante pase de modelos en que se convierte la llegada de los jugadores a los pabellones. Giannis de nuevo tira de perfil bajo, siendo normal verle con el chándal del equipo. Eso sí, según se acerca la hora del partido ha incluido alguna excentricidad en su repertorio, como los simulacros de batallas que popularizó la plantilla de los Bucks desde 2019 justo antes de saltar a la cancha. En el fondo, todo es un tema de concentración. Sus estandarizados y meticulosos hábitos en día de partido, detallados en un reportaje en *Yahoo*, incluyen una extensa siesta tras la sesión matinal de tiro y, de vuelta en el pabellón, media hora de estiramientos y trabajo de fisioterapia antes de saltar al parqué. Allí inicia una silenciosa rutina de tiro, tras la que pasa quince minutos por presoterapia y otros tantos con las piernas sumergidas en hielo. Tan estricta es la rutina que cualquier compañero sabe en qué punto exacto del pabellón está en función del tiempo que falte para el salto inicial.

Es en el tiro donde está uno de los grandes caballos de batalla de Giannis, sobre todo desde lejos. Si bien en los momentos previos al partido se focaliza en la media distancia, el tiro libre y las finalizaciones, los lanzamientos más frecuentes en su repertorio, está claro que por su mejoría en la amenaza perimetral pasa en buena medida su progresión. A ello dedica mucho tiempo cada jornada. Siempre ha sido así. Su excompañero Jorge Gutiérrez explica cómo era un día junto a él: "Llegaba temprano a entrenar y desayunaba allí mismo antes de hacer una hora de pesas y luego una de tiro. Entrenaba con el equipo, y después hacía otra hora de tiro. Por la tarde, volvía a tirar. Así era un día normal para él. Estuvimos muchas horas juntos porque yo también tengo un problema con mi tiro exterior. Recuerdo que le recomendaban que le diera más arco al balón, y él solía decírmelo a mí también.

Lógicamente también trabajaba mucho a nivel mental, porque era un jugador que iba a tirar mucho en los partidos".

Otro testimonio interesante es el de Gabriel Fernández, director de comunicación del MoraBanc Andorra, que pudo presenciar algunas de las sesiones de Antetokounmpo junto a Sean Sweeney en el Principado, durante la visita a Thanasis en 2017. "Fue un espectáculo verlo, pues era como un Adonis: siempre sin camiseta, con el torso desnudo y sudoroso, con esa espalda enorme y una cintura muy estrecha. En cuanto a su rutina, hacía ejercicios muy repetitivos, lanzando desde estático. Tiros libres o triples desde la esquina sin saltar. Podía estar hora y media repitiendo, buscando seguramente perfeccionar la mecánica", analiza. Con esos ejercicios, Sweeney pretendía hacer hincapié en el agarre y el fraccionamiento del lanzamiento de su pupilo, tratando de encontrar mejoras parciales para acabar potenciando la técnica global del tiro a canasta.

Regresemos ahora a los hábitos previos a un partido. Son momentos en los que el *Greek Freak*, alguien normalmente muy dado a interactuar con los aficionados, parece evadirse de todo. La firma de autógrafos y, por supuesto, la atención a la prensa quedan reservadas para el final del encuentro. Sobre ese tema es interesante lo que apunta James Pristouris, grecoamericano, entrenador de baloncesto y cabeza visible de los aficionados helenos en Estados Unidos, para los que cada año, desde 2007, organiza las "noches griegas" en partidos con compatriotas jugando en la cancha de los Nets, tanto en su etapa en New Jersey como luego en Brooklyn: "Su capacidad de concentración es enorme. Durante esas noches vamos muchos seguidores griegos a la cancha, y antes y durante los partidos ni se inmuta, no nos hace ni un gesto; su única preocupación está en la cancha. Sin embargo, cuando todo acaba, la historia es muy diferente: se toma su tiempo para acercarse, saludar a todo el mundo y hacerse fotos con los niños, a los que les da la alegría de sus vidas. No son saludos rápidos, se preocupa en hacer sentir a la gente especial. Pero antes, es un auténtico profesional". La misma sensación tuvo Fotis Katsikaris la primera vez que se enfrentó a él como miembro del cuerpo técnico de Utah Jazz: "Antes del partido salió a hacer su rutina y ni me dirigió la palabra, estaba centrado en lo suyo. Sin embargo, tras el mismo habíamos quedado en hablar diez minutos y estuvimos media hora. Eso habla de su disciplina".

Porque si algo define a Antetokounmpo es que es un auténtico animal competitivo. Un instinto heredado de los malos tiempos, cuando la familia estaba por encima de todo, traducido hoy en un compromiso con el éxito del equipo que le obliga a mejorar individualmente cada día. Para no alterar su entrenamiento matinal llegó a retrasar cuatro horas la firma de su extensión de contrato –de cien millones de dólares– con los Bucks en 2016, con el riesgo de que una hipotética lesión le hubiera podido dificultar la rúbrica del acuerdo. Aunque para entonces en la franquicia ya conocían la desmedida ética de trabajo del ateniense, al que era habitual encontrar solo en el centro de entrenamiento, pues era allí donde solía ir también a "desconectar" si no tenía un buen día, incluso si sólo iba a descargar su ira contra el saco de boxeo.

Poco o nada de eso ha cambiado con el paso de las temporadas. Cuando los Bucks dejaron atrás el Cousins Center por el Froedtert & the Medical College of Wisconsin Sports Science Center, *Greek Freak* bromeó con la posibilidad de comprar la primera instalación y convertirla en "una especie de hogar". Poco más tarde, acabó mudándose cerca de la segunda. Todo en su cabeza pasa por invertir más y más horas de trabajo, hasta un punto prácticamente enfermizo. *Sports Illustrated* relató cómo su excompañero Tony Snell le recomendó buscarse actividades alternativas para relajarse y huir algo de la presión, como él hacía con el dominó. Giannis probó con el ajedrez, pero cuando lo practicaba su inconsciente le recordaba que estaba moviendo fichas para olvidarse del baloncesto. Era imposible desconectar.

"En cada jugada da el mil por cien. No ya jugando, sino desde el calentamiento. No tengo claro cómo va a aguantar (*risas*), porque nunca se deja nada, en ningún momento", expone Fotis Katsikaris, que recuerda una curiosa anécdota de su último enfrentamiento en la temporada 2018/19 en la NBA: "Cuando jugamos en Utah me dijo que los médicos le recomendaban tomar un descanso por la rodilla. Él simplemente decía '¡*coach*, no puedo parar!'. Yo le decía que esto es muy largo. Lo aprenderá con los años también, pero desde luego para él es clave estar bien físicamente". El hambre y la ética de trabajo que definen a Antetokounmpo tienen el peligro de llevar al límite su particularísimo físico, hipotecando una carrera que él anhela que sea muy larga. Las rodillas y la espalda ya le han mandado avisos en alguna ocasión. Y en esa delgada línea deben hacer equilibrios los que trabajan con él. Un texto de *Yahoo* en 2019 explicaba cómo una de las preocupaciones principales del entrenador Mike Budenholzer era fomentar la ética de trabajo de su estrella, especialmente en cuestiones de tiro, pero evitando un desgaste excesivo.

No era sólo una cuestión del *load management,* sino que también afectaba a las rutinas de entrenamiento. El técnico llegó a establecer días en los que el centro de entrenamiento permanecía cerrado, "obligando" a sus jugadores a tomarse un descanso. Y no le costó reconocer que el principal destinatario de la medida era Antetokounmpo. "Es el mejor ejemplo de quien necesita un cierre patronal; a quien literalmente hay que ponerle un candado en la entrada", aclaró. Las informaciones desde la franquicia aseguran que el jugador ha ido dando su brazo a torcer y se muestra más abierto a la gestión de sus cargas. Quizá la paternidad le ha ayudado, al destinar parte de su tiempo libre a la vida familiar, pero lo cierto es que en su lujosa casa de River Hills construyó un espectacular gimnasio. Pocos dudan de que allí habrá pasado algunas horas durante esos días de "cierre patronal" decretados por Budenholzer.

Giannis es un tipo emotivo, herencia materna, pero de fuerte carácter y que puede cabrearse fácilmente, como su padre. Estos rasgos le llevaron a trabajar en sus reacciones ante la frustración o el desacuerdo con alguna decisión arbitral –una vez lanzó el balón a un colegiado tras recibir una técnica–. Es muy temperamental, y una parte de su trabajo mental es asumir que, como estrella mundial, va a recibir muchos golpes a lo largo de un partido, algunos fuera de lugar. Conforme su estatus ha ido aumentando, ha sido mayor la tolerancia al contacto físico que ha debido cultivar, si bien en alguna ocasión ha estallado. Un ejemplo sucedió en 2020, durante uno de los últimos partidos de la *regular season*. Tras ser penalizado con una falta en ataque, Giannis terminó dando un cabezazo –fue expulsado por ello y sancionado con un encuentro– al alemán Moritz Wagner, de los Washington Wizards.

El griego no tardaría en mostrarse arrepentido de su acción. "Ha sido terrible. Si pudiera dar marcha atrás, no lo repetiría", aseguró, tratando de hacer entender el castigo al que le someten en casi todos los partidos. "Creo que he hecho un buen trabajo a lo largo de mi carrera manteniendo la compostura y centrándome sólo en jugar, pero al final somos humanos y podemos cometer errores [...]. Fue como si por mi mente pasaran todos esos partidos que he jugado con gente pegándome. Perdí el control por un segundo." Un hastío que también quiso denunciar Mike Budenholzer: "Lleva mucho tiempo lidiando con eso. Es el MVP y la gente le pone a prueba. Normalmente lo tolera muy bien, pero tuvo un desliz [...]. Es un momento de aprendizaje. Sabemos lo importante que es mantener la calma". Hay algo de ese carácter furibundo heredado de su padre –incluso llegó a encararse en 2017 durante un partido con Sean Sweeney, al que le une una estrechísima relación– que Antetokounmpo debe seguir trabajando para controlar.

Seguramente lo que más se destaca en los círculos NBA sobre la evolución del griego a lo largo de su carrera es cómo aquel tímido y escuálido chaval que llegó a la liga con un escaso nivel de inglés se ha convertido en el indiscutible faro de una franquicia a la que le ha lavado la cara. "Lo que más hay que subrayar es su capacidad de liderazgo; cómo guía al equipo a nivel espiritual con su carácter. Todo el mundo destacaría su físico, pero lo más impresionante es su liderazgo, su fortaleza mental y cómo sabe transmitir y demostrar que es el referente. En eso es ejemplar", explica Jordi Fernández. En la misma línea se posiciona Willy Hernangómez, que cree que "los jóvenes tienen que tomarle como ejemplo de compromiso con su equipo, su país y su nivel de entrenamiento". El pívot subraya "su progresión anual increíble, su capacidad de trabajo inmensa y su motivación por mejorar y hacer mejor a su equipo, aspectos en los que se sitúa por encima del resto". Y es así no sólo porque invierta más horas que nadie en entrenar. "Su nivel de competitividad marca la pauta para todos, no sólo para los jugadores sino para todo el cuerpo técnico y la franquicia", reconoció Mike Budenholzer en ESPN. En ese sentido, su gran espejo siempre ha sido LeBron James. En una entrevista en *Eurohoops* se refirió a él: "Lleva años mejorando a sus compañeros. Puede ser fácil salir y hacer 25 puntos y 10 rebotes, pero conseguir mejorar a los tuyos cada día es lo que te hace especial... Y él cambia al equipo entero".

El liderazgo en Wisconsin ha sido un proceso que requirió tiempo. También influyó su preocupación por la convivencia del vestuario o la pasión con la que se entrega en la cancha. En la pista lucha por cada posesión, incluso las aparentemente intrascendentes, y lleva su físico al límite en cada jugada, lo que obliga a sus compañeros a seguirle. Si el cabecilla se exprime de esa forma, el resto no pueden ser menos. Es una evolución que significa mucho más que tener un rol en el vestuario que permita gastar novatadas a los *rookies* o usar en exclusiva una camilla de masaje. Representa sobre todo alcanzar ese punto en el que el equipo confiará ciegamente en él para los momentos decisivos, aunque haya tenido un mal encuentro. Ellos saben que su faro no es artificial y que siempre va a estar ahí para guiarles.

Y es que en Giannis, como en el caso de la mujer del César, importan las apariencias.

THE AFRICAN FREAK

Giannis Antetokounmpo es uno de los símbolos de la Grecia moderna y multicultural del siglo XXI, con todo lo que eso implica. La propia campaña de Nike a colación de la salida al mercado en el verano de 2019 de las Zoom Freak One –sus primeras zapatillas personalizadas– le mostró entre símbolos que recordaban a la Grecia clásica cuando el país era el modelo del mundo, envuelto en la bandera helena. El mestizaje perfecto entre tiempos lejanos. Pero también toda una declaración de intenciones tras las inolvidables palabras del líder de Amanecer Dorado, Nikolaos Michaloliakos. Giannis y la historia que porta en su mochila son el nuevo ejemplo en el que se miran miles de jóvenes. En Grecia y en África.

A diferencia de Europa, el concepto de pertenencia en África va mucho más allá de las fronteras de un país, y bordea prácticamente sus 54 estados soberanos. En el viejo continente, difícilmente Pau Gasol sería un ídolo de masas en Francia o Dirk Nowitzki en España. Y si lo es, lo será exclusivamente por sus méritos deportivos. Sin embargo, Giannis Antetokounmpo, cuyas raíces como Adetokunbo proceden de Lagos (Nigeria), desde donde sus padres emigraron a Atenas, está en camino de ser un ídolo para toda África. Por lo baloncestístico y, mucho más allá, por lo personal. "Cuando eres hijo de africanos, para nosotros eres nuestro. Su sangre africana es un orgullo y le apoyamos como un hermano", afirma Jordan Sakho, uno de los puntales de la selección de la República Democrática del Congo.

Giannis, como su nombre de pila indica, es hijo de la adaptación de sus padres al contexto griego. Como Thanasis, Kostas y

Alexis. Descendientes de una primera generación de inmigrantes, son productos del sistema heleno en lo que a su formación académica, personal y baloncestística se refiere; pero en su evolución personal y su moral, los hábitos nigerianos tienen un enorme peso. "Obviamente nací y fui a la escuela en Grecia, pero al final del día, cuando llegaba a casa, no había cultura griega, todo era cultura nigeriana. Y ahí todo va relacionado con la disciplina, con el respeto a tus mayores y con la moral", declaró el propio Antetokounmpo en *The Undefeated*. En ese hogar había comida griega, pero la música que se escuchaba era mayoritariamente africana y su madre hablaba a los hermanos en igbo, lengua empleada por casi veinte millones de personas entre Nigeria, Camerún y Guinea Ecuatorial. Hoy, el igbo de Giannis no es nada fluido. Apenas sabe contar y entender algunas palabras. Pero, aunque nunca ha visitado el país de sus padres, tiene el pasaporte nigeriano desde 2015.

El *Greek Freak* quiere ser mucho más que el portento griego. Así siente su orgullo africano y así quiere que se sepa, aunque tiene camino por delante. Por eso ondea la bandera de Nigeria –además de la griega y del resto de países con integrantes en el equipo– en el centro de entrenamiento de Milwaukee Bucks. Por ello sus "hermanos africanos" Joel Embiid y Paskal Siakam fueron sus dos primeras elecciones para el All-Star Game de 2020, para el que también seleccionó a Bam Adebayo. Y por eso mismo no dudó en ser uno de los participantes en el primer Africa Game organizado por la NBA, el 1 de agosto de 2015 en el Ellis Park Arena de Johannesburgo, dentro del programa Basketball Without Borders (Baloncesto Sin Fronteras). Giannis fue uno de los jugadores más implicados en los actos que durante los días previos se desarrollaron en la ciudad sudafricana. Aprovechó su primera visita al continente para viajar junto a sus hermanos y participar en diferentes actividades que se hicieron en apoyo de los programas de Boys & Girls Clubs of South Africa, la SOS Children's Villages Association of South Africa y la Nelson Mandela Foundation.

Respecto al encuentro, podría caerse en el tópico de que el resultado fue lo de menos, pero la realidad es que la victoria del

Team World –liderado por los hermanos Gasol y Chris Paul– por 101-97 ante el *Team Africa* no gustó demasiado a Giannis, cuyo enorme gen competitivo le hace entender poco de duelos amistosos. Baste el relato de la experiencia que hace Festus Ezeli, pívot nigeriano también miembro del combinado africano ese día: "Dios mío, se echó el equipo a las espaldas. Lo comentábamos en el banquillo: 'Este tío es increíble '. Recuerdo que pensaba: 'Joder, es realmente especial'. Por lo fácil que hacía las cosas, el modo en que atacaba el aro, el poder atlético que mostraba. En un partido amistoso en África demostró toda su competitividad y capacidad para jugar al límite". Antetokounmpo concluyó con 22 puntos como máximo anotador, pero no pudo evitar el triunfo del equipo del resto del mundo. En lo estrictamente deportivo, quizás aquello sirvió como una llamada de atención para lo que estaba por venir. "El chaval reboteó y anotó, y aunque fue un partido en el que nadie se esforzó demasiado, parece preparado para dominar desde la próxima temporada", reflejó el periodista Tim Cato en *SB Nation*. En el encuentro resultó emotivo ver jugar unos minutos a Hakeem Olajuwon y Dikembe Mutombo, las grandes leyendas del baloncesto africano. Hoy, Antetokounmpo es el líder de la nueva generación, a la que también pertenecen Joel Embiid, Paskal Siakam, Serge Ibaka o Bismack Biyombo.

Pese a su escasa relación directa con Nigeria, Antetokounmpo debería ser el siguiente Olajuwon, que fue el primer MVP de la NBA procedente de África, y nacido precisamente en Lagos. Para mayor casualidad, '*The Dream*' formaba parte de la tribu yoruba, al igual que el padre de Giannis, Charles. "El triunfo de Giannis es un sueño que se puede actualizar en cualquier país donde los nigerianos creen que sus hijos tendrán acceso a una mejor educación y estructura, ya sea en medicina, deporte o artes. Miles de nigerianos están emigrando para ver a sus hijos obtener sus propios MVP", relató el periodista Steve Dede en *Pulse.ng* en 2019, lamentando que "no se puede negar que la probabilidad de que un niño nacido en los Estados Unidos destaque es mayor que la de otro nacido en Nigeria". Es ahí donde Antetokounmpo puede dejar su huella. Su impacto podría llegar a superar al de nombres tan poderosos como Manute Bol o los citados Mutombo o Ibaka. No sólo en Nigeria, sino para toda África, en un fenómeno que explica el exjugador internacional Anicet Lavodrama, cuyos orígenes están en la República Centroafricana. "En Estados Unidos se ve a Barack Obama como el primer presidente negro con el impacto que eso tiene, pero la mayor parte de la gente en África, especialmente en la parte francófona, lo ve como un mestizo dado que su madre es una señora blanca de Kansas. Es cierto que se le respeta mucho, pero por cómo es él, no necesariamente por ser negro. En el caso de Giannis Antetokounmpo, todo el mundo sabe que es griego, pero por sus orígenes de Nigeria y sus éxitos la gente coge esa parte africana para identificarse con orgullo con él y su historia", apunta Lavodrama.

Para llegar a ese nivel de identificación actual ha tenido una gran relevancia el hecho de ser el MVP de la NBA. El periodista nigeriano Femi Adefeso defiende que "la mayoría de la gente en el país no le vincula directamente a Nigeria por la forma en que su apellido se deletrea". Esa helenización, pasando de Adetokunbo a Antetokounmpo, ha provocado que durante años el impacto del baloncestista en su país de origen se encontrara lejos del de nombres como Olajuwon, el boxeador Anthony Joshua o el también NBA Victor Oladipo, todos ellos fácilmente reconocibles como nigerianos nada más escuchar su apellido. Sin embargo, admite Adefeso que tras el galardón de MVP de la temporada 2018/19, "el fenómeno Giannis está creciendo en Nigeria; ahora es mucho más conocido y está empezando a resultar más familiar, lo que hace que mucha más gente quiera vincular su historia con la de Nigeria".

Trayectoria similar a la de Giannis en lo personal es la de Larry Abia, nacido en Valencia tras la migración de sus padres a España desde Guinea Ecuatorial, pasando muchas dificultades hasta conseguir una cierta estabilidad. Abia, que debutó en 2020 con la selección de su país de origen, cree que el impacto en África del *Greek Freak* es aún pequeño para el que podría alcanzar. "Hasta que no consiga llegar a la gente por lo que haga sobre el terreno, va a ser así. De momento, llaman más la atención las historias de Ibaka, Embiid o Siakam, que sí salieron directamente desde África hasta Estados Unidos. Aún no ha dejado huella en la gente", opina el alero valenciano.

En todo caso, y aunque sea con pequeños pasos, Antetokounmpo empieza a ser un motivo para presumir en Nigeria, donde la palabra de moda es *naija*. "Es un lenguaje callejero, algo cultural que muestra la exuberancia de la juventud, cómo las nuevas generaciones ven a Nigeria. Representa que es un país juvenil y con gran alegría. Es un fenómeno parecido a cuando en Estados Unidos se hicieron llamar *yankees* y a mucha gente le dio por comprarse camisetas y gorras de los New York Yankees de béisbol para lucir su orgullo nacional; eso es un poco lo que significa *naija* en Nigeria", explica Femi Adefeso. Un concepto relacionado con un estilo de vida. Moda, cultura, música. Hasta con un particular dialecto del inglés que se habla en el día a día del enorme país africano, y al que Giannis Antetokounmpo deberá acceder para terminar de ganarse el corazón de su tierra de origen. "Necesitaría hacer alguna campaña relacionada con la educación, el deporte, incluso el entretenimiento, para llegar aún más a los jóvenes y tocarles la fibra nigeriana, pero desde luego es alguien que podría llegar a encajar perfectamente en el concepto *naija* para ganarse el corazón de la gente aquí", concluye el periodista africano especializado en NBA. Precisamente, un nuevo guiño en esa dirección es que uno de los modelos de sus Zoom Freak Two, en verde y blanco, se llame *Naija*.

El alero Guy Edi, nacido en Agboville (Costa de Marfil), ahonda en el fenómeno de la pertenencia que lleva años despertando en el ateniense. "Los africanos estamos muy vinculados a nuestro origen; todos sabemos de dónde procedemos, de dónde surge nuestra familia. Yo con pocos meses de vida me fui a Francia y me siento francés también, pero estoy muy unido a mi origen; es algo diferente a lo que puede ocurrir en Europa o América". Edi es de los que cree que la historia de Giannis es un espejo en el que debería mirarse la juventud africana. "Le ha abierto la puerta a muchos jóvenes a soñar; su ejemplo es el mejor para que los niños piensen que pueden conseguir sus objetivos, y desde luego lo que él ha logrado es una gran oportunidad para África, pues ya hacía mucho tiempo del MVP de Olajuwon", afirma el internacional por Costa de Marfil en dos Mundiales, con una larga trayectoria en Francia y en la prestigiosa Universidad de Gonzaga en la NCAA. Otro nombre relevante en Los Elefantes, como se conoce al equipo costamarfileño, es Vanessa Fofana, cuya historia se asemeja a la del jugador de los Bucks, al haber nacido en París, lejos de la tierra de sus padres. "Cuando ves lo que él ha logrado entiendes que nunca debes rendirte y que puedes conseguir grandes cosas con tu esfuerzo", comenta. "Mejoró cada día, en cada entrenamiento, y por eso es un ejemplo por su forma de ser para todos los africanos que le observamos."

De madre nigeriana, el pívot nacido en Italia e internacional con la *azzurra* Awudu Abass también resalta lo importante que será la historia de Antetokounmpo para las próximas generaciones africanas. "Es bueno cuando ves que gente que sale del mismo sitio que tú consigue hacer cosas así", valora. "Lo que ha logrado es una bendición para nosotros y nos empuja a cumplir más metas", apostilla Edi. "Nos ha enseñado que todo es posible si confías, si realmente quieres hacerlo. Tienes que tener suerte y que alguien te ayude, pero desde luego que ha mostrado el camino a los jóvenes para ser alguien en la vida, aunque no sea en la NBA. Si pones todo tu trabajo, tu energía y tu esfuerzo puedes hacerte un nombre. Eso es lo más importante de su historia", continúa Abass. "No es fácil ir a un sitio tan lejano y adaptarte; él no hablaba un buen inglés y lo pasó muy mal al principio sin su familia. Tenía hasta miedo de dormir solo, pero ha demostrado que con trabajo y paciencia todo llega", ratifica Jordan Sakho.

Pero más allá de la vinculación genética, la mejor descripción de por qué Antetokounmpo engancha la hace Fofana: "Ves lo que muestra y te hace sentir grandes cosas. Te das cuenta de que es un gran tío, que quiere conseguir cosas para su gente, para su familia y para Milwaukee, y que lo da todo por ello. Creo que tiene una personalidad fantástica y adictiva para los demás". Anicet Lavodrama profundiza en los motivos de esta vinculación: "La crisis principal del mundo moderno es de identidad, porque mucha gente teme poder perder la suya, lo cual resulta muy triste. Por ello muchos jugadores africanos cuando ven una personalidad como la de Giannis se identifican con ella. Por su talento, su capacidad, su trabajo y su proyección. Y le adoptan aunque sea de otro país. Yo en su día me identifiqué con Olajuwon o Mutombo aunque no fuéramos compatriotas, porque les admiraba. A Giannis se le reconoce como griego, pero es como un hermano porque sus orígenes son africanos y es un excepcional jugador".

El camino de Antetokounmpo es el que tantos otros han tenido en sus vidas. "No importa lo que la gente piense por mi apodo. Hubo muchas veces en Grecia donde la gente me dijo que no era griego, sino nigeriano, porque era negro, pero ahora muchas veces sucede lo contrario, me dicen que no soy africano, que soy griego, *Greek Freak*. Realmente no me preocupa, en el fondo sé quién soy y de dónde vengo, y eso es todo lo que me interesa", afirmó en *The Undefeated.* Aprovechó su indiscutible talento genético y logró que hoy su techo sea difícilmente imaginable. De vender en las calles de Sepolia y precisar de ayuda para comer a ser el mejor jugador del mundo; siempre manteniendo un nivel de enorme responsabilidad en su forma de encarar la vida, sabiéndose un ejemplo para jóvenes y no tan jóvenes. "Se trata de eso, de mirar hacia África y enseñarles que ellos también pueden hacerlo", sentencia Guy Edi.

DE LAS LÁGRIMAS DEL CAPITÁN A LA ANGUSTIA DE UNA JAULA

"¿Sabes qué número me han dado? ¡El trece, el de Diamantidis!"

Horas antes del inicio de la Copa del Mundo de 2014 celebrada en España, en el hotel Barceló Renacimiento de Sevilla, Giannis Antetokounmpo charlaba amistosamente con Giannis Tzikas, el propietario de la cafetería Kivotos en Sepolia. Pasional aficionado de la selección griega, Tzikas no quería perderse el debut de su viejo amigo –ya entonces con una temporada de experiencia en la NBA– como internacional. "Es la única vez que lo he visto realmente nervioso, le temblaban las manos por la responsabilidad", explica el hostelero. De hecho, padeció una gastroenteritis antes del estreno ante Senegal, probablemente relacionada con cierta ansiedad. La oportunidad de representar al máximo nivel a su país, heredando el dorsal de quien, retirado de la selección en 2010, había sido uno de sus emblemas, era responsabilidad para el novel Giannis, que poco más de un año antes estaba jugando en Jesolo ante Croacia U20 su primer partido como griego. Todo iba a velocidad de vértigo.

Ya se ha hecho mención al profundo sentimiento patriótico y el enorme respeto que Antetokounmpo siente por las instituciones de su país. Suele ocurrir que un buen número de compatriotas, o de grecoamericanos, le esperen tras los partidos de la NBA –y ni que decir tiene tras los de la selección en su país–, con la intención de poder hacerse una foto con él o conseguir un autógrafo. Cuando las exigencias del guion y los planes del equipo lo permiten,

Giannis suele ser accesible. Por ejemplo, en más de una ocasión se ha unido a los distintos grupos de fans para cantar el himno nacional. Sin embargo, hay una situación ante la que no se suele mostrar tan receptivo: cuando se le pide firmar una bandera griega rehúsa hacerlo, pues considera que sería mancillar el símbolo del país al que, pese a tantas vicisitudes, se muestra agradecido y orgulloso de ser su embajador global. Por eso es fácil comprender que una de las grandes ambiciones de Giannis Antetokounmpo sea la de triunfar con su selección, lo que en sus primeras participaciones internacionales ha estado siempre lejos de producirse.

Fotis Katsikaris era el responsable de dirigir a aquella Grecia que, por una lesión de rodilla, no contaría con el que, junto a Diamantidis, había sido el gran icono heleno de la época: Vassilis Spanoulis. Tampoco estarían otros nombres relevantes como el alero Stratos Perperoglou y los interiores Sofoklis Schortsanitis y Kosta Koufos. Por si esto fuera poco, Antetokounmpo tenía dos factores con los que lidiar: la planificación de los Bucks –que incluía que participara en la Summer League en Las Vegas del 11 al 21 de julio– y la organización, prácticamente en las mismas fechas, del Eurobasket U20 en la isla de Creta. "Al ser anfitriones, la Federación quería ir a por el oro contando con Giannis y ciertamente tenía sentido, pero pensé que no debía hacer eso y luego ir con la absoluta. Le había visto muchos partidos en Milwaukee y les dije que teníamos una oportunidad que pasaba por que empezara directamente con el equipo absoluto", cuenta Katsikaris. Finalmente, Antetokounmpo disputó la liga de verano con Milwaukee y se incorporó directamente a la selección que preparaba la cita mundial en España. "Hubo alguna discusión con la Federación; algo normal porque querían esa medalla, pero al final lo hicimos así", matiza el técnico. Además, existía presión por los resultados, como suele ocurrir en Grecia: el último éxito de los blanquiazules databa de un lustro antes, con el bronce en el Europeo de Polonia en 2009. Pese a ocupar el quinto puesto en el *ranking* mundial, los helenos llegaron a la Copa del Mundo –como Brasil, Finlandia y Turquía– a través de una *wild card* de la FIBA, al no haberse clasificado por méritos deportivos.

Aunque había seguido a Giannis, y a que Kostas Missas había viajado a Estados Unidos como representante federativo para mantener contactos con él, Koufos y Nick Calathes –los tres griegos en la NBA esa temporada–, Katsikaris nunca había hablado directamente con Antetokounmpo antes de ese verano. Ahora, años más tarde, no puede olvidar su primer encuentro, en un despacho de la sala OAKA. "Me impresionó cómo te mira a los ojos cuando te habla, cómo trabaja las cosas en su cabeza y las dice como las piensa. Aparte de todo lo que se contaba de él sobre su humildad y seriedad, pero también sobre su confianza y su hambre, vino a la reunión con Thanasis, lo cual fue un poco incómodo. Hacía muchas preguntas muy correctas e interesantes para su edad. Para algunas cosas tenía respuestas y para otras no tanto. Le dije que nunca habíamos tenido un jugador en Grecia con su físico y polivalencia, que podía darnos un toque distinto", explica. El baloncesto del país siempre se caracterizó por su buena lectura de juego, así como por una alta dosis de disciplina e inteligencia, pero jamás había tenido un joven así. "Le dije que con él podríamos jugar un baloncesto mucho más rápido, lo que a mí me gustaba. Y recuerdo que enseguida me preguntó por Thanasis, que ciertamente no estaba en mis planes, así que simplemente le dije que no podía prometerle nada", recuerda el técnico de Nikaia, municipio perteneciente a El Pireo.

Uno de los primeros problemas del seleccionador fue decidir la posición de Antetokounmpo. "Había que entender dónde nos podía ayudar más. Teníamos que meterle en la selección sin hacerle daño, ya que no tenía experiencia de alto nivel internacional, ni al equipo, que siempre tiene gran presión. Y le pedimos que funcionara como alero porque le vimos mejor encaje ahí, debido a su buen manejo, que le hacía distinto por su tamaño, aunque obviamente le faltaba tiro. Además, había jugado ahí en Milwaukee", rememora Katsikaris. Tampoco resultó sencilla la integración en un grupo con veteranos curtidos en mil batallas. "Es cierto que inicialmente algunos compañeros no llevaron muy bien su forma de ser, porque era trabajador y callado hasta el punto de decir que era tímido. No hacía las típicas tonterías que se le suponen a un chaval de su edad, sino que se comportaba ya como un profesional. Se generó una línea muy fina entre la realidad y la mala interpretación de sus miradas por algunos. Hubo incluso los típicos comentarios de 'de qué va éste por jugar un año en la NBA'. Pero lo cierto es que Giannis es así, una esponja, y cuando pasaron los días el grupo lo entendió", continúa.

La evolución de Antetokounmpo, una vez más, fue rapidísima. "En los primeros días el tema táctico, las rotaciones o el movimiento sin balón le costaban. Pero luego lo interiorizó todo. Estudiaba en su habitación, se apuntaba cualquier detalle: desde cómo poner el cuerpo o las manos hasta cualquier movimiento en una jugada. Normalmente hay un proceso cuando un joven llega a la absoluta. Ha pasado por las inferiores, juega en un equipo grande y entonces se le considera apto para la selección. Él no tenía ese bagaje, pero sí mucha confianza. Pasaba horas y horas en la cancha, con el grupo y luego individualmente. Poco a poco nos dio mucha frescura y se generó una gran química dentro y fuera de la cancha", prosigue Katsikaris.

Giannis era uno de los jugadores más jóvenes del torneo. Pertenecía al selecto grupo de seis que no habían cumplido aún los veinte años, junto al croata Mario Hezonja, el turco Cedi Osman, el australiano Dante Exum, el neozelandés Tai Webster y el iraní Behnam Yakhchali. Era previsible que su rendimiento fuera algo irregular. Había ido de menos a más durante la preparación, en la que Grecia ganó cinco de sus ocho duelos. Tras la sobreexcitación inicial por defender a su país, poco a poco fue entendiendo su rol en el equipo y cuando llegó la hora de la verdad parecía listo para tener un papel importante para Katsikaris.

La primera fase de los griegos resultó inmaculada, con cinco esperanzadores triunfos en Sevilla frente a Senegal (87-64), Filipinas (70-82), Puerto Rico (79-90), Croacia (76-65) y Argentina (71-79), y la sensación de que el cambio de estilo hacia un juego más rápido –aprovechando la experiencia de Katsikaris en la Liga ACB, más dinámica que la griega– había sido satisfactorio. Frente a africanos y caribeños, Antetokounmpo tuvo un rendimiento notable para un novel, con 11 y 15 puntos, respectivamente. "Aunque no estaba tan fuerte ya era un atleta espectacular con una envergadura impactante, y al estar tan flaco parecía incluso más alto. Katsikaris hizo un gran trabajo con él, porque dado que le faltaba tiro y conocimiento del juego le puso de alero sin grandes posteos, lo que le ayudó a desarrollar el *dribbling*. Técnicamente era un jugador asombroso, con un enorme potencial. No es normal ver a alguien con tanta capacidad para hacer cosas totalmente inesperadas para su tamaño. En ese sentido recordaba un poco a la versión joven de Toni Kukoc o Pau Gasol", analiza Paco Olmos, seleccionador puertorriqueño en 2014, a quien la primera imagen que le viene a la mente del partido es la comparación física de Giannis con la menuda estrella boricua: "Era alucinante verle al lado de J.J. Barea". Por su parte, Katsikaris explica cómo "la primera fase fue un poco su introducción al baloncesto FIBA, y lo cierto es que no tenía mucho el balón en sus manos, sino que era más un finalizador. Destacó sin duda por su carácter, pero dentro de eso fue muy silencioso, nada bocazas ni pretencioso". Sin embargo, el devenir de los helenos en el torneo no iría mucho más allá.

Ya en Madrid, el cruce ante Serbia en octavos de final se presumía envenenado. Por mucho que los *plavi* se hubieran mostrado irregulares en la primera fase, ganando sólo a las débiles Egipto e Irán y cayendo ante Francia, España y Brasil, Sasha Djordjevic tenía en sus manos un equipo repleto de talento capaz de vencer a casi cualquier rival. Con la llegada de la segunda fase, los balcánicos cambiaron su cara y con Milos Teodosic ejerciendo de general sobre la cancha pasaron por encima de Grecia (90-72), especialmente en una segunda parte en la que los helenos acusaron su corta rotación interior y un mal que les iba a perseguir durante los siguientes años: su pobre amenaza desde el perímetro. Cosas del baloncesto, Serbia, con tres victorias en seis partidos, se plantó en cuartos de final y acabaría llevándose la medalla de plata, mientras que Grecia volvió a casa con un solo encuentro perdido de seis jugados y una insípida novena plaza. Un tropiezo tan impactante como doloroso, y tras el que la joven estrella del país comenzó a entender lo que representa la selección cuando vio llorar desconsoladamente al veterano Nikos Zisis –uno de los supervivientes de la plata helena en Japón 2006–. "Entonces asumí cuánto significa el equipo nacional para quienes llevan su camiseta", reconoció Giannis.

En esa primera y amarga experiencia como internacional absoluto, Antetokounmpo jugó la nada desdeñable cantidad de 15,7 minutos por partido, con un promedio de 6,3 puntos merced a ese rol de finalizador que le otorgó el seleccionador para minimizar errores de juventud. Sin embargo, y pese a que su acierto hacia el aro rival fue notable por regla general –66,7% en tiros de dos y 78,9% en tiros libres–, sí empezó a hacer suyo el problema que ha asolado a la Grecia moderna: en todo el torneo sólo anotó un triple de los nueve que intentó. Un paupérrimo 11% que dejaba entrever que Antetokounmpo iba a sufrir mucho para llevar su enorme potencial al baloncesto de selecciones.

En la misma piedra con la bestia negra

Del 5 al 20 de septiembre de 2015 se celebró el 39° Campeonato de Europa. Se desarrolló por primera vez en el formato multisede que a partir de la segunda década del siglo XXI se puso de moda con el objetivo de una mayor expansión del deporte de la canasta, pero también con un evidente carácter económico para no sobrecargar a un único anfitrión. El torneo se iba a celebrar en Ucrania, pero la delicada situación por las revueltas sociales a consecuencia del *Euromaidán* hizo que finalmente Berlín, Zagreb, Riga y Montpellier fueran las encargadas de albergar los grupos de la primera fase, mientras que las eliminatorias finales se jugaron en Lille. En el caso de la selección griega, la fase inicial la disputó en la capital croata, ante los anfitriones, Eslovenia, Georgia, Países Bajos y Macedonia, desde 2019 Macedonia del Norte. Tras el sinsabor del verano anterior, los de Fotis Katsikaris se presentaban en Zagreb con energías renovadas y prácticamente el mejor equipo posible, recuperados Spanoulis, Perperoglou y Koufos.

"Había algunos aspectos complicados para nosotros como *staff*. El primer año le pusimos de tres para tenerle con más responsabilidad, pero el segundo ya había jugado en Milwaukee también de cuatro, usando más la pintura. En la selección teníamos a Printezis y Kaimakoglou como ala-pívots y de aleros estaban Perperoglou y Papanikolaou. A él lo usamos en ambas posiciones, para ayudar en rebote e intimidación, sacrificando algo a Kaimakoglou. Pero, eso sí, le dejamos que después del rebote subiera el balón, algo que hacía en los Bucks. No es que copiáramos lo que hacía allí, pero queríamos aprovecharnos de ello", desarrolla Katsikaris sobre el rol de Antetokounmpo en su segundo verano como internacional.

Grecia volvió a ser una apisonadora en la primera fase, saliendo invicta de Zagreb. Macedonios (85-65), croatas (72-70), georgianos (79-68), eslovenos (83-72) y holandeses (68-65) hincaron la rodilla ante los blanquiazules, que confirmaban con hechos su pronosticada candidatura a las medallas. Giannis progresaba poco a poco a la par que emergía en él un físico portentoso, entendiendo cuál debía ser su papel en un baloncesto FIBA donde no existían ni por asomo moldes como el suyo. Aunque eso le generara algún problema. "Su cuerpo cambiaba poco a poco y ya adquirió algo más de protagonismo. Era un jugador mucho más competitivo y exigente, pero todavía no tenía un gran respeto arbitral para lo físico que él jugaba y tuvo problemas de personales", recuerda el seleccionador.

Antetokounmpo jugó muchos minutos al límite en esa primera fase, donde en todos los partidos hizo al menos tres faltas. Además, conocedores de su cacareada carencia en el tiro exterior, el plan de los rivales era claro: dejarle lanzar y evitar su dominio físico. "Jugar en Europa es distinto, y cuando te cierran la pintura, si no puedes tirar, la ventaja física decrece. Tuve claro que le iba a costar más que en la NBA porque no lanzaba bien. Obviamente influía en el juego por su largura y su capacidad atlética, por cómo atacaba el rebote ofensivo, pero había jugadores en Grecia que con reglas FIBA daban más miedo que él", apunta el croata Damjan Rudez, que valora más el magisterio de Spanoulis o el dominio del poste medio de Printezis como claves de su derrota ante los griegos. Sin embargo, Antetokounmpo se guardaba alguna sorpresa en la chistera. “En el *scouting* teníamos muy claro que había que dejarle tirar y cuando intentara penetrar cerrarle con ayudas. Pero nos metió el primer triple que tiró (se ríe) y cogió confianza y nos hizo daño tirando y metiendo más de lo que esperábamos”, explica el georgiano Beqa Burjanadze. En aquella tercera jornada, Antetokounmpo anotó sus dos primeros triples del torneo, para acabar el Eurobasket con un más que aceptable 38,5% desde el perímetro: encestó diez de los veintiséis que intentó.

La buena dinámica de los griegos se prolongó hasta el partido de octavos de final, ya en Lille, superando sin problemas a Bélgica (75-54) con el segundo doble-doble consecutivo del alero de los Bucks –11 puntos y otros tantos rebotes ante Países Bajos, 10 tantos y 10 rechaces ante los belgas–. Llegaban así al choque que suele marcar el éxito o fracaso en un torneo: los cuartos de final. Y pese a su inmaculado recorrido les iba a tocar bailar con el peor rival posible: España. El equipo dirigido por Sergio Scariolo había superado con agonía la primera fase en Berlín, pero había mostrado una mejor versión en el cruce de octavos ante Polonia. Los españoles llegaban con la intención de resarcirse –tras fracasar el verano anterior en la Copa del Mundo en su país– y con la vitola de ser la bestia negra de Grecia. Aunque los helenos habían sido un dolor de cabeza para los españoles en los noventa –ganaron los cuatro partidos oficiales entre ambos–, la llegada del siglo XXI había invertido la tendencia: desde de la victoria griega en la Copa del Mundo de 1998, España encadenó seis triunfos. Una racha que, eso sí, Grecia había cortado en el Eurobasket de 2013, en su último enfrentamiento. Este escenario –de dudas para España y de exuberancia para los helenos–, se convirtió en una bomba de relojería para los de Katsikaris. “Había mucha presión; ellos tenían algunas bajas e iban de menos a más, y nos metieron todo el favoritismo a nosotros, que teníamos además un cierto complejo histórico frente a España”, asegura el técnico.

El partido ante los hispanos fue una de esas luchas que hacen honor a las grandes rivalidades del baloncesto europeo. Cuarenta minutos de enorme igualdad e intercambios en el marcador en los que los de Scariolo –con una rotación de apenas ocho jugadores– tiraron de competitividad, riqueza táctica y de Pau Gasol, para muchos el hombre más dominante en la historia de las competiciones FIBA. Pau logró 27 puntos y 9 rebotes. Enfrente, Katsikaris tampoco usó mucho su banquillo –cinco jugadores, entre ellos Antetokounmpo, se fueron por encima de los treinta minutos– y empleó la versión más versátil de Giannis. Dominador en la pintura –capturó 17 rebotes, con la friolera de 8 ofensivos–, fue durante mucho tiempo el encargado de defender a los creadores de juego españoles, dos tipos mucho más pequeños que él como Sergio Rodríguez y Sergi Llull, en una arriesgada decisión del técnico griego.

Aunque España llegó a la recta final con el marcador controlado –"Gasol fue de otro mundo", asume Katsikaris–, el arreón heleno en el último minuto hizo que el duelo se decidiera prácticamente por una moneda al aire. Incluso Antetokounmpo lanzó un triple desde el centro del campo sobre la bocina que, de haber entrado, hubiera supuesto el pase griego a la semifinal y un aumento notable de su consideración como nuevo héroe nacional. Pero no fue así, y por segundo año consecutivo Grecia se quedaba sin opciones a medalla con su primera derrota en el torneo. "Fue un día de mucha tensión en el que nuestro plan de partido funcionó perfectamente y supimos parar su juego", valora Willy Hernangómez. El posterior triunfo ante Letonia dejaría a los helenos quintos y, de nuevo, con cara de circunstancias. Giannis, en un rol aún secundario, había ganado importancia en el equipo. En algo más de veinticuatro minutos promedió 9,8 puntos y 6,9 rebotes, siendo el sexto anotador y el máximo reboteador de su selección. Eso sí, se quedaba de nuevo con la sensación de tener mucho camino por delante si quería convertirse en un factor realmente determinante en este tipo de campeonatos.

Una "mili" en el Preolímpico

El miércoles 13 de julio de 2016, los reclutas Thanasis y Giannis Antetokounmpo comenzaron a realizar su servicio militar obligatorio en el centro de entrenamiento de la división acorazada situado en Avlona, en la Periferia de Ática, unos cincuenta kilómetros al norte de Atenas. Es fácil entender por qué las imágenes de ambos vestidos como soldados durante su instrucción y la pasión y el orgullo con el que aparecían tuvieron un gran impacto en la sociedad helena. Una muestra más del compromiso con el país que los dos hermanos no querían dejar pasar, si bien obviamente tuvieron sus privilegios como deportistas de élite –Thanasis había debutado aquella temporada en la NBA, en los New York Knicks–. El servicio militar consta de nueve meses en Grecia que se reducen a tres para las personas que viven habitualmente fuera del país. En el caso de deportistas, la exigencia es aún más laxa para no hipotecar una carrera internacional que puede generar pingües beneficios a la nación. Los hermanos pasaron apenas unos días en Avlona tras los que se les concedió una licencia para volver a su actividad habitual y preparar la siguiente temporada. En todo caso, la experiencia en un cuartel y entre carros de combate fue otra muestra más de la vida a toda velocidad que los miembros de la familia llevaban desde finales de 2012. Un pasaje que llegó justo después de un nuevo fiasco con la selección griega.

Con apenas veintiún años, Giannis Antetokounmpo había sufrido ya dos severos reveses con el equipo nacional. Sin embargo, tras el necesario periodo de adaptación a la selección, a partir de septiembre de 2015 todo iba a ser distinto para él. La retirada de Vassilis Spanoulis del conjunto heleno llevaba a una nueva era. Atrás quedaban 'Kill Bill' y Diamantidis. Más lejos aún, Papaloukas. Casi en la prehistoria, Gallis y Yannakis. Era el turno de la Grecia de Antetokounmpo. Pese a la presencia de veteranos como Perperoglou, Calathes o Bourousis, al portento de Sepolia le había llegado la hora de liderar.

El objetivo griego en 2016 era acceder a los Juegos Olímpicos de Río de Janeiro que se celebrarían del 6 al 21 de agosto; no haber obtenido plaza directa en el Eurobasket del año previo –honor reservado a los finalistas, España y Lituania– obligaba a un calendario durísimo. Grecia debía pasar por uno de los tres torneos preolímpicos que, a primeros de julio, darían una de las tres últimas plazas en Brasil. Los helenos se jugaron sus opciones en la ciudad italiana de Turín junto a cinco países: Irán y México, en su mismo grupo, y Croacia, Italia y Túnez en el otro. El formato del torneo permitía poca relajación, pues los dos primeros clasificados de cada grupo se cruzarían en semifinales y sólo el campeón estaría en Río. Además, los de Katsikaris llegaban diezmados a la cita, tras la retirada del equipo blanquiazul de Spanoulis y Zisis, y por las lesiones de Sloukas, Printezis y Papanikolaou. En ese escenario, Nick Calathes era el único base puro, lo que, unido al nuevo papel que había desempeñado el *Greek Freak* en Milwaukee, hizo a Katsikaris apostar por Antetokounmpo por primera vez como creador de juego. "Fue un torneo muy complejo, íbamos muy limitados. Así que, como Jason Kidd le había usado de base escondido, le dimos un rol más creativo, por nuestras propias carencias", analiza el entrenador. Sería un torneo especial para los Antetokounmpo, pues Thanasis debutaba como internacional.

El estreno ante Irán, con su gigante Hammed Haddadi, resultó plácido (78-53). Grecia fue superior de cabo a rabo y Giannis imparable para las piernas persas. En sólo diecinueve minutos en la cancha del Palasport Olimpico turinés se fue a 16 puntos con unos porcentajes que mostraban su ingente superioridad sobre el parqué: 5 de 5 en tiros de dos y 2 de 3 en triples. El siguiente reto sería algo más exigente: México. Desde la llegada de Sergio Valdeolmillos al banquillo y la irrupción de Gustavo Ayón en la pintura, había reclamado un nombre en el panorama internacional tras décadas siendo una comparsa. Y en la primera mitad se lo demostraron a Grecia. 35-33 al intermedio para los aztecas del talentoso Paco Cruz, autor de 13 puntos sin fallar un solo tiro de campo.

Es ahí cuando se produjo el primer toque a rebato del nuevo líder griego. Al inicio de la segunda parte, Antetokounmpo se acercó a Cruz y le comentó al oído: "No vas a meter ni una más". No fue una bravuconada, pues estableció a partir de ese momento un férreo marcaje individual al mexicano, al que se le hizo de noche debido a la interminable envergadura, la intensidad y el poderoso tren interior de su par. En los ocho minutos de juego hasta que el ateniense pidió el cambio, Grecia se disparó en el marcador (44-55). Además de una colección de *highlights* en ataque del de Sepolia, su exhibición defensiva sobre Cruz fue para enmarcar: apenas lanzó tres veces a canasta, todas en posiciones muy forzadas, sin anotar un solo punto. Si añadimos a eso el control del rebote defensivo y una exuberancia física inabordable para México, entendemos por qué el partido cayó claramente del lado griego (70-86) y supuso, por encima de todo, la primera gran demostración de Giannis como líder nacional. "Le sufrimos una barbaridad. Tras una primera parte igualada todo cambió. Su defensa sobre Paco fue espectacular, lo volvió loco. Su hermano Thanasis también hizo un gran trabajo, ocupaban muchísima pista y tenían una actividad imposible para nosotros. Nos ganaron fácil. Esa envergadura, ese físico, era imposible de controlar", remarca Ramón Díaz, entrenador ayudante del cuadro azteca. Fue una actuación descollante para meterse el partido en el bolsillo y sacar del mismo a la estrella rival. Dominio total a ambos lados de la cancha.

Sin embargo, aquella sensación se iba a derrumbar 48 horas más tarde. En la semifinal ante Croacia los griegos harían un partido pésimo desde el salto inicial, con un primer cuarto decisivo (13-31) que hizo a los de Katsikaris nadar a contracorriente desde entonces para morir en la orilla (61-66). Antetokounmpo pasó 34 minutos dirigiendo la acometida griega en pos de una remontada improbable, pero se le volvieron a ver las carencias de adaptación al baloncesto FIBA. La defensa croata orquestada por el técnico Aleksandar Petrovic, encerrada muchos minutos en una zona que retaba a lanzar a los griegos, supo cortocircuitarle y sacar lo peor de él. Acumuló seis pérdidas y unos porcentajes inaceptables para un jugador de su calibre: 3 de 7 en tiros de dos y un doloroso cero de 7 en triples que volvía a rescatar fantasmas del pasado. "Sabían de nuestro problema con los tiradores y nos provocaron a hacerlo, pero fue de una forma tan extrema que jugó con nuestra cabeza. Nos dejaban tirar a todos; metieron el autobús atrás, como se suele decir en el fútbol. Y se nos hizo muy complicado mentalmente", admite Fotis Katsikaris. Grecia apenas anotó ocho de sus 34 triples y perdió la opción de asistir a los Juegos Olímpicos en un día en el que, por cierto, el mejor croata fue Dario Saric, incumpliendo la famosa profecía de Willy Villar. Croacia obtuvo el billete a Río tras repetir sorpresa y superar en la final a la anfitriona Italia.

Eran tres veranos seguidos con la selección y los mismos sinsabores para un Antetokounmpo claramente erigido en jugador principal en el equipo. En los tres partidos promedió 15,3 puntos –máximo anotador heleno–, 5,7 rebotes, 2 asistencias y 2 tapones que no fueron suficientes para el éxito colectivo. "Jugó con un papel mucho más completo y mejoró mucho su acierto de cara al aro", ratifica Katsikaris ante el 64,7% en tiros de dos y 33,3% en triples del de Sepolia en Turín. "Pero no teníamos el equipo completo, y es evidente que lo notamos", lamenta el técnico, que dirigió ante Croacia su último partido como seleccionador. En todo caso, el compromiso de Antetokounmpo con su país no se iba a ver mermado pese a las frustraciones padecidas. Tras el torneo, fue rotundo al ser cuestionado sobre su presencia en el siguiente verano. "Regresaré para el Eurobasket. No sería correcto por mi parte desaparecer tras un fracaso. Volveré e intentaré llevar al equipo nacional a algo grande", aseguró, fiel a la llamada del deber patriótico. Pero, sin duda, su particular "mili" con la selección estaba siendo más dura de lo esperado. Y mucho más de la que justo después iba a tener en Avlona.

Dos osos, un cordel de bronce y el jugador franquicia de la selección

Pese a su evidente querencia por jugar por su país, la relación entre la gran estrella del baloncesto griego moderno y la Federación griega ha sido un constante sube y baja emocional, alternando situaciones de amor con otras de conflicto. Una historia que en cierto modo, según publicó la revista *People* en 2013, arrancó el 7 de septiembre de 2010, cuando el abogado Panagiotis Prokos tocó a la puerta de la familia Adetokunbo en Sepolia para comunicarles el inicio de un proceso de desahucio, otro más, por no poder pagar el alquiler de 250 euros mensuales estipulado por su propietario. El letrado no logró mucho más que el compromiso de la matriarca del clan, Veronica, de hacer lo posible por enderezar una situación compleja y abonar la cantidad necesaria. Pero lo cierto es que, tras un año de penurias e incumplimientos, Prokos volvió a hacer acto de presencia en el modestísimo apartamento, encontrándose entonces con Thanasis y Giannis. "Sabemos que debemos mucho dinero, pero por favor pídale un poco de paciencia al dueño. La situación es mala, hay noches que nos dormimos con el estómago crujiendo de hambre", le dijeron.

Cuenta *People* que, conmovido por la imagen de los hermanos, Prokos les dio algo de dinero que llevaba en su bolsillo y regresó a su oficina para posponer el desalojo y ponerse en contacto con un viejo colega, exjugador de baloncesto y con lazos federativos: Giannis Palatos. El abogado, impresionado por el potencial físico que presumía a los adolescentes, pidió a su amigo que ayudara a solventar la situación a través de la Federación. Faltaba algo más de un año para el fichaje por el CAI Zaragoza y parece que ahí el ente gestor del baloncesto griego ejerció de apagafuegos familiar.

Sin embargo, no tardarían en aparecer las primeras tiranteces en una relación que a priori debía ser mutuamente beneficiosa. Ocurrió en el laborioso proceso que llevó a la consecución del pasaporte heleno para Giannis y su hermano Thanasis, y que el lector conoce tras ser descrito en profundidad en este libro. Desde aquel momento nunca ha faltado tensión en ningún momento entre los representantes del jugador y algunas de las cabezas de la Federación, principalmente su presidente –entre 1998 y 2002, y posteriormente desde 2010– George Vassilakopoulos. Unas ascuas que se volvieron llamas durante 2017, cuando Antetokounmpo, por primera vez, renunció a defender a su selección en el Eurobasket de ese verano.

Hablamos de un año especialmente sensible, en el que Giannis pasaba a ser uno de los mejor pagados de la NBA, ya como indiscutible jugador franquicia de los Bucks. No es desconocido el hecho de que los equipos estadounidenses miran en muchos casos con bastante recelo la participación de sus integrantes con las selecciones nacionales. Pero nadie podía imaginar la crisis que se iba a producir en el baloncesto griego cuando Giannis fue uno de los dieciséis nombres que comenzaron la concentración para la cita continental a las órdenes de su viejo conocido Kostas Missas. Su rodilla derecha comenzó pronto a darle problemas, haciéndole perderse el torneo celebrado en Patras ante Rumanía y Gran Bretaña. Reapareció en un amistoso en Belgrado contra Montenegro dejando buenas sensaciones –anotó 20 puntos para el triunfo griego por 83-81–, si bien la articulación volvió a molestarte y al día siguiente fue reservado ante Serbia. Era el 12 de agosto y los acontecimientos se iban a precipitar. En primer lugar, porque Antetokounmpo había acordado con la Federación dejar la concentración del 15 al 20 para llevar a cabo una serie de compromisos en China como embajador de la NBA, lo que le haría perderse dos partidos en Londres, pero con el objetivo de regresar a Atenas para jugar el prestigioso Torneo Acrópolis a partir del día 23. Sin embargo, alertados por el dolor en su rodilla, los Bucks enviaron un equipo –encabezado por Suki Hobson, responsable de la preparación física del equipo y especialista en la prevención y rehabilitación de lesiones de rodilla– al gigante asiático para examinarle. A la vista del informe, el doctor Williams Raasch fue concluyente. El 19 de agosto –a doce días de arrancar el Eurobasket– iba a estallar la crisis en el baloncesto griego.

"Quiero que todos sepan por mí que no podré jugar con la selección [...]. Estaba tratando de engañarme y no sentir dolor con la esperanza de estar listo en los partidos oficiales [...]. Fallé en las pruebas que me pusieron por el dolor que sentí desde los primeros segundos. No tengo elección. Estoy lesionado, siento dolor y debo curarme [...]. Esta es, con mucho, la mayor decepción hasta ahora en mi carrera." He ahí un extracto de las palabras con las que Antetokounmpo daba a conocer –desde Shanghái, a través de sus redes sociales– su baja definitiva en el Campeonato de Europa. Dicha comunicación causó un gran revuelo en Grecia, tanto por el significado como por el hecho de hacerla desde China y no de forma coordinada a través de los canales de una Federación que no tardaría más de unos minutos en emitir un comunicado propio. Se quejó de haber sido ninguneada y hablaba de un "plan bien organizado por Milwaukee Bucks y en conocimiento, si no fomentado, por la NBA, que puso al jugador en un lugar muy difícil".

Una sensación conspiratoria a la que horas más tarde echaría gasolina el secretario general de la Federación, Panagiotis Tsagronis, asegurando en la cadena de televisión EPT que la resonancia magnética realizada al jugador no indicaba lesión alguna y que los Bucks no estaban "diciendo la verdad, sino que hay algo más". Por su parte, Kostas Missas reconoció haber sido informado por los representantes de Giannis antes de que el anuncio fuera público, pero afirmó que su estrella tenía "un problema pero no tan importante como para que no jugara el Eurobasket". Recordó que "en algún entrenamiento le di descanso y se mostró enfadado. ¿Y ahora qué? Tenía mucha presión por parte de los Bucks por un problema que no era tan grave. Reconozco que nos ha sorprendido".

Antetokounmpo pasó gran parte del resto del verano en Milwaukee trabajando para paliar su dolencia y preparar el siguiente curso, con multitud de horas invertidas sobre una cinta rodante sumergida en agua –para reducir la fricción en la rodilla–, en la cámara de hielo o alternando entre las piscinas de frío y calor del Froedtert and Medical College of Wisconsin Sports Science Center de los Bucks. Sobre la polémica, quizá su mejor explicación llegó en febrero de 2018 en una entrevista a *Eurohoops*: "Lo intenté durante un mes, pero necesito estar sano. No quiero jugar cinco años y luego parar por la rodilla. Fue duro pero lo mejor, porque la rodilla se estaba deteriorando". Sobre los motivos de anunciarlo él y su relación con la Federación, restó polémica: "Lo hice así porque quería mantener el trato con los aficionados y no hay motivo para estar preocupados por eso. Nací para jugar al baloncesto y no hay ninguna razón por la que deje de hacerlo por mi país. La única es la rodilla. Hay quien dice que hay otras razones, pero adoro jugar con Grecia". Palabras conciliadoras que, sin embargo, no iban a servir para cerrar un culebrón que se reabriría meses más tarde.

El 16 de septiembre de 2018, Grecia se convertía en el primer combinado europeo clasificado para la Copa del Mundo de China en 2019. Una canasta sobre la bocina de Kostas Papanikolaou en Georgia había dado el triunfo a los helenos y se iba a reavivar la polémica sobre la situación de Giannis Antetokounmpo en el equipo nacional. Cuestionado sobre el regreso de su gran icono al conjunto, el presidente Vassilakopoulos apuntó de nuevo con bala al entorno del jugador: "No puedo responder. Por supuesto que le queremos, pero su tema es una cuestión de agentes, ellos decidirán si juega. Es una profesión parasitaria. Espero que entienda que gracias a este país está en Estados Unidos y es una estrella". Palabras que no tardaron en obtener respuesta de enorme dureza por parte de Giorgos Panou en el programa radiofónico *Sport FM*, removiendo algún pretérito trapo sucio. "Hace dos años no se avergonzó al llamar a Giannis y Thanasis osos bailarines", criticó, en alusión a un viejo entretenimiento rural de los gitanos de los Balcanes, principalmente en Bulgaria, desde la época bizantina, en el que se empleaban osos domesticados para bailar gracias a un cordel de bronce conectado a un aro insertado en su extremadamente sensible nariz.

Según Panou, Vassilakopoulos acusó a los hermanos de ser como los dóciles úrsidos ante la voluntad de sus agentes en una reunión informal en la Federación en 2016, lo que sería una forma muy particular de tratar a la más rutilante estrella del baloncesto griego. El agente, además, aseveró que en las palabras del presidente radicaba el motivo por el que Giannis un año después anunció su ausencia en el Eurobasket en sus redes sociales y no en coordinación con el ente gestor del baloncesto heleno. Cabe recordar aquí que Thanasis sí defendió la camiseta griega en ese polémico verano de 2017. Vassilakopoulos negó haber utilizado el símil de los osos bailares mientras que Georgios Dimitropoulos apoyó en Twitter los postulados de su compañero Panou llamando "parásito institucional" al veterano directivo. Recordó que si Giannis obtuvo en 2013 un pasaporte griego, que le facultó para defender al equipo blanquiazul, no fue precisamente por el apoyo federativo. Un intensísimo fuego cruzado de declaraciones que, en todo caso, iba a encontrar cierta paz de cara a la Copa del Mundo de 2019.

Fantasmas del pasado

Habían pasado tres años desde que en el Preolímpico de Turín Antetokounmpo jugara su último partido oficial con Grecia. Se acercaba el momento de averiguar si 2019 sería la fecha del retorno. Los sucesos de los dos veranos anteriores –y la propia evolución del jugador– habían generado un ecosistema diferente. Todo el mundo era consciente de que los Bucks formaban una parte crucial de la ecuación, y debían dar su consentimiento, y por otro Giannis era todo un MVP de la NBA y no una estrella emergente como en Turín. Un ingente reclamo publicitario para muchas marcas, más aún en un mercado como el chino. De hecho, se convirtió en el primer MVP vigente en jugar un Mundial. Además, cada año iba a aparecer el debate sobre la longevidad en la carrera de un jugador físicamente tan especial que ha declarado querer competir hasta los cuarenta años y cómo defender a su país podría repercutirle a la hora de rendir al máximo nivel con su equipo. En todo caso, cada vez que habló en público, el *Greek Freak* expresó su deseo de volver a jugar con la blanquiazul. Así se lo había dicho también a la delegación helena que cada curso visita a sus jugadores NBA. En 2019 la comitiva estaba encabezada por el seleccionador Thanasis Skourtopoulos, quien se vio también con su colega en los Bucks, Mike Budenholzer. Pese a la batalla dialéctica entre Federación y agentes, a finales de 2018 ya se daba por hecho en Grecia que Antetokounmpo volvería al equipo nacional.

Así fue. El lunes 29 de julio Giannis comenzaba a entrenar con su selección –en la que por primera vez estaba Kostas, además de Thanasis–, preparando la Copa del Mundo que tendría lugar del 31 de agosto al 15 de septiembre en China. No es difícil imaginar la expectación que generó su participación en todo el país, semanas después de que se produjera en Atenas el lanzamiento mundial de las Zoom Freak One, que convertían al de Sepolia en el primer jugador europeo al que Nike diseñaba un modelo exclusivo de zapatilla. Su presencia supuso un impacto económico notabilísimo para las arcas de la Federación, con gran asistencia de público en los dos torneos que organizó. Uno en Creta entre el 9 y el 11 de agosto ante Hungría e Irán y, por supuesto, el clásico Acrópolis, en la sala OAKA, entre el viernes 16 y el domingo 18 con Italia, Turquía y Serbia como rivales. Los *plavi*, favoritos al título mundial en las quinielas por la plaga de bajas en Estados Unidos, acabarían llevándose el triunfo tras vencer en el cierre a una Grecia en la que Antetokounmpo ejercía de líder absoluto, pero a la que ya se le notaba su habitual carencia: la falta de tiradores, más aún con los problemas físicos de Kostas Sloukas. Le tocaba a Skourtopoulos una tarea que a priori podía parecer sencilla, pero que no lo era en absoluto: encontrar la forma de sacar el máximo partido al jugador más exuberante que habría en el Mundial.

Por números, sensaciones e impacto resultaba evidente que Antetokounmpo –que jugó mayormente en la posición de cuatro, como había vuelto a hacer en los Bucks tras la llegada de Budenholzer– era el gran puntal heleno para China. Sin embargo, no mostraba reparo en ceder el protagonismo en las rutinas de vestuario a los más veteranos, como Nick Calathes o, sobre todo, Ioannis Bourousis. "No se comportaba como una estrella en el mal sentido, porque en el trato directo no siente que sea un MVP y como tal nos los transmitía. Es alguien amigable que quería estar de buen rollo. Desde luego que hablaba en el vestuario, pero en absoluto como un creído", razona Giannoulis Larentzakis, integrante de esa selección griega. Los de Skourtopoulos, arrastrados por el enorme impacto de su líder en la cancha y pese a las dudas sobre el nivel de su perímetro, comenzaron el torneo como el sexto favorito a la medalla de oro, según el Power Ranking que la propia FIBA publicó 48 horas antes del inicio del torneo. Sólo estaban por detrás de Serbia, Estados Unidos, Australia, España y Francia.

Grecia arrancó la primera fase sin demasiados problemas, con un cómodo triunfo ante Montenegro por 85-60 que alimentó sus esperanzas. Sin embargo, la primera trampa, y a la postre decisiva, se la iba a encontrar en su segundo encuentro en Nanjing, la sede en la que se jugó el grupo F, y donde el martes 3 de septiembre le esperaba Brasil, con un viejo y funesto conocido en su banquillo: Aleksandar Petrovic. El técnico croata tenía muy claro su plan. Si ya le había dado resultado en el Preolímpico de 2016, no había motivo para, realizando algunos ajustes, no repetir el experimento. "Claro que nos habló de aquel partido y de sus problemas en el tiro", reconoce el pívot brasileño Augusto Lima sobre el *scouting* previo. El gran objetivo de los sudamericanos era lógico: "Evitar que jugara a campo abierto. Si lo hace es un 'tractor', imparable, no he visto una cosa igual en mi vida", explica Lima. La primera trampa de Petrovic iba a estar en el encargado de defender inicialmente a Antetokounmpo, que no fue otro que Alex Garcia, de apenas 190 centímetros de altura. Más tarde también se emparejaría con él Bruno Caboclo, mucho más similar físicamente, 2,06 metros. Mientras, "el resto estábamos todos muy encima de él y si quería tirar le dejábamos", añade Lima.

Aquello fue prácticamente una provocación para el MVP de la NBA que, sin espacios e incómodo, buscó aprovechar su evidente ventaja física sobre Garcia en la colapsada zona brasileña, en un hábitat no demasiado habitual para él. "Sabíamos que en la NBA no juega tanto poste bajo, que es lo que intentó hacer dada la situación", prosigue el carioca. Lo cierto es que, pese a que Grecia comenzó controlando el partido, con ventajas de hasta 17 puntos en el segundo cuarto, el plan brasileño fue haciendo mella en los helenos. Los de Petrovic retaban a lanzar a su rival –en el que sólo Printezis, con cuatro triples, estuvo acertado– de una forma tan ostentosa que los recuerdos del partido ante Croacia en 2016 comenzaron a emerger. Brasil ya estaba definitivamente en un choque donde lograr cada canasta se convirtió en un enorme dolor de muelas. Al final, todo se decidió en un cara o cruz que cayó del lado brasileño (79-78). Antetokounmpo acabó expulsado por faltas, mostrando toda la ira que le había generado volver a caer en el barro enemigo. "No puedo decir que le viera frustrado, pero sí es cierto que sabía lo que íbamos a hacer y nos salió bien", concluye Augusto Lima. Tras el encuentro, por cierto, Petrovic presumió de su plan anti-Antetokounmpo: "Hace seis meses que tengo en la cabeza cómo pararle, desde la semifinal entre Toronto y Milwaukee". Ciertamente, no se puede negar que su estrategia dio resultado.

Mucho más allá del zarpazo anímico y de la reaparición de dudas antiguas, las repercusiones de la derrota fueron enormes para Grecia. Debido al sistema de competición del torneo, perder ante Brasil fue una hipoteca prácticamente letal, y pese al triunfo posterior contra Nueva Zelanda (103-97), los griegos pasaron sometidos a mucha presión a la segunda fase, donde se enfrentarían a Estados Unidos y República Checa. Eso sí, la lógica derrota ante los americanos (53-69) vino acompañada de un triunfo checo frente a Brasil que dejaba con opciones a Grecia ante una última jornada en la que la única cuenta que servía a los de Skourtopoulos era imponerse por 12 o más puntos al cuadro europeo y que Estados Unidos ganara a Brasil. Pero Grecia no cumplió con su objetivo de mínimos; pese a vencer (84-77) y llegar a rozar la docena de ventaja en varios momentos del encuentro, nunca llegó a estar por encima. Tras una auténtica contrarreloj de cuarenta minutos, volvió a rubricar un nuevo fiasco. En el duelo decisivo, Antetokounmpo tuvo otra vez serios problemas de faltas: acabó expulsado mediado el último cuarto –disputó apenas 23 minutos–, sin poder ayudar y viviendo con enorme impotencia cómo su equipo remó incansablemente para morir en la orilla.

China 2019 no trajo en absoluto una actuación descollante de Giannis, muy lejos del dominio que suele imponer en la NBA. No fue sólo una cuestión numérica –promedió 14,8 puntos, 8,8 rebotes, 2,4 asistencias, 2,4 robos y 0,6 tapones– sino que probablemente las sensaciones fueron peores. Uno de los grandes motivos es la ausencia en FIBA de la norma que en la NBA impide a un jugador estar más de tres segundos en su propia zona durante la defensa, y que afecta enormemente a un jugador como el *Greek Freak*, incapaz de encontrar los espacios necesarios hacia el aro al nivel que lo hace en Estados Unidos. Incómodo en la espesa telaraña de sus rivales, tampoco tuvo la confianza necesaria para amenazar desde el perímetro –lanzó sólo nueve triples en los cinco partidos jugados, encestando dos–, y desde luego no gozó del apoyo necesario en su equipo para crear espacios y permitirle dominar físicamente. El pobre 33,6% que firmó Grecia desde el perímetro ratificó su falta de amenaza exterior e incrementó el desasosiego por la posibilidad de desaprovechar a uno de los mejores jugadores de su historia por no tener las mejores mimbres para rodearlo. Hubo quien apuntó al escaso respeto arbitral por él, con un listón muy distinto para su juego físico que el que encuentra en la NBA. La Federación griega incluso envió una queja a la FIBA tras el partido ante República Checa que sonó más a pataleo y cortina de humo que a otra cosa. Por último, tampoco faltó quien apuntó al seleccionador como el gran culpable, al verse incapaz de lograr un engranaje ofensivo en el que Antetokounmpo se sintiera realmente cómodo y dominador.

Un complejo futuro por escribir

Respecto a su cuarta decepción como internacional griego, Giannis, poco dado a declaraciones grandilocuentes, evitó hablar con la prensa tras el partido ante los checos y se limitó a una sucinta publicación en sus redes sociales tres días más tarde junto a la frase "las bendiciones se pueden mostrar de muchas maneras. Ni te plantees poner en duda el plan de Dios". Probablemente buscaba decir que, pese a la frustración, seguía sintiéndose afortunado por su proceso vital. Ya en Milwaukee, en su primera comparecencia pública –en el *media day* de los Bucks y junto a Thanasis, al que esa temporada firmó la franquicia–, aseguró que su etapa con la selección no estaba cerrada, atajando posibles especulaciones. Pero no fue hasta después del primer partido de pretemporada cuando realmente expresó lo que había vivido en China. "Jugando con normas FIBA me sentía como un prisionero. Acabo de salir de la jaula, de la celda. Estoy libre ahora. Las reglas, la forma en que se juega al baloncesto FIBA, el espacio. Sentía que estaba jugando uno contra cinco cada vez que tenía el balón. Aquí es totalmente diferente. Prefiero el baloncesto de la NBA." Unas declaraciones que reabrieron el debate sobre su encaje en la selección y que además le hicieron objeto de crítica por su supuesta incapacidad para evolucionar hacia un jugador dominante en ese "otro baloncesto".

¿Cuál es, por tanto, el futuro que le espera a Antetokounmpo con Grecia? Sigue manteniendo que uno de sus sueños es ganar una medalla defendiendo a su país, y mucho más si algún día lograra hacerlo junto a sus tres hermanos, lo que vaticina un largo futuro como internacional heleno. Aunque quizás el éxito no esté tanto en sus manos, con dos factores muy relevantes sobre la mesa que analizan tres voces más que autorizadas del baloncesto griego. "Al no tener tiradores, siempre que esté con la selección va a sufrir mientras FIBA no cambie las normas", pronostica Fotis Katsikaris, que estima que "aunque las reglas fueran iguales, si tuviera cuatro tiradores a su lado podría dominar igual porque él puede jugar en casi cualquier posición y hacer muchísimas cosas. Sería la bomba rodearle así, pero no es el caso". Ciertamente, jugar contra la Grecia de 2019 supone estar replegado, cerrando espacios a Antetokounmpo y al resto de sus compañeros, a los que se reta a lanzar desde el perímetro. El técnico de Nikaia admite que "en FIBA no puede jugar como base y más sin amenaza exterior a su alrededor; sería simplemente posturear y decir que tienes a un tío de 2,13 ahí", pero destaca que "lo bueno que tiene es su adaptación; siempre va a estar disponible para lo que le pidas y no te va a llamar su representante para quejarse". Finalmente, Katsikaris aclara que Antetokounmpo "tiene un cuerpo espectacular para jugar uno contra uno o bloqueo directo", pero que "ser base es otra cosa, para eso tendría que tener 'asesinos' a su lado, y no es el caso".

"Nadie puede negar que es un gran jugador, pero la clave está en que encuentre el sitio en el equipo. Entender lo que hay que hacer para usarle de la mejor forma, y que sea el líder y alguien que sólo sume. Eso necesita un tiempo de adaptación y no es fácil de obtener. Cuando hagan eso tendrán muchas opciones de conseguir grandes objetivos", añade Giorgos Sigalas, con 185 partidos a sus espaldas con Grecia. En la misma línea, Willy Hernangómez señala que "está tan acostumbrado a la NBA que su propia superioridad física le dificulta jugar con normas FIBA". Mientras, Dimitris Itoudis también admite que "no lo va a tener fácil, porque le colapsan la pintura. Milwaukee ha hecho un equipo entero a su alrededor en el que todos tiran y él es el creador de todo, mientras que la selección no tiene ni tanto tiempo cuando se junta ni tantos tiradores". Sin embargo, el exitoso entrenador confía en que "encontrará la manera de triunfar porque es extremadamente competitivo y además espero que sea así porque es un ejemplo vital para los niños. Grecia debe sentirse bendecida de tener a alguien como él, que ama al país, lo siente y quiere jugar con su equipo. Eso es muy importante, porque hemos tenido otros nacionalizados que quizá no lo han sentido tan hondo como él. Es el *Greek Freak*, creo que está todo dicho".

MARCA, MODELO Y LEGADO

DESDE QUE ENTRARA EN VIGOR su segundo contrato como profesional en la NBA, al inicio de la temporada 2017/18, Giannis Antetokounmpo se introdujo en una dimensión económica que se ha incrementado con el paso del tiempo. Se ha convertido en el mayor embajador de su deporte por delante del tenista Stefanos Tsitsipas, el futbolista Sokratis Papastathopoulos, la pertiguista Katerina Stefanidi o la tiradora Anna Korakaki, amén de jugadores del calibre de Vassilis Spanoulis o Nick Calathes. No es sólo una cuestión de popularidad –es un icono global muy por encima del resto, elegido en 2020 por la revista *Time* como una de las cien personalidades más influyentes del planeta–, sino puramente monetaria si se quiere: las ganancias totales de Tsitsipas, asentado entre las diez mejores raquetas del planeta, se estimaban en algo más de once millones de euros, cifra irrisoria para Antetokounmpo. Un dato más: en mayo de 2020, *Forbes* le incluyó por primera vez entre los veinte deportistas mejor pagados del mundo. Ocupaba el puesto dieciocho en una lista encabezada por Roger Federer y con sólo cinco compañeros de profesión por delante: LeBron James, Stephen Curry, Kevin Durant, Russell Westbrook y James Harden. En septiembre de 2020 un coleccionista pagó 1.812.000 dólares por un extraño cromo de su primer año en Milwaukee, con un trozo de su camiseta y firmado por el griego. Se convirtió en la estampa deportiva más cara de la historia.

No le ha resultado sencillo crear esa marca. Pese a presumir de ser alguien de perfil bajo, no tardó en ser consciente de lo que representa el negocio en la NBA. Las crónicas entre bambalinas de su segundo y tercer año en Estados Unidos dibujaban a un tipo risueño, bromista y que jugueteaba en el vestuario, pero que cuando se ponía ante la prensa cambiaba su sonrisa angelical y trataba de ser reflexivo, aún con un inglés no muy consistente. Más allá de bromas y votos perdidos para el All-Star, la imagen de Barack Obama trabándose al pronunciar el apellido del ateniense a finales de 2016 –en uno de sus últimos viajes oficiales como presidente estadounidense, precisamente a Grecia– fue el mejor altavoz de las dificultades que la helenización del original Adetokunbo ha planteado durante años. De hecho, una de sus primeras promociones como jugador de Milwaukee Bucks había consistido en pedir a los aficionados que pronunciaran, con dudoso éxito, su apellido. Años más tarde, descubrió que en China se le había asignado el sobrenombre de *Letter Bro* ante lo complejo de su patronímico y la gran cantidad de letras que contiene.

Por ello, un gran movimiento a nivel de marketing fue la adopción de *Greek Freak* como apodo, pese a que inicialmente no le gustase por las connotaciones negativas que *freak*, si se traducía como monstruo, podía tener en Grecia. Lo hizo el 4 de febrero de 2014 a través de Twitter, tras su enésimo intento por explicar la pronunciación de su apellido. El 30 de mayo solicitó la protección de dicho concepto –y más tarde de *Greek Fr34k*, usando su dorsal habitual– a efectos comerciales en la oficina de Patentes y Marcas de Chicago. Su petición fue aprobada en diciembre de 2017. Según *The Athletic*, en la primavera de 2020 sus abogados ya habían presentado decenas de demandas por uso ilegal de su marca. Giannis se mueve en esa delgada línea que afrontan las estrellas del deporte. Se trata de proteger sus derechos a riesgo de padecer codicioso o asumir una pérdida de control de su imagen. Sin embargo, hay campos a los que es muy difícil ponerles puertas: basta un paseo por el populoso barrio ateniense de Plaka para encontrar cientos de camisetas falsas del portento heleno a la venta. Según *SportsPro*, firma que calcula el potencial de mercadotecnia de los deportistas, en 2019 Giannis ya era el sexto del mundo. Su historia personal y su rendimiento le han convertido, junto a Stephen Curry, en el principal reclamo de una de las mayores agencias de representación del baloncesto moderno: Octagon.

El espigado chaval que malvivía en Sepolia meses antes de ser drafteado tiene un patrimonio –según *celebritynetworth.com* a finales de 2019– de unos sesenta millones de dólares y una legión de seguidores en redes sociales. En 2019 se convirtió en el primer baloncestista no estadounidense en ser portada del popular videojuego *NBA 2K* y en tener un modelo personalizado por Nike. Se convertía así en una de las caras visibles de la marca americana, la que ha vestido siempre en la NBA. No es sencillo encontrar muchos jugadores del tamaño del griego con calzado personalizado. El aficionado suele sentirse más atraído por aquellos que más tiempo tienen el balón en sus manos y son capaces de anotar o generar juego, algo que consigue Antetokounmpo desde su físico tan indefinible.

Su primer contrato con la célebre compañía, por cuatro años, le reportó unos 20.000 dólares anuales, y por el que firmó en 2017 –tras rechazar una primera oferta de la propia Nike, y pese a los intentos de Adidas o Li-Ning por reclutarlo– se cree que ingresó nueve millones en su primera temporada. Además, es una figura prominente de empresas de prestigio, como la telefónica Metro o Hulu, servicio de suscripción a la carta de vídeo. También ha aparecido ligado a otras como el banco BMO Harris, la electrónica JBL, Kronos Foods –aunque estadounidense, el mayor productor del mundo de los típicos gyros griegos–, la relojera suiza Tissot o el fabricante chino de televisores TCL Corp.

Por supuesto, en su país es uno de los mayores reclamos contemporáneos. Un vuelo en la compañía aérea Aegean Airlines permite ver un divertido vídeo donde es el propio Giannis el que da las instrucciones de seguridad, sustituyendo en ese rol al personal de a bordo. En 2018 protagonizó una campaña de la Organización Nacional de Turismo de su país, invitando a los turistas extranjeros a conocer Grecia. Otras marcas populares que presumen de su apoyo son los batidos Milko, la energética Protergia y la gama de perfumes STR8, de la que es embajador global. Contó Giannis en *Eurohoops* que esto le hacía especialmente feliz. Cuando tenía doce años, un compañero de clase le regaló su primera colonia de esa marca. Poco más de una década después, hay una línea de perfume con su imagen que se vende por todo el mundo. Antetokounmpo ha declarado que le gusta implicarse con las marcas a las que representa y que trata de mandar un mensaje en sus campañas: "No quiero que la gente piense sólo en baloncesto cuando escuche mi nombre; quiero que piensen más allá, en que se pueden cambiar las cosas. Quiero promover ese mensaje".

En mayo de 2020 realizó su primera gran inversión en una compañía, adquiriendo parte de la propiedad de Ready Nutrition, especializada en bebidas para deportistas, con el objetivo de combatir a gigantes como Gatorade o Powerade. Giannis –que se apoyó en los consejos sobre inversión de Kobe Bryant o Tony Parker, además de los de su agente, Alex Saratsis– admitió que encontró vinculación entre su historia y la del fundador de la compañía, Pat Cavanaugh, que en los ochenta llegó a ser capitán del equipo de la Universidad de Pittsburgh pese a sus complicados inicios en el mundo del baloncesto. Es lógico pensar que, especialmente con la lanzadera que supone el acuerdo con Nike, su proceso empresarial no ha hecho más que empezar. Lejos queda el tiempo en el que apenas podía arriesgar unos céntimos de euro en juveniles partidas de cartas con sus compañeros del Filathlitikos.

Aunque le gusta lucir coches de alta gama, no es el carácter de Giannis Antetokounmpo el de alguien pretencioso. Podría acumular una ingente cantidad de dinero por su indudable tirón mediático, pero su prioridad siempre ha sido su familia, y el siguiente gran objetivo está en llegar lo más arriba posible en lo deportivo. Así lo expuso en una entrevista a ESPN en febrero de 2020, justo antes de su primera paternidad: "Sé que hay muchas cosas que vienen por ser una celebridad, estar en portadas y todo eso, pero realmente no me emocionan. Este año he rechazado muchas cosas: películas, anuncios y patrocinios, porque no me importan. Sólo quiero ganar, ayudar a Milwaukee a tener un campeonato". En abril de 2019 se supo que había rechazado formar parte de los actores secundarios de la segunda parte de *Space Jam*, secuela de la cinta protagonizada en 1996 por Michael Jordan. Giannis argumentó que no le gustaba el "drama extra" que supone Hollywood y dejó entrever que participar en el rodaje alteraría sus rutinas de entrenamiento durante semanas, algo a lo que no parecía dispuesto. Una decisión en la que podría subyacer cierto desinterés por tener un papel secundario, eclipsado por LeBron James, el protagonista. De hecho, Antetokounmpo tiene cedidos sus derechos a Disney para la realización de una película sobre su azarosa juventud y su posterior llegada a la NBA.

Pero es probablemente en sus zapatillas personalizadas donde Giannis más ha querido imprimir su firma. En junio de 2019, con el lanzamiento de las Zoom Freak One, cuya segunda versión saldría al mercado un año más tarde, se convirtió en el vigesimosegundo baloncestista de la historia en tener un modelo personalizado por Nike. Un calzado con un significado muy especial para quien, recordemos, llegó a tener que compartir un par de zapatillas con su hermano mayor, incluso en el mismo partido, o utilizó las que desechaban sus compañeros en el Filathlitikos, aunque no fueran exactamente de su talla. De hecho, reconoció en *The Undefeated* sentirse "avergonzado" por la forma de los dedos de sus pies, algo agarrotados tras jugar muchos partidos con calzado un par de tallas inferior a su horma. Por eso su objetivo, desde la óptica de quien podría estrenar un par nuevo en cada encuentro, es, según indicó en la misma publicación, crear "un modelo atractivo que pudiera contar una historia con la que un niño se identifique".

El hilo conductor de ese proceso no podía ser otro que su familia, lo que le hizo implicarse aún más. Según responsables de Nike, el periodo desde que se esboza una zapatilla hasta que sale a la venta suele ser de dieciocho meses, mientras que en el caso de Antetokounmpo se fue hasta los dos años. Su personalidad curiosa e involucrada, y el reto de rendir homenaje a los suyos derivaron en ese aumento de los plazos en un producto que además debía tener en cuenta las necesidades de un jugador tan particular como el ateniense, cuya larga zancada no tiene parangón en el baloncesto moderno. Más allá de especificaciones técnicas, las zapatillas incluyen los nombres de sus padres, Veronica y Charles, en el exterior, y de sus hermanos Francis, Thanasis, Kostas y Alex en el talón, junto a varios elementos que honran a su familia y su herencia griega y nigeriana. Además, en la suela aparece la frase "I am my father's legacy" ("Soy el legado de mi padre"). Igualmente, dentro de la variedad de colores existente, Giannis quiso que el modelo Rosas fuera diseñado en rojo, blanco y dorado, en homenaje a los tonos favoritos de su progenitor, mientras que la versión naranja y azul se llamó All Bros en alusión al fuerte vínculo que le une con sus hermanos. En esa alegoría tan particular, la parte trasera de la zapatilla representa a Veronica, quien mantiene seguro al *Greek Freak*. Un año más tarde, el modelo Naija fue un claro signo de orgullo de sus orígenes africanos. Esta prenda, en el fondo, marca la impronta del recorrido vital de un jugador tan único en la cancha como lo es su historia de superación.

El clan

Se han escrito ríos de tinta sobre la relación de Giannis Antetokounmpo con su familia, pero cada vez que se cuestiona a su entorno se confirma la intensísima unión existente entre los miembros del clan. Ya se han descrito la multitud de vicisitudes que la familia de origen nigeriano superó durante sus primeros años en Atenas, si bien es cierto que algunas partes del relato oficial más extendido por los medios de comunicación no se ajustan completamente a los hechos. Giannis no es un jugador *self-made*, hecho a sí mismo, como divulgó Nike en una potentísima campaña publicitaria en 2019. Es bastante *naif* pensar así, pues es evidente que el *Greek Freak* ha sido modelado por muchas manos para llegar a ser MVP de la NBA. Tampoco es el fruto de las decisiones de sus padres, pues probablemente de ser así no habría acabado como profesional del baloncesto. En muchos momentos de su adolescencia, antes incluso de la aparición de sus representantes, la determinación de Spiros Velliniatis, Lukas

Karakousis o Takis Zivas resultó crucial en todo lo que acaeció después. Finalmente, es cuestionable que llegase al baloncesto merced al empuje de Thanasis. Giannis abrazó el deporte de la canasta casi de rebote, si bien es cierto que una vez estabilizado en el Filathlitikos –lo cual sabemos que no fue sencillo–, su hermano mayor, cuyo poderío físico le hizo destacar pronto, fue el espejo en el que mirarse.

Dicho eso, no se puede obviar una fortísima ligazón parental, que se observa hasta en el número predilecto del ateniense: juega con el 34 porque su madre nació en 1963 y su padre en 1964. El motor de la familia –concepto que definió el *Greek Freak* en un acto en 2017 como "la gente que, cuando las cosas van mal, está a tu lado sin retirarse"– siempre fue Veronica; de ahí que Giannis la llamara su "auténtica heroína" en la ceremonia del MVP de 2019. Es de las pocas veces que se la ha visto emocionada, pues es una mujer que casi siempre aparece sonriente, como si hubiera vivido una vida sencilla, tan lejana de la realidad. Un antídoto contra la tristeza que ha heredado Giannis, también íntimamente ligado a una sonrisa. Veronica crio, trabajó, impartió valores y hasta si hubo de pedir clemencia, ante un posible desahucio o una amenaza de deportación, lo hizo con la misma intensidad con la que durmió y despertó a sus hijos entre nanas, generando un optimismo difícil de lograr en tiempos tan complejos. Su canción predilecta era *To kokoraki* (El pollito), y se la cantó por sorpresa a Giannis y Thanasis años más tarde en un acto público en Atenas, ante la desbordada emoción de ambos.

Quizá por esa protección materna, en su primer año en Milwaukee el *Greek Freak* lo pasó mal hasta la llegada de los suyos. No quería dormir solo en casa, y a veces incluso amagó con hacerlo en el Cousins Center, como recordando los tiempos del Filathlitikos. Tan extrema fue la situación que, tras la segunda negativa a los visados de su familia –una tercera hubiera sido definitiva–, amenazó con mandarlo todo al garete. "Me llamó y me dijo: 'Si se los deniegan y no pueden venir, me voy de Estados Unidos'", explicó Giorgos Panou en el documental *Finding Giannis* de TNT. Meses antes, tampoco se había mostrado receptivo a viajar solo al *draft*, al que finalmente le acompañó Thanasis. Bien es cierto que ahí los consejos familiares sí fueron cruciales para su carrera. "Ve porque será bueno para todos", le recomendaron.

El principal responsable de tan relevante reflexión fue Charles, alguien sin demasiada fortuna en su vida. De físico notable, cercano a los dos metros, su maltrecha rodilla le cercenó el sueño de ser profesional del fútbol, tampoco le gustó que sus hijos se decantaran por el baloncesto, y más tarde las dificultades le hicieron apegarse más de lo debido al alcohol durante un buen tiempo. Para mayor desgracia, cuando la suerte de los suyos había cambiado, un fulminante infarto de miocardio acabó con su vida el 29 de septiembre de 2017 con 53 años en su casa de Milwaukee. El amor de Giannis por su padre queda reflejado en las Zoom Freak One. Su muerte fue un impacto que le obligó a dar otro paso en su maduración fuera de la cancha: se convirtió en el cabeza de familia, no sólo económico sino también emocional. Y encontró en el apoyo de la gente de Milwaukee un punto al que aferrarse en los momentos más delicados, como reconocería en el *New York Times* semanas después de la muerte de Charles. El recuerdo permanece en las zapatillas de Giannis y en el nombre que su esposa utiliza en redes sociales: Vero-Charles Adetokunbo.

La sensación de carga de Giannis pudo ser mayor porque entendió que sus hermanos pequeños comenzaban a depender más que nunca de él. Kostas y Alexis, junto a Thanasis, son sus grandes compañeros de viaje. Sueña con defender algún día a Grecia con los cuatro sobre la cancha, en lo que sería una imagen histórica. Giannis ha reconocido que pasó horas durante años observando una antigua foto de los cuatro en una cama que compartían en uno de los apartamentos en los que vivieron en Sepolia. Apenas tenía diez años entonces. Ahora, afirma que intenta no quitarles atención cuando acude a ver sus partidos. Así sucedió en la primavera de 2017, cuando visitó a Thanasis en Andorra. "Intentamos que viniera a algún acto con nuestros chavales, pero decía que el protagonista era Thanasis y que no venía a robarle relevancia, porque sabía que si se prestaba a eventos se hablaría de él y no de su hermano. Había que aceptarlo", explica Gabriel Fernández, director de comunicación del club del Principado.

De ese amor fraternal tan intenso surge otra de sus grandes anécdotas en su primer año en Milwaukee. Pese a la modesta vida que llevaba, el *Greek Freak* no tardó en comprar una PlayStation 4 para ocupar su tiempo de ocio. Entonces le invadieron los remordimientos y un frío emocional mayor que el del invierno de Wisconsin. Según contó *Yahoo*, acabó vendiendo la consola al entrenador asistente de los Bucks –el exjugador Nick Van Exel–. Era incapaz de soportar haberse gastado cuatrocientos dólares en algo tan frívolo mientras sus hermanos pequeños seguían sin poder salir de Grecia. Se sentía culpable. Meses más tarde, cuando toda la familia logró reunirse en Milwaukee y su relación dejó de ser a través de videollamadas, compró otra consola para jugar con Kostas y Alex. Se sentía liberado de su pecado.

La llegada de los suyos no hizo que Giannis comenzase a despilfarrar, aunque sí acometió una mudanza. La familia vivió sus primeros días en Milwaukee en un céntrico y nada ostentoso edificio, en el que los padres ocupaban el cuarto piso y los tres hermanos el quinto. Fue como un soplo de aire fresco espiritual. Incluso Delaware –donde jugó Thanasis aquel curso– parecía cercano, a *sólo* dos horas y media en avión. Kostas y Alexis cursaron sus estudios en el instituto Whitefish Bay Dominican, hasta que el primero fue becado en 2016 por la Universidad de Dayton y se marchó al estado de Ohio. Por otro lado, tras la muerte de Charles, Veronica se mudó con sus hijos.

La protección del *Greek Freak* hacia sus hermanos va mucho más allá de la presencia habitual en sus partidos, que vive con enorme intensidad en primera fila siempre que puede. Al fallecer su padre se convirtió en el tutor legal de Alex, con el que mantiene un enorme nivel de implicación. De hecho, cuando decidió en verano de 2020 comenzar una carrera profesional directamente desde el instituto, sin pasar por el baloncesto universitario, Giannis vigiló de cerca ese paso. Finalmente, el pequeño –al que se ha llegado a señalar como el de más potencial, incluso por parte del propio MVP de la NBA– acabó firmando un contrato con el UCAM Murcia, no sin que antes su entrenador, Sito Alonso, tuviera una reunión a través de la plataforma Zoom con todos los hermanos y Alex Saratsis. En ella les explicó sus planes para la formación de Alex. Sin la aprobación de Giannis, el contrato de su ojito derecho con los pimentoneros por tres temporadas nunca se habría rubricado. Poco después, a finales de septiembre de 2020, tanto él como Thanasis visitaron a su hermano pequeño en la ciudad española, con el objetivo básico de evaluar su adaptación a una vida en solitario. "Es genial haber podido venir, verlo y comprobar que su casa está limpia y que está haciendo la cama", declaró Giannis en una rueda de prensa, satisfecho por los hábitos de su tutelado. El tiempo dirá si Alex es capaz de soportar las enormes expectativas puestas sobre él y se convierte en el cuarto Antetokounmpo en la NBA. La paradoja es que para siempre quedará Kostas como el primero en ganar un anillo, con los Lakers en 2020, aunque su participación con los angelinos fue ciertamente testimonial, con apenas veinte minutos de juego en cinco partidos en todo el curso.

En este punto, hay que mencionar al eslabón más desconocido del clan, el que nunca jugará en la mejor liga del mundo. Francis, el hermano mayor, que nació el 20 de octubre de 1988, no goza de la exuberancia física del resto. Se quedó en Nigeria cuando Charles y Veronica partieron desde Lagos y no fue hasta 2018 cuando pudo reencontrarse con su familia. Su apellido sigue siendo Adetokunbo al no ser ciudadano griego. Por razones obvias, la relación con sus hermanos es menos intensa. Según *Oneman.gr*, su llegada a Atenas se produjo en enero de 2018 debido a que, con su mujer embarazada, la familia prefería que el parto de la primera nieta de Veronica se produjera en Grecia. Francis consiguió un permiso de residencia al firmar un contrato profesional como futbolista en el modesto Sparta, si bien no llegó a debutar. El movimiento generó muchas especulaciones, pues coincidió con la etapa de Thanasis en el Panathinaikos y la anterior relación del dueño de los verdes, Dimitris Giannakopoulos, como inversor en el Sparta. El 22 de julio de 2018, su pareja daba a luz en un hospital ateniense. La carrera futbolística de Francis –que vive curiosamente en Zografou, el barrio del Filathlitikos– no tuvo mayor recorrido y comenzó a dedicarse a la que cuentan que es su gran pasión: la música. En julio de 2020 lanzó su primer *single* bajo el título de *Shekosi* ('¿Estás bien?', en yoruba), y el videoclip fue publicado en el canal de Youtube de los hermanos Antetokounmpo, demostrando el apoyo al nuevo proyecto del mayor.

Volviendo a Milwaukee, los Antetokounmpo siempre han gozado allí de una vida tranquila. Giannis es un tipo familiar, de poco salir y al que no le gustan las "urbes luminosas con grandes distracciones", como Miami y Los Ángeles. Afirma que su perfil bajo encaja en la sede de los Bucks como anillo al dedo. Un lugar tranquilo que le permite centrarse en su familia y en el baloncesto. La cercanía de Chicago también ayuda, y cuando su escaso tiempo libre se lo permite, gusta de escaparse a disfrutar en algún restaurante. Además se le puede ver en locales griegos y africanos en Milwaukee. La primera casa adquirida por el *Greek Freak* –en otoño de 2018– se sitúa en River Hills, zona de mayor estatus, pero en la misma línea de sosiego. Una lujosa propiedad construida en 2005 que incluye, entre otras comodidades, seis dormitorios, bar, sala de juegos, gimnasio, bodega, piscina cubierta y casa de invitados. Anteriormente perteneció a dos *bucks*, Mirza Teletovic –a quien Giannis se la compró por 1,8 millones de dólares– y Michael Carter-Williams.

La otra pieza fundamental para entender la vida familiar de Giannis Antetokounmpo es la californiana Mariah Danae Riddlesprigger, su pareja. Dos años mayor que él e hija de un antiguo baloncestista universitario en Fresno State, fue una notable jugadora de voleibol en la NCAA, llegando a ser pieza importante del equipo de la Universidad de Rice, donde concluiría su formación en gestión deportiva y Sociología. Tras titularse en 2014, trabajó durante más de un año para los Philadelphia 76ers al tiempo que pasó dos veranos ejerciendo en la Summer League de la NBA. La pareja –cuya primera imagen pública data de junio de 2016– anunció el nacimiento de su primogénito –Liam Charles Antetokounmpo– el 10 de febrero de 2020. Ya llevaban tiempo viviendo juntos, pues Mariah se trasladó a Milwaukee antes de que Giannis adquiriese la lujosa casa de River Hills.

Modelo urbano

Para palpar que la figura de Giannis ha trascendido a lo que sucede en una cancha basta dar un paseo por Atenas. En la capital griega se puede encontrar su imagen en lugares que en muchos casos nada tienen que ver con el baloncesto. El recorrido humano y el enorme impacto deportivo del fulgurante fenómeno Antetokounmpo han calado entre los griegos como una historia que ayuda a pensar que casi nada es imposible de conseguir en la vida por difícil que resulte el escenario de partida.

Sepolia, el barrio donde dio sus primeros pasos, es uno de los puntos principales, pero en el mismo centro histórico de la capital de la democracia no es difícil encontrar muestras que confirman que la nueva estrella helena es también un modelo para los artistas locales. En Ermou –la principal calle comercial de la ciudad, que desemboca en la icónica Plaza Sintagma–, un veterano pintor con aerosoles expone a los viandantes sus obras. En ellas se observan variados dibujos que van desde paisajes hasta nocturnos retratos de Spiderman, o figuras como Freddie Mercury. Entre sus decenas de obras emerge Giannis, el ídolo de la juventud ateniense.

Sólo unos metros más adelante se llega a la Plaza Sintagma, donde se encuentra la sede del Parlamento heleno. Se hizo famosa por ser el epicentro de las protestas populares durante la crisis económica que comenzó en 2010. Aún hoy muchos piensan allí que Grecia nunca será capaz de salir de ese agujero financiero, y quizá no les falte razón. Justo a la entrada desde Ermou se encuentra la tienda oficial de Nike, donde el protagonista casi absoluto es Antetokounmpo. La inversión de la firma, cuyo logo representa las alas de la diosa griega Atenea Niké, es potentísima. Giannis es la nueva deidad de la marca estadounidense: un filón indiscutible. En la tienda de Sintagma su imagen asalta al peatón cual pantocrátor. No lejos de allí, en las tiendas de artesanía y *souvenirs* que pueblan los barrios de Plaka y Monastiraki, las falsificaciones de distintos modelos de camisetas de Antetokounmpo copan lugares principales en los comercios, conscientes los vendedores de que parten entre los objetivos principales de los turistas y curiosos que se acercan. Allí no hay marcas oficiales y los precios son mucho más asequibles, pero también ha llegado el fenómeno del *Greek Freak*. Es de largo el jugador de baloncesto más demandado, probablemente por encima de cualquier otro deportista, fútbol incluido, griego o internacional.

Lejos del bullicio del centro de Atenas también existen señales de su impacto, con cada vez más grafitis a lo largo de una extensísima urbe plagada de estrechas callejuelas. Volviendo a Sepolia desde el barrio de Peristeri, en el número 46 de la calle Manitaki se encuentra uno de los principales puntos neurálgicos que guardará el legado de la historia de Antekounmpo: la cancha de Tritonas en la que él y sus hermanos pasaron tantas horas lanzando a canasta, frente a la cafetería Kivotos. Desde febrero de 2017 la pista de cemento aparece decorada con la figura del dorsal 34 de los Milwaukee Bucks. Junto a ella, la pared del edificio contiguo recoge un mural que representa aún más el verdadero milagro de los Antetokounmpo, con Giannis como protagonista y sus hermanos escoltándole a lo largo de la fachada. Todo ello bajo el lema *We Are All Bros* ('Todos somos hermanos'). Pero no sólo en Sepolia hay canchas que han sido reformadas con su imagen. También sucede en Lamprini, Ampelokipoi y Ellinorosson, donde Billy Gee, Cacao Rocks y Nique dejaron su sello en un proyecto financiado por Nike.

"Giannis es un tío que trae esperanza a la gente; no es sólo un icono de la NBA, sino también un símbolo. ¡Debería tener una estatua en Atenas! Si tuviéramos la cultura de los americanos sería protagonista de un cómic, como *Iron Man* o el Capitán América." Habla Giannis Karampetsos –más conocido como *Sake*–, el más famoso tatuador griego. En su estudio se pueden encontrar impresionantes dibujos de Antetokounmpo junto a grafismos en Lineal B, una lengua de signos empleada en Mikonos siglos antes del nacimiento de Jesucristo, mucho más antigua que el uso del alfabeto griego. *Sake* ha sido pionero heleno del grafiti desde principios de la década de los noventa, y ha expresado su creatividad con tatuajes. En los últimos años es autor de esculturas y pinturas en las que deja impreso su particular toque urbano.

Durante el verano de 2019, el MVP de la NBA participó en un evento benéfico en Mikonos y firmó un dibujo de *Sake*, que tiene en el baloncestista una auténtica fuente de inspiración. "Hay dos figuras de Giannis a la derecha y usé la técnica de letra Lineal B a la izquierda. La ejecución no fue muy compleja, pero sí el hecho de concebir la idea y la composición de color. Me preguntó dónde debía firmar la obra porque no quería estropearla, y después me abrazó, me dio las gracias y me pidió que le enviara una a Milwaukee. Un tío al que teóricamente no puedes apenas rozar porque gana millones de dólares, pero que es tan sencillo y bueno con todo el mundo que te hace pensar: 'Me estás tomando el pelo, ¿no?'. En Grecia hay cantantes de segunda o tercera fila que te miran por encima del hombro. De verdad que nunca he visto a una superestrella con su mentalidad y comportamiento", asegura. "Nunca he jugado al baloncesto ni estoy demasiado vinculado al deporte, pero su historia te intriga y te emociona. No puedes evitar emocionarte cuando te das cuenta de que él empezó desde lo más bajo. Y sientes vergüenza e ira por nuestros políticos cuando te enteras de que este tío no podía siquiera coger un vuelo porque no tenía papeles. No es sólo él, sino toda esa gente que hay con sus mismos problemas pero sin su talento. Merece tanto respeto porque trae esperanza. Simplemente piensa cuántos niños se identifican hoy con Giannis y quieren ser como él, y cuántos padres lo tienen como modelo para sus hijos", continúa *Sake*.

También en Milwaukee emplear al *Greek Freak* como reclamo urbano se ha convertido en habitual. Uno de los primeros ejemplos surgió en el barrio de Tippecanoe en 2018, a consecuencia del encargo de un particular al artista Fred Kaems. Casi un año después, Shawn Dekay firmó una obra premonitoria: sobre un mural ya existente –en el 327 de la West National Avenue–

con la figura de Christian Yelich –el jardinero de los Milwaukee Brewers, nombrado mejor jugador de la Major League Baseball en 2018–, pintó a Giannis chocando la mano del beisbolista junto al lema "Nuestra ciudad, nuestros equipos, nuestros MVPs". Algo más de dos meses después, Antetokounmpo recibía su primer galardón como mejor jugador de la NBA. Sin embargo, hay quizás otra muestra aún más relevante sobre la importancia social de Giannis. En julio de 2020, en pleno resurgimiento del movimiento Black Lives Matter tras el cruel asesinato del ciudadano afroamericano George Floyd a manos de un policía, el artista Ruben Alcantar dibujó –en la fachada del pub Highbury, junto a la palabra "Respeto"– a Giannis y sus hermanos Alex y Thanasis participando con mascarilla en las protestas sociales en Milwaukee. Una magnífica instantánea de un 2020 que cambió la historia de la humanidad.

En el mundo musical el prodigio heleno es también un recurso habitual, especialmente en el hiphop, tan vinculado a la cultura urbana. El rapero grecoafricano Light compuso un tema llamado *MVP Freestyle* en su honor, mientras que muchos otros, como los mundialmente conocidos Lil Wayne o Travis Scott, han empleado en sus canciones a Antetokounmpo, normalmente como sinónimo de grandeza. "Es un símbolo, no sólo por sus logros en las pistas. Es un tipo excepcional que da fuerza, coraje e inspiración. Su historia sobresale por encima de la media; ha logrado muchísimas cosas en poco tiempo pero, sin embargo, sigue siendo un tío guay. Ojalá tuviéramos más así... Más Giannis que inspiren hacia el camino correcto de la vida. No sé qué va a pasar con su carrera en los próximos años, pero ojalá mis hijos tengan su mismo carácter", concluye *Sake* sobre los motivos que llevan al *Greek Freak* a ser una gran inspiración para muchos artistas contemporáneos.

El legado

"Quiero que seas algo más público, Giannis, porque pienso que tienes algo que aportar. Puedes ser un ejemplo para la gente." Así exhortaba el expresidente de Estados Unidos, Barack Obama, al vigente MVP de la NBA a convertirse en un líder social de mayor impacto aún durante una charla organizada por la Obama Foundation aprovechando la celebración en Chicago del All-Star Weekend 2020. En ella participaron, además del político y el *Greek Freak*, los jugadores Chris Paul y Kevin Love, y el periodista Mike Wilbon como moderador. En el acto, la estrella de los Bucks reconoció que su carácter retraído se debe a su propia experiencia vital: "Al ser ilegales teníamos un círculo muy reducido de personas en las que confiar [...]. Básicamente, durante toda mi vida he visto a mis padres esconderse y eso es algo que me ha marcado. Por eso temía abrirme y compartir las cosas que hago". Aunque tenga un enorme tirón mediático, Giannis es bastante reservado. Por ejemplo, no ha puesto luz y taquígrafos sobre sus acciones solidarias en Milwaukee.

Sin embargo, cada vez es más consciente de su relevancia, y parece dispuesto a aceptar el reto de convertirse en un fenómeno social y un modelo de inspiración para niños a lo largo y ancho del globo, con el objetivo de ayudar a asegurar los derechos de los que viven situaciones como la suya. Años atrás, al subirse a un taxi en Atenas junto a Thanasis, el conductor les dijo que eran "los hijos de los once millones de griegos", mostrando ese esperanzador punto de apoyo que sus compatriotas han encontrado en ellos en tiempos complicados. Es interesante traer en este punto la opinión de James Pristouris, líder de los aficionados helenos en Estados Unidos: "No es justo hablar de qué significa Giannis para los griegos, pues su historia resuena en cualquier parte. Un niño desfavorecido en Chicago se puede identificar con él, como un refugiado en un país extranjero, un adolescente en pleno crecimiento, un afroamericano en una escuela de mayoría blanca, un deportista en un entorno sin recursos de África y un griego que viva en el mejor barrio de Atenas. Existen muy pocos deportistas con los que se pueda identificar tanta gente. Él da esperanza a todos ellos", afirma sobre la figura de su compatriota.

Detalles como esos y las palabras de Obama –por quien Giannis siempre ha admitido tener gran estima– le han hecho ser más consciente de su relevancia y le ayudaron a ponerse, megáfono en mano, al frente de las manifestaciones en Milwaukee en apoyo al movimiento Black Lives Matter en junio de 2020. Semanas después, los Bucks encabezaron –no sin polémica, pues recibieron críticas de otros jugadores por no haber concertado con ellos una decisión en común– el histórico 26 de agosto, cuando apostaron por no jugar su partido de *playoffs* ante Orlando Magic, en protesta por el tiroteo por la espalda de un policía al ciudadano afroamericano Jacob Blake en la ciudad de Kenosha, perteneciente a Wisconsin. Un movimiento reivindicativo por los derechos de la raza negra que puso en jaque el sistema NBA y estuvo cerca de acabar con la temporada, y en el que no cabe duda de que la opinión del griego, junto a la del base George Hill, fue una de las más relevantes a la hora de dar el paso. Pero lo cierto es que su implicación social es previa. Tres años antes, junto a Thanasis, fue el protagonista de un multitudinario acto en el Centro Cultural de la Fundación Onassis en Atenas. Allí, los hermanos, presentados como los "superhéroes del pueblo griego", reivindicaron que el foco de la charla no debía ser su "éxito actual", sino que "hubo niños antes que nosotros y otros que podrían venir después que padezcan nuestra situación". El objetivo del evento era un anuncio que grabaron de forma altruista para promover una beca destinada a apoyar a inmigrantes llegados a Grecia que mostraran potencial y talento.

Desde 2019, el gran proyecto del MVP de la NBA es la Fundación AntetokounBros, que regenta junto a sus hermanos. Uno de sus primeros programas ha consistido en dar apoyo a través del baloncesto a la carrera deportiva y académica de cien adolescentes y doce jóvenes entrenadores de entornos desfavorecidos de la capital griega, bajo la dirección técnica de Anastasia Kostaki, la primera helena en jugar en la WNBA. Además, la fundación también ha organizado otros eventos solidarios, como torneos de 3x3, carreras benéficas con la participación de los hermanos o un programa en apoyo a la lucha contra el cáncer infantil. También dio un paso al frente en los peores momentos de la pandemia global por coronavirus en 2020, cuando donó 10.000 mascarillas a los vecinos del barrio de Zografou o 100.000 dólares para ayudar a mantener los empleos de los trabajadores del Fiserv Forum, tras el parón de la NBA.

LA LUPA SOBRE EL UNICORNIO

La imparable evolución del baloncesto ha llevado a permitir algo que hasta no hace tanto parecía una quimera: entender que un "siete pies" –2,13 metros– pueda llegar a moverse con notoria agilidad en la cancha, con una cantidad de recursos ofensivos que le hagan mucho más completo que el clásico pívot de poste bajo. En su día Kevin Garnett o Pau Gasol fueron algunos de los primeros exponentes de esta revolución que, entre otros factores, ha hecho que desde la segunda década del siglo XXI sea ya una exigencia para un jugador grande tener amenaza en el tiro exterior; al menos si se aspira a formar parte de la élite. Sin llegar a los siete pies, Anthony Davis es otro de esos especímenes capaces de hacer casi todo en la cancha con un enorme despliegue físico pese a su corpulencia. En 2016, tras la impactante llegada del letón Kristaps Porzingis a la NBA, Kevin Durant le apodó "el Unicornio". Sus especialísimas características en un cuerpo de 221 centímetros le hacían parecer un animal mitológico. Años más tarde, y aunque tan particular mote sigue adscrito al jugador de Liepaja, pocos dudan de que el auténtico unicornio de la NBA moderna es Giannis Antetokounmpo. O quizá, como le llamó *SB Nation*, realmente sea "el unicornio de los unicornios".

El griego es una mezcla nunca antes vista de tamaño, velocidad, capacidad técnica, explosividad y competitividad. En febrero de 2017, Dave Zirin apuntó en *Slam* que "sus brazos elásticos y su galáctico conjunto de recursos técnicos, combinados con el rápido desarrollo de un cerebro hecho para el baloncesto, le están convirtiendo ante nuestra mirada en un Magic Johnson 2.0 (o 3.0 si se considera que LeBron es la segunda venida de Magic)".

Por eso, este capítulo tratará de analizar, desde diferentes puntos de vista, al *Greek Freak*, un baloncestista encerrado en un "molde único", como lo define el periodista Gonzalo Vázquez. Su organismo es prácticamente el de una especie avanzada, pues está muy por encima de los estándares del ser humano en muchos aspectos.

Desde el prisma físico: el alienígena

¿Es el cuerpo de Antetokounmpo el mejor posible para el baloncesto? Para resolver esta cuestión acudimos a Xavi Schelling. Desde su llegada en 2006 a los San Antonio Spurs –en los que pronto alcanzó el cargo de director de Ciencias del Deporte y Rendimiento– se ha convertido en uno de los preparadores físicos más prestigiosos del mundo. Su primera visión de Giannis ya indica por dónde va a ir su análisis. "Es una barbaridad, sobre todo por su tamaño. Mide 2,11 y tiene 2,23 de envergadura; un +12 es muy alto. Es un dato que se mira mucho en baloncesto. Sus extremidades superiores e inferiores están fuera de la norma", observa. Con esas simples medidas, cualquiera identificaría al griego, sin duda, como un pívot. Pero es mucho más que eso. Su perfil es único y sus capacidades, prácticamente ilimitadas.

La anatomía del *Greek Freak* no es sólo desconcertante en un vistazo, sino por todo lo que encierran sus 110 kilos de pura fibra. Para empezar, una descomunal potencia. "Su marca de salto vertical en carrera es de cuarenta pulgadas –101 centímetros–, una cifra muy cercana a la de Vince Carter o Zach LaVine, que están en las 44 o 45 pulgadas, pero son más bajos. De esa forma, si le sumas su tamaño, puede tocar a 3,7 metros. Son 65 centímetros por encima del aro, una auténtica barbaridad", explica el catalán. Para dar una visión mejor de lo que eso significa, la parte superior del tablero está a 3,95 del suelo. Schelling calcula que Antetokounmpo probablemente sea capaz de "tocar el aro con el hombro". Se invita aquí al lector a pensar en lo que eso significa.

De esas piernas portentosas surge otra de sus grandes señas de identidad: el heleno dispone de una monstruosa zancada, de aproximadamente 2,6 metros, que le permite recorrer la pista completa con apenas diez apoyos –tres menos que la media de la NBA–. En alguna ocasión se le ha visto, sin cometer pasos, anotar en el aro rival con un solo bote desde el centro del campo. "Empieza la entrada casi desde el triple, y eso le da gran ventaja porque saca muchas faltas para ir al tiro libre. Físicamente es único. En él se alinean todos los factores y una capacidad que también se ve en sus hermanos. No hace falta ser Mendel para ver la predisposición genética que tienen", bromea Schelling.

Otra acción que Antetokounmpo ha evolucionado hasta niveles no conocidos es el *eurostep*. Si Manu Ginóbili hizo del mismo una obra de arte, Giannis ha perfeccionado un arma de destrucción. Nadie en la historia había sido capaz de terminar un gesto tan exigente físicamente con la suficiencia que lo hace el griego, que suele rubricarlo incluso machacando el aro. Pese a la espectacularidad de la acción, el mérito de la misma, para Schelling, radica más en "tener la capacidad coordinativa de hacerlo con ese tamaño que en acabarlo en mate". El preparador físico recuerda que Giannis "puede tocar el aro apoyado en el suelo", y que llegó a hacerlo en un partido ante Toronto Raptors, colgado del aro con un pie tocando el parqué. "Eso es lo más impactante que tiene; que cuando lo ves jugar, nada resulta extraordinario, todo parece fácil para él", añade.

También hace especial al griego su cintura. Desde sus impresionantes hombros, su morfología se estrecha para tener una menor distancia entre caderas. "Eso le facilita ser muy eficiente en carrera, pues el morfotipo de hombro ancho y cintura estrecha es típico de corredores como Zach LaVine, Dejounte Murray o Collin Sexton, todos ellos velocistas top de la liga en 2020", explica Schelling, antes de subrayar otro descollante dato sobre el portento heleno: "En las canchas de NBA existen multitud de *tracking systems* que permiten obtener muchas medidas durante el juego. Dos de ellas son las distancias que los jugadores recorren a esprint a más de 24 km/h y las que recorren a más de 18 km/h.

Son los dos rangos que consideramos altas velocidades. Giannis es, en su posición, el número uno de la competición en ambas categorías. Eso te indica la intensidad a la que puede jugar este tipo, capaz de cubrir 367 metros a 18 km/h y 20 metros por partido esprintando. Para un tío grande, es muchísimo. Además, en términos absolutos, sólo hay seis jugadores por encima de él, y todos son pequeños, bases o aleros, que es algo más normal que corran a esa velocidad. Es un grande que se mueve como un pequeño y que además tiene esa impresionante masa muscular". Por tanto, no es extraña la sensación de algunos rivales cuando le ven venir en carrera: tienen la impresión de que se les acerca un caballo con un galope desbocado, o incluso un camión en plena aceleración.

Quizás una de las claves para esa velocidad podría estar en el demoníaco tendón de Aquiles que atesora el de Sepolia: 34 centímetros, más o menos el doble del de un adulto tipo. Xavi Schelling apunta, eso sí, que "suena espectacular, pero si mides 2,11 es algo más normal, por eso es mejor usar medidas relativas y no absolutas; pero igualmente es un gran tamaño que le facilita la capacidad explosiva y la eficiencia en la transmisión de fuerzas en el tobillo. Los grandes saltadores tienen lo que se llama un gemelo 'elongado', que concentra la fuerza más en la parte tendinosa, que es más explosiva, que en la muscular. Por eso Giannis es muy bueno rebotando. Biomecánicamente está hecho para cualquier deporte, es uno de esos tipos únicos".

En toda esa especialísima mezcla física, la gran preocupación que rodea a Antetokounmpo son las potenciales lesiones. Más aún cuando siguió creciendo durante sus primeros años en la NBA, como estudios griegos predijeron en su día. "Podíamos imaginar que iba a medir 2,05 o algo así, ¡pero era impensable que llegara a 2,11! Es extrañísimo que alguien crezca casi diez centímetros a partir de los diecisiete años", recuerda Willy Villar sobre el joven escuálido al que fichó para el CAI Zaragoza. Meses después, Giannis llegó a Milwaukee con 205 centímetros y apenas noventa kilos, lejísimos de los registros de su punto álgido. En este contexto, es de reseñar su capacidad física y mental: pese a jugar con una enorme pasión y entrega, y a haber atravesado en sus primeros años la fase de crecimiento, apenas ha sufrido algunos problemas menores de rodilla y espalda. Nunca una lesión grave. En este punto, la labor de la inglesa Suki Hobson –responsable del trabajo de fuerza y prevención de lesiones en los Bucks desde 2015– ha sido crucial. Tanto que se convirtió, en 2019, en la primera mujer galardonada por sus colegas de la NBA como la "Entrenadora de Fuerza del Año" en la liga. El propio Giannis quiso ejercer como altavoz de la distinción a Hobson, a modo de reconocimiento público a la eficacia de la británica, que el jugador considera crucial en su nivel de forma y prevención de lesiones.

"Ha jugado más del 90% de partidos en sus siete primeros años en la liga, y nunca se perdió más de cuatro seguidos. Considerando que ha llegado a jugar más de 36 minutos de media en una temporada, es algo completamente anormal. Resulta espectacular que haya podido jugar tanto y eso indica dos cosas: su trabajo por ser resiliente y sólido, y aparte, la eficiencia de su juego. Aunque su exposición es de extraterrestre, consigue ser eficiente y eso resulta digno de estudio", destaca Schelling, quien vaticina que "hasta los treinta años puede seguir mejorando físicamente y en la cancha, pues es la mejor edad para los jugadores NBA, y él lo bueno que tiene es que le gusta echar horas de trabajo y está orgulloso de que así sea, algo que no a todos les sucede".

Por otro lado, el tamaño de las manos de Antetokounmpo es uno de los aspectos que más ha dado que hablar. Los más de veinticinco centímetros de longitud y 30,5 desde la punta del meñique a la del pulgar –medidas que, según el Hombre de Vitruvio de Leonardo da Vinci, corresponderían a una persona con una altura de tres metros–, convierten sus garras en las terceras más grandes de la historia de la NBA, sólo por detrás de las de Boban Marjanovic y Shaquille O'Neal, más largas pero de envergadura casi idéntica. Otras manos de leyenda, como las de Julius Erving, Michael Jordan, Wilt Chamberlain o, más recientemente, Kawhi Leonard, no alcanzan las dimensiones de las del griego. Huelga decir que tener esas manos puede ser de gran ayuda para el baloncesto: en el rebote, en tareas ofensivas, como el manejo de balón y la capacidad de pase, o defensivas como la reducción del campo visual del atacante o la interceptación de un balón. Sin embargo, existen algunas corrientes de pensamiento que señalan que disponer de una extremidad muy grande puede afectar a la calidad del tiro a canasta. Schelling discrepa radicalmente: "Absolutamente no, y es algo en lo que hemos trabajado mucho en San Antonio, con gente como Leonard o Marjanovic. Existen muchos estudios, por ejemplo en la NFL, sobre la relación del tamaño de la mano y la precisión del *quarterback* que indican todo lo contrario, que es una ventaja. De hecho, Kawhi es uno de los tiradores más sólidos de la liga y tiene la mano más grande en proporción que he visto nunca. Boban también es un buen tirador, por ejemplo de tiros libres, y si ves esa mano te aseguro que casi no ves el sol".

Para el preparador español, el problema de Antetokounmpo radica en que "como jugador grande que es, el ángulo de tiro es muy diferente". Así, y aunque recuerda que el griego "ha conseguido tirar cinco triples por partido con 30% de acierto" –cifras de la temporada 2019/20–, su mayor problema está en el tiro libre, concretamente en "el punto de salida del balón, que para una persona normal es con una proyección de unos cuarenta grados, pero para jugadores grandes es menor; esto hace que el tiro sea más plano y difícil". Ciertamente, tras lanzar desde la línea de personal con una efectividad del 77% en el curso 2016/17, los números de Giannis han ido progresivamente a la baja en los ejercicios siguientes. Empero, Schelling confía en que es un problema con solución "ya que el tiro libre es meramente coordinativo", y vuelve a poner de ejemplo a Boban Marjanovic, "alguien muy alto y con una mano enorme, que desafía por tanto las dos hipótesis pero que es un gran lanzador".

Como última conclusión, el prestigioso entrenador catalán destaca lo que para él resulta "evidente" en Antetokounmpo: "Su progresión, excepto en los tiros libres, es descomunal. Aparte de su desarrollo técnico, y la adquisición de madurez y experiencia, aprovecha como nadie su capacidad física. Es el máximo anotador bajo el aro de la liga, pero es que además cuando van tres tipos a defenderle, que en ocasiones es la única forma de hacerlo, demuestra su gran capacidad para pasar el balón. Si observamos sus cifras estandarizadas por 36 minutos de juego, su evolución es constante año a año en casi cada apartado estadístico. Realmente no sabemos dónde tiene el techo. Giannis es una alineación de los astros, porque sabe lo que tiene y lo disfruta. Cuando genética y trabajo se suman así, tenemos al *Greek Freak*".

Desde la estadística avanzada: insaciable

Para entender lo que significa en la NBA contemporánea Giannis Antetokounmpo a nivel numérico, se hace necesaria una introducción. La publicación en el año 2003 del libro *Moneyball, el arte de ganar en un juego injusto* explicaba la revolución originada en el mundo del béisbol por Billy Beane, *general manager* de los Oakland Athletics, a través del uso de la estadística avanzada para configurar su plantilla. Fue tal su efecto que la historia no sólo saltó al cine en la famosa película protagonizada por Brad Pitt en 2011, sino que el resto de deportes trataron de seguir las pautas marcadas. Sin embargo, el béisbol tenía una ventaja que hacía más fácil implantar ese intercambio de piezas al amparo de los números en el llamado "Pasatiempo americano": la ausencia del límite salarial. En la NBA dicho tope trata de igualar fuerzas y evitar que, como suele ocurrir en los modelos europeos del deporte, casi siempre ganen los mismos –las franquicias deben pagar el llamado 'impuesto de lujo' en caso de romper el mercado económicamente–. Por ello, para usar los datos a la hora de crear plantillas, había que ser aún más original.

Esa creatividad es la que buscó Daryl Morey, el gran profeta de los datos en la NBA. Un ingeniero informático que acabó de rebote en los Boston Celtics, donde llevó a cabo el primer intento de modelo que trataría de modificar, a través de la estadística, el juego del baloncesto. Boston, lejos de ser un gran mercado pese a su tradición indiscutible en el baloncesto, necesitaba ideas nuevas para lograr agentes libres infravalorados. Morey creció como la espuma en sus despachos, hasta que en 2006 se marchó a los Houston Rockets. Allí, convertido desde el año siguiente en *general manager* plenipotenciario, diseñó un ambicioso plan hasta su salida en 2020. Con él, la franquicia texana se transformó –a través de un estudiado uso del tiro de tres, lo que se llamó coloquialmente el *Moreyball*– en una de las más competitivas de la Conferencia Oeste, con James Harden como estilete, si bien nunca llegó a disputar la final por el anillo.

Tal fue el éxito de este directivo apasionado de las matemáticas y experto en llevar al extremo cualquier resquicio del convenio colectivo de la NBA, que hoy en día todo el mundo sigue su estela en la liga. Salva Carmona es uno de los fundadores de la empresa española Driblab –una asesoría de clubes deportivos a través de la explotación estadística– y de Madribble, su homóloga para entidades de baloncesto. "En la NBA ya todo el mundo lleva a cabo un empleo masivo de los datos. Los Lakers fueron de los últimos, y llegó un momento en que fueron muy criticados por ello durante su travesía del desierto entre 2013 y 2018. Hoy, o lo haces o estás muerto, pero por eso mismo podemos decir que ha dejado de ser una ventaja competitiva, como sí lo fue para Morey", asegura este sevillano de formación estadounidense.

Carmona recuerda cómo "Morey y su equipo empezaron a calcular, por ejemplo, el tiempo de juego en el que hay más de un 97% de probabilidad de victoria, con el reto de descartar los minutos de la basura y entender el valor real de un jugador eliminando los datos de cuando ya no hay nada en juego. Igualmente, elaboraron un '+/- ajustado', a través de un sistema de cajones independientes, mucho más específico del que aún en 2020 se sigue empleando mayoritariamente en Europa". Lo cierto es que en la NBA de la segunda década del siglo XXI, los puntos o rebotes de un jugador por partido son cosa de aficionados, no de los profesionales de las franquicias. "Ahora se miran los puntos por cada cien posesiones o por 36 minutos, que es el estándar de la NBA, o el porcentaje total de rebotes que coge un jugador el tiempo que está en cancha. Eso es lo que realmente te indica si alguien es buen anotador o reboteador", apunta. Al mismo tiempo, el ingente número de datos ha servido como punto de apoyo crucial en el *load management*, el manejo de las cargas y los descansos a lo largo de la temporada. "Ahora sabes algo que hace tiempo era muy complicado de medir: cómo dar descanso a los jugadores y sacar más partido de ello", explica este economista y matemático por la Universidad de Arizona.

En ese escenario de control numérico de la competición, Giannis Antetokounmpo es probablemente el gran arquetipo de lo que se pediría al jugador ideal en la NBA moderna. "Pese a ser muy pasional, lee bien el juego y ha logrado ser muy eficiente, cuando en sus inicios ponerle era como sacar un potro al partido. Ahora es el mejor jugador de la liga en cuanto a hacer más en menos tiempo", destaca Carmona. Además, lo hace a ambos lados de la cancha, lo que multiplica su valor. En la temporada 2019/20, el *defensive rating* –dato que mide la capacidad de un jugador para evitar puntos rivales– de Antetokounmpo fue de 97,4, con mucho el mejor de la NBA entre jugadores con más de veinticinco minutos de media en la cancha. Y ya sabemos que su PER ese mismo curso fue, sencillamente, el mejor de la historia.

Ahondemos un poco más en qué dicen los números sobre el *Greek Freak*. "En primer lugar, su evolución en la mayoría de los principales apartados es prácticamente lineal a lo largo de los años, algo que es totalmente inhabitual y que hace difícil prever dónde está su techo", expone Carmona. "Otro aspecto muy destacado es que comparado con la media de la liga en su puesto, sólo estaría por debajo en tiros libres, frecuencia de triples y pérdidas; esto último algo normal en jugadores con tanto manejo de balón, mientras que está muy por encima en todo lo demás, lo que también es francamente anormal", añade. El ateniense destaca sobremanera en datos como el *usage rate* –calcula el porcentaje de veces que un jugador participa en acciones que acaban con tiro a canasta, tiro libre o pérdida; la media en la liga está en torno al 20% y Giannis tiene un 32%– o el *true shooting*, creado como una evolución enriquecida del porcentaje de tiro de campo y en el que Antetokounmpo marca un altísimo 62%. También se encuentra muy por encima de la media de la NBA en registros como la frecuencia de tiros libres y el porcentaje de asistencias, rebotes, tapones y robos de balón. "A este respecto, cabe recordar que la vida media útil de un jugador NBA es de siete años. Y en el caso de Giannis, tras llevar esos años en la liga, su curva de rendimiento no ha empezado aún a aplanarse siquiera. Es algo completamente anormal", valora Carmona.

También reseñable es el *defensive win shares*, que podría traducirse en su responsabilidad en las victorias a través de la defensa. En la temporada 2019/20, su cifra fue de 4,9. Eso significa que, respecto al jugador promedio en su posición, el heleno –si sólo defendiera– habría dado casi cinco triunfos ese curso a los Bucks. Anthony Davis, segundo en la votación a 'Mejor Defensor del Año', firmó un registro de 4,2. Más impactante aún es el dato de "victorias sobre el reemplazo", que alude al número de triunfos totales de un jugador respecto al jugador medio. Según el "Modelo Carmelo" de la web *FiveThirtyEight*, Antetokounmpo generó por sí mismo 13,5 triunfos para Milwaukee en ese ejercicio, cifra que recuerda a la del Kevin Durant MVP con Oklahoma City en 2014. El estudio calcula que se mantendrá casi estable durante un lustro más. De hecho, vaticina que, en 2026, un Giannis ya por encima de la treintena generará 8,3 victorias a su equipo, un dato al alcance de muy pocos jugadores en la historia.

Salva Carmona resalta que "es difícil usar números para adivinar el futuro, porque siempre damos por entendido que el jugador va a bajar y además hay dos factores que no podemos controlar, que son las lesiones y el entrenador". Eso sí, basándose en el citado modelo, el estadístico español tiene claro que, "siendo pesimista, los datos indican que en 2026 seguirá mejorando a su equipo tanto en ataque como en defensa". Dicha afirmación la avala la predicción del *offensive* +/- y el *defensive* +/-, aspectos en los que Antetokounmpo forma parte de la élite en 2020.

La conclusión del matemático es indudable: "Con los datos en la mano, se puede afirmar que Antetokounmpo es un auténtico unicornio; los números lo ponen muy fácil y en la NBA actual apenas LeBron James o Kawhi Leonard podrían acercarse a su impacto. James Harden, por ejemplo, está muy lejos en defensa y eso le lastra en la comparación". En la era de la estadística avanzada, los datos emiten su veredicto: el portento de Sepolia es el jugador más impactante de la mejor liga del mundo.

Desde el parqué: presente indefinible y futuro indescifrable

Analizando al *Greek Freak* con la óptica de un jugador de baloncesto, lo primero que salta a la vista es una evidencia: en un deporte en el que tanto se valoran la polivalencia y la versatilidad, Antetokounmpo es el mayor exponente de lo que es un jugador sin posición. Es, sencillamente, un espécimen inclasificable al que, en 2017, Jason Kidd definió en *The New York Times* como un *point all*, en un paso más allá al famoso concepto del *point forward*. Un gigante de 211 centímetros capaz de asumir sin mayores problemas cualquier rol en la cancha. Con el manejo de balón de un base y la capacidad de finalización del más robusto de los interiores o el más potente de los aleros, su repertorio asusta: domina la media distancia, el rebote ofensivo y el contraataque con una naturalidad casi insultante, además de ser un excelente pasador. Su presteza para ocupar cualquier demarcación corre también a favor de su ansiada longevidad profesional: "Al poder jugar en todas las posiciones, cuando no sea tan explosivo se podrá adaptar y le veremos más interior", expone Fotis Katsikaris. La base de datos *Basketball Reference*, una de las más prestigiosas del mundo de la canasta, le define como "ala-pívot y base y alero y escolta", pero a nadie se le escapa que, tanto en la NBA como con Grecia, Antetokounmpo ha ejercido en determinados momentos también el papel de pívot puro.

En mayo de 2019, como compañero de equipo en Milwaukee Bucks, Pau Gasol, dos veces campeón de la NBA, escribió en *The Players' Tribune* un interesante análisis sobre el heleno. El español buscó algunas comparativas con estrellas de la liga para ayudar a entender el particularísimo "fenómeno Antetokounmpo". Comenzó señalando su capacidad para jugar a campo abierto, similar a la de Russell Westbrook: "Corren hacia ti, no a tu alrededor, lo que ejerce una presión increíble sobre la toma de decisiones de la defensa en una fracción de segundo". Subrayó igualmente su "forma de correr el contrataque, finalizar con mates estratosféricos y defender el aro" con contundencia análoga a la del joven Shaquille O'Neal, que desembarcó con enorme impacto en la NBA. Observaba en su compañero una "intensidad, agresividad y competitividad" digna de Kevin Garnett, al que también le unía su "tenacidad única para el rebote". Finalmente, sentenció que le recordaba la forma en que Kobe Bryant sentía el baloncesto: "Nunca estaba fuera de forma, siempre estaba listo y exigía que todos los demás estuvieran con el mismo nivel de exigencia". Gasol describió, a través de varios ejemplos, una conjunción de cualidades sin parangón previo ni techo aún conocido. "No nos centremos en buscar a quién se parece, no hay necesidad. No ha completado ni la mitad de su carrera. Pero la mayoría de jugadores de la liga, pasados o presentes, no rinden, ni siquiera en la cima de sus carreras, como lo está haciendo mi joven compañero", rubricó.

Giannis es, en sí mismo, un "*mismatch* andante", como le definió Andrés Monje en *Gigantes del Basket*. Siempre obtiene alguna ventaja sobre su par, sea por tamaño o velocidad. "En la NBA tal vez surgen dos veces por década jugadores cuyo talento único abre fracturas en la estructura del juego, obligando al resto de la liga a reaccionar, adaptarse y evolucionar", afirmó *Sports Illustrated* en 2019, comparando el impacto de Giannis con el que tuvo el juego por encima del aro de Abdul-Jabbar o Wilt Chamberlain, la revolución que Magic Johnson impuso en la posición de base, la consagración del ala-pívot tirador que fue Dirk Nowitzki o el aumento del rango de tiro hasta niveles impensables que generó Stephen Curry. Al tiempo, en el otro lado de la cancha sus características únicas le permiten adaptarse a diferentes normas defensivas: es capaz de cambiar permanentemente su asignación y de asumir el reto de enfrentarse a un base explosivo o a un interior pesado en el poste bajo. Es un excelso intimidador tanto en el 1x1 como en las ayudas, y su capacidad para tapar espacios no tiene igual en el baloncesto contemporáneo, por mor de su estructura física y su movilidad.

Es, en definitiva, un jugador que está permanentemente disminuyendo los porcentajes de acierto del equipo rival. "Dirk Nowitzki es el mejor europeo de siempre, cambió la forma en que se juega en su posición, pero Giannis ni siquiera tiene posición. Hace de todo y aún está aprendiendo", expuso Jason Terry allá por 2017, asombrado por un Antetokounmpo de apenas veintidós años. En esa misma época, Kevin Durant aseguró que era el jugador que más le divertía y que, en su opinión, podría llegar a convertirse "en el mejor de todos los tiempos".

Estamos ante una combinación física prácticamente única en la historia del baloncesto. "Desde luego *Greek Freak* es un gran mote para él. Su velocidad, su longitud, su envergadura Es como un espécimen cuando estás a su lado. ¿Cómo paras ese *eurostep* tan largo? Sinceramente, creo que no hay nada que hacer", atestigua el alero sueco Jonas Jerebko. Además no está exento de una gran capacidad para entender la esencia del juego y adaptarse al mismo. Su viejo amigo Ross Geiger, coordinador de vídeo de los Bucks a la llegada de Giannis a Wisconsin, alucinaba con la capacidad de leer el juego que mostraba el novato en sus largas sesiones viendo partidos. "Iba siempre dos o tres pasos por delante cuando veíamos vídeos. Siempre estaba rebobinando para matizar detalles, y era impresionante verle explicarlos con su inglés macarrónico. Estaba muy por encima de la media", confesó el técnico en *Los Angeles Times*.

¿Cómo hacer frente a un jugador de tales capacidades? "Hay que intentar limitar sus fortalezas, que no pararle porque eso es imposible, y magnificar sus debilidades. Eso sí, en el momento en que empiece a ser un buen tirador puede ser imparable, prácticamente indefendible", explicó Sergio Scariolo –seleccionador español y asistente de Toronto Raptors– en 2019 en el programa radiofónico *Tirando a Fallar*. Un rival en la cancha como Willy Hernangómez apunta que "para intentar frenarle hay que igualar su gran nivel físico e incomodar su lectura de juego". Ardua tarea, sin duda, en la que coincide Jordi Fernández: "Si se mete en la pintura es imposible pararlo, pues su acierto es muy elevado y atrae a varios defensores; por lo que si no tira encuentra compañeros liberados, pues es un gran pasador, y si hay buenos lanzadores, eso es muy difícil de defender y hace mucho daño. Lo que a todos nos gustaría es no hacerle muchas faltas; porque aunque no es muy bueno en el tiro libre, consigue que entres en el bonus muy rápido, y eso a la larga te va mermando". El técnico catalán reconoce que "debe mejorar el tiro y por eso aún necesita pisar mucho la zona, pero con todos los equipos flotándole ya ha conseguido ganar más partidos que nadie en la liga. El tiro es confianza y las superestrellas, cuando son líderes como él, tienen ese nivel para que, aunque mecánicamente sufran, puedan mejorarlo. Creo que, aunque nunca será un tirador excelso, lo hará por su gran ética de trabajo y porque su confianza siempre va a ir a más, ya que nadie le va a cuestionar nunca un tiro".

Desde luego, si alguna vez el griego se convierte en un lanzador de larga distancia solvente –Jason Kidd llegó a prohibirle tirar de tres en un partido en 2015, pero esa época queda muy atrás–, defenderle será misión casi imposible, incluso en el baloncesto FIBA, pese a que ahí los espacios son menores. Fotis Katsikaris, que le dirigió durante tres veranos con la selección, da un interesante punto de vista: "Cuando recibes en la esquina para tirar hay un momento en el que debes decidir, incluso antes de que llegue el balón, si tirar, pasar o romper hacia el aro. Giannis es tan largo y flexible que lo que le sale natural es penetrar, porque tiene ventaja y con un bote puede machacar. Pero siempre estaba preguntando cómo mejorar su tiro. Hubo muchas veces, sobre todo los dos primeros años, que tenía la duda de qué hacer: si atacar el aro o tomar un tiro abierto, y en la NBA le sigue pasando porque le dan cierto espacio. Por eso él mide qué hacer en cada momento. Nunca va a ser un tirador puro, porque, aunque su mecánica es correcta, su fuerza es diferente. Al LeBron joven le ocurría algo similar: no tiraba nada y luego ha mejorado mucho. Giannis tiene tiempo".

Con el resto de sus capacidades a un nivel superlativo, de la evolución de su amenaza exterior dependerá que Giannis alcance un estatus aún superior. Como dijo en su día el asistente de Milwaukee Bucks, Frank Johnson, "sería injusto para el resto de jugadores que además tuviera buena mano". He ahí la gran incógnita sobre un futuro que, por lo demás, parece esplendoroso de no mediar lesiones graves. "Es un jugador sin límites que está poco a poco mejorando en el tiro, y no me cabe duda de que acabará perfeccionándolo como han hecho otras grandes estrellas", pronostica Hernangómez. Mientras, la NBA calienta motores para su siguiente gran rivalidad histórica, la primera entre dos jugadores no estadounidenses: Giannis Antetokounmpo y Luka Doncic. "Tiene buen tacto con el balón y es un trabajador nato. ¿Por qué no lo va a conseguir? Si lo logra, será imparable. Quién sabe en qué podría llegar a convertirse", vaticina Jonas Jerebko.

UNA ESPINA CON EL ANILLO

"Cuando un equipo tiene una idiosincrasia tan clara, con un jugador franquicia que casi siempre se la va a tirar o va a tomar la iniciativa, también se convierte en un poquito previsible. Y cuando un equipo es previsible es más fácil para la defensa ajustar cosas. De hecho, nuestro éxito se basó en una evolución de menos a más a lo largo de los seis partidos". En el verano de 2019, Sergio Scariolo analizaba así en el programa *Tirando a Fallar* cómo los Toronto Raptors –en los que el técnico italiano ejercía como ayudante de Nick Nurse– habían conseguido voltear la final de la Conferencia Este ante los Milwaukee Bucks. Fue el penúltimo obstáculo hacia el primer anillo en la historia de la franquicia de Toronto. Los de Wisconsin llegaron a adelantarse por dos victorias a cero, pero posteriormente la estrategia de los Raptors consiguió anularles y dar cuatro triunfos seguidos a los canadienses. De ese modo sellaron su acceso a la final, donde les esperaban los Golden State Warriors.

Scariolo reconoció que pasaron "varios momentos críticos" en aquellos *playoffs*, "inicialmente tras perder contra Orlando en la apertura de la primera ronda, lo que nos hizo dar alguna colleja y ponernos realmente firmes", pero también en el agónico triunfo en segunda ronda ante Philadelphia –con una icónica canasta de Kawhi Leonard en el séptimo partido– o tras las dos victorias de los Bucks que pusieron en jaque su pase a la final. Sin embargo, según el bresciano, los Raptors salieron de los malos momentos merced a su "cohesión, dureza y mejor gestión táctica", méritos que esquivaron a los Milwaukee Bucks en su primera gran oportunidad de volver a unas finales desde 1974.

Aquel cruce perdido con la vitola de favoritos y factor cancha, y con Giannis Antetokounmpo erigido en el indiscutible MVP de la NBA –para el que estuvo nominado junto a James Harden y Paul George–, comenzó a sembrar dudas sobre la fiabilidad en eliminatorias del proyecto de los Bucks. Un año antes nadie se había rasgado las vestiduras por la derrota en siete partidos ante los Celtics en primera ronda. Milwaukee era un equipo insultantemente joven al que se le podía perdonar algún pecado de mocedad. Apenas gozaba de experiencia en *playoffs* y había sufrido un cambio de entrenador en pleno curso. Aun así, compitió con honores ante los Celtics, estirando la eliminatoria hasta el duelo decisivo. Quizá la única espina clavada fue la incapacidad para ganar un partido en Boston –aunque se quedó cerca en el primero, resuelto en la prórroga, y en el quinto–, como muestra de cierta bisoñez en la plantilla. Su líder, con sólo veintitrés años, había firmado 25,7 puntos –con más del 57% en tiros de campo–, 9,6 rebotes y 6,3 asistencias, registros muy similares a los de la *regular season*. Todo parecía formar parte de un proceso lógico destinado a crecer cuando el equipo adquiriera mayor poso y se rodeara a Antetokounmpo de armas mejores y más veteranas. El plan establecía que, con la llegada de Mike Budenholzer, el griego seguiría evolucionando mientras se esperaba sacar mayores prestaciones de nombres como Khris Middleton y Eric Bledsoe, y se confiaba en acelerar el crecimiento de Thon Maker o Malcolm Brogdon.

Algo más de un año después, cierta desazón invadía Milwaukee. Habían rubricado su mejor temporada regular en casi tres décadas –alcanzando sesenta victorias por primera vez desde 1981 y coleccionando galardones individuales–, superado una eliminatoria de *playoffs* y palpado las mieles de una final de Conferencia Este. No lograban semejantes hitos desde 2001. Pero la forma de perder ante los Raptors, con cuatro derrotas consecutivas tras el dos a cero inicial, supuso un duro golpe. Principalmente porque, al contrario de lo que sucedería un año después, las prestaciones con las que el equipo de Budenholzer llegaba al cruce fatídico parecían excelentes. En primera ronda, la "barrida" a Detroit Pistons había sido histórica: el inapelable cuatro a cero se fraguó con un diferencial total de 95 puntos para los Bucks, el segundo mayor de la historia tras el logrado por Orlando ante Atlanta en 2010. En el cuarto partido frente a los de Michigan, Antetokounmpo se convirtió en el quinto jugador de la franquicia en superar los cuarenta puntos –anotó 41– en un duelo de *playoffs*, uniéndose en tan selecto grupo a Kareem Abdul-Jabbar, Terry Cummings, Ray Allen y Michael Redd.

El dominio con puño de hierro de Milwaukee se prolongó en la semifinal de Conferencia, cuando derrotaron a Boston tras cinco encuentros. Y eso que las cosas no empezaron bien para los de Budenholzer en el Fiserv Forum (90-112). Antetokounmpo naufragó ante la defensa rival, con Al Horford ejerciendo como kryptonita, bien escoltado por un sistema de ayudas que sacó al griego de su zona de confort; le llevaron hasta un 7 de 21 en tiros de campo, a través de un castigo físico notable en el que Marcus Morris y Aron Baynes fueron piezas claves. Tal fue la sensación de superioridad del equipo de Brad Stevens, que un histórico de Boston, Paul Pierce, aseguró en ESPN tras el duelo que no sabía cómo podría "tener Milwaukee éxito tras esto". El campeón de la NBA con los Celtics en 2008 sentenció que la eliminatoria se había "acabado para los Bucks. Salvo que Giannis se ponga en modo monstruoso, Boston ganará porque tiene más talento".

Nada más lejos de la realidad: a partir del segundo encuentro, el viento de la eliminatoria cambió radicalmente y Milwaukee se hizo amo y señor de la misma para firmar cuatro victorias consecutivas y quedarse a un paso de la lucha final por el anillo. Budenholzer logró recuperar las señas de identidad –incluso en el cuarto duelo, pese al pobre 8 de 37 desde la línea de tres– y escapar del barro táctico que Stevens había preparado para su estrella. Igualmente, Antetokounmpo se adaptó mejor desde el segundo encuentro a la dureza física de la eliminatoria. Emergió la versión antinatural temida por Pierce y resultó inabordable para unos Celtics que con el paso de los partidos fueron a menos. En los cuatro triunfos de los Bucks, el ateniense registró unos promedios de 30 puntos –con un 69% en tiros de campo–, 11,7 rebotes y 6 asistencias. Un auténtico martirio para el histórico equipo de Massachusetts, sin respuesta, más allá de las faltas personales, ante el gran candidato al MVP de la temporada: Antetokounmpo lanzó 51 tiros libres, casi trece por partido, con un acierto del 72,7%. Una situación que llevó a la estrella de Boston, Kyrie Irving, a quejarse de la actuación arbitral tras el tercer encuentro. “Ha tirado veintidós tiros libres; hemos llegado a un punto ridículo”, lamentó, y dejó caer cierto trato de favor hacia el griego: “Sabemos cuántas faltas fuerza por partido, ya que sabemos cuántas veces ataca el aro y busca el contacto, pero también sabemos cuántas veces lo hacemos nosotros”. Llevase o no razón, lo cierto es que los Celtics, a partir del segundo choque, no opusieron a Milwaukee la oposición esperada de un teórico aspirante al título.

La inercia positiva se prolongó hasta el citado dos a cero en la final del Este ante Toronto Raptors. Los Bucks cimentaban su candidatura al campeonato y pudieron resolver la eliminatoria por la vía rápida, pues el primer triunfo canadiense en la serie llegaría tras dos prórrogas (118-112). El triunvirato estelar de los de Budenholzer no tuvo su mejor día: entre Middleton, Bledsoe y Antetokounmpo anotaron 11 de 48 tiros a canasta, un paupérrimo 22,9%. Los ajustes defensivos de Nick Nurse, que emparejó más minutos a Kawhi Leonard con Antetokounmpo, comenzaron a dar resultado: provocaron veinte pérdidas en un rival que, pese a todo, rozó un tercer triunfo que hubiera sido casi definitivo. Cuestionado por si se sentía triste por su rendimiento y el traspié de su equipo, Giannis –expulsado por faltas en la segunda prórroga, autor de 12 puntos y 23 rebotes– volvió a dejar claro el sentido común que le había aportado su bagaje vital. “Lo que he hecho en mi vida hasta ahora ha sido enviar dinero a mi familia, llevar a mis hermanos a colegios privados y cuidar de los míos en Nigeria y Grecia. ¿Decepcionado por un partido? Lo estaría si estuviera preocupado por ello”, sentenció.

Pese a la tranquilidad aparente de Giannis, aquel 19 de mayo de 2019, en el que los Bucks tan cerca estuvieron de la final de la NBA, fue el punto de inflexión que empezó a alejarles de la misma. La serie pasó a ser lo que quiso Toronto. Nick Nurse marcó la pauta desde el banquillo y Kawhi Leonard dominó a ambos lados de la cancha. Kyle Lowry, Marc Gasol y Pascal Siakam cumplieron como requería el escenario y los Raptors añadieron un factor sorpresa con la irrupción anotadora de Fred VanVleet y Norman Powell. Mientras, Milwaukee se volvió un equipo mucho más predecible y desacertado, especialmente en la recta final de los encuentros: dejaron escapar ventajas de 14 y 15 puntos en los partidos quinto y sexto, respectivamente.

Los Bucks habían cerrado la *regular season* como el mejor equipo defensivo de la competición y el cuarto mejor en ataque. Pero nada de eso les sirvió cuando la presión acució de veras. Antetokounmpo abandonó la rueda de prensa posterior al sexto partido. Estaba molesto por las preguntas que incidían en la falta de experiencia de la plantilla, aunque algunos números parecían ir en esa línea: si en sus dos victorias los Bucks habían anotado un 42,5% de sus triples, a partir de ahí su acierto bajó a un 32,6%, y sólo un 14% en los cuartos periodos. Entre dos tiradores del nivel de Ersan Ilyasova y Nikola Mirotic sólo pudieron anotar 5 de sus 27 lanzamientos desde el perímetro en las cuatro derrotas. Todo un caldo de cultivo para que los espacios de Antetokounmpo se vieran limitados. Leonard y el sistema tejido por Nurse lograron que, pese a que los números del griego fueron notables –tan sólo estuvo mal en anotación en el tercer partido–, sus porcentajes bajasen a un 44,8% en tiros de campo, lejos de sus registros habituales. Además, comenzó a emerger un problema que parecía olvidado: el tiro libre. Tras anotar 18 de 24 en los dos primeros duelos, sólo encestó 17 de los 36 que tuvo a partir de ahí. Ante tal tesitura, para Toronto resultó una táctica eficaz frenar en falta casi cada penetración de Antetokounmpo.

Con esa decepción concluía la primera ocasión en la que Milwaukee opositaba con todas las de la ley al anillo. La excelencia de la *regular season* y buena parte de las eliminatorias se había visto abruptamente cortada en la serie ante los Raptors, algo que tampoco era una sorpresa. "En la NBA, una vez que llegas a *playoffs* todo es muy distinto. El juego se ralentiza, hay muchas menos posesiones, porque no se puede correr apenas y todo es mucho más duro. La defensa es lo verdaderamente importante y en ataque cuesta encontrar la forma de anotar", explica el entrenador Jordi Fernández, más de una década después de su llegada a Estados Unidos para unirse a los Cleveland Cavaliers. "Las eliminatorias son otra historia. Los entrenadores rivales pusieron todas sus cartas sobre la mesa para frenar a Giannis. Era previsible que hubiera partidos donde tirara veinte tiros libres, porque allí se dan palos por todas partes y estaba claro que no le iban a dejar jugar cómodo", añade Fotis Katsikaris. Sobre los planes para frenar a Antetokounmpo, Fernández confirma que "todos los equipos, cuando jugaban contra los Bucks, tenían clara la premisa: a Giannis no puedes darle la pista abierta. Aun así, es tan poderoso y vertical que casi siempre saca algo, canasta o falta, así que la clave no es tanto quién le defiende sino las ayudas del resto. Lo que intentas es no hacerle muchas faltas, porque aunque sufra en el tiro libre, termina metiéndote muy rápido en el bonus. A la postre, Toronto hizo un trabajo espectacular. De inicio no rotaron bien y Giannis pasó fácil, generando muchos puntos, pero una vez que Toronto ajustó eso, todo se le volvió mucho más difícil a los Bucks".

Apenas unas semanas más tarde de caer eliminado en la final de la Conferencia Este, Giannis Antetokounmpo recibió por primera vez el galardón de MVP de la NBA. Desde que en 1988 se lo llevara Michael Jordan, probablemente nadie lo había ganado tan alejado de su teórico potencial máximo –quizá sólo Derrick Rose en 2011, con apenas veintidós años–. La liga se preparaba para que, de no mediar lesiones, el griego dominara de forma tiránica la competición regular en las siguientes temporadas, al menos a nivel estadístico. Empero, había quedado demostrado que, para poder colocarse el anillo que engalana al campeón de la mejor competición del planeta, al *Greek Freak* y sus Milwaukee Bucks aún les quedaba camino por andar.

Pandemia, burbuja, plantón... Y más dudas

El miércoles 11 de marzo de 2020 iba a generar un antes y un después en el deporte mundial. La preocupación en el planeta por la epidemia global de COVID-19 iba en aumento, y la noticia de que el pívot Rudy Gobert estaba contagiado por el misterioso coronavirus –conocida minutos antes del partido entre los Oklahoma City Thunder y su equipo, los Utah Jazz–, con las gradas del Chesapeake Energy Arena pobladas y ambas plantillas calentando en la cancha, cambió radicalmente el panorama. Horas más tarde, la NBA suspendía su temporada y daba inicio a una oleada de cancelaciones a lo largo y ancho del deporte mundial. Una situación que llegaba con Milwaukee consolidado como el dominador del curso, con 53 victorias y apenas 12 derrotas, con el mejor *point differential* –diferencia media entre los puntos anotados y recibidos por encuentro– de siempre en *regular season* y con Giannis Antetokounmpo promediando apenas 31 minutos: cifras habituales en un sexto hombre. Muchos análisis destacaban la excelencia del equipo, con el ritmo de juego más alto de la competición, el ataque entre los más eficientes de la liga y el plan en campo propio de Budenholzer –conceder el triple y empalizar la zona– funcionando de maravilla. "No se equivoque: aunque probablemente no haya escuchado mucho sobre la defensa de este equipo, es fantástica. A la chita callando, una de las mejores de la historia", firmó a finales de febrero el prestigioso periodista Chris Herring en *FiveThirtyEight*.

En marzo, los balones dejaron de botar y se dio paso a un mundo de restricciones, calles vacías y ausencia casi total de eventos deportivos. Una buena parte de los entrenamientos profesionales se dirigían por videoconferencia mientras, de pronto, las mascarillas se convertían en el objeto más demandado sobre la faz de la Tierra. Casi tres meses más tarde, el 3 de junio, la NBA encontró una solución con la que acabar su temporada: veintidós equipos disputarían, a partir del 31 de julio, ocho partidos de liga regular cada uno –a sumar a los ya jugados antes del parón–, antes de dar paso a los *playoffs* entre los clasificados. Todo ello, por supuesto, sin público y en una sede única, un "búnker sanitario" sin parangón: el complejo de Disney World en Orlando. Casi cien kilómetros cuadrados cerrados a cal y canto, donde cualquiera que quisiera entrar debería someterse a estrictas medidas de seguridad y cuarentena. En definitiva, la burbuja sanitaria más lujosa del mundo buscaba permitir el cierre de la temporada –y a la postre lo logró con gran éxito, tras no haber ni un solo contagio en su interior– a mitad de octubre.

A tenor de lo visto en el estreno de los Bucks, nada había cambiado en los 143 días transcurridos desde su último partido oficial. Milwaukee debutó en Orlando con victoria por 119-112 ante Boston Celtics, con Antetokounmpo patrullando a su antojo contra uno de sus máximos rivales –36 puntos, 15 rebotes, 7 asistencias–. Brad Stevens, técnico céltico, trató de limitar el recorrido a campo abierto del griego, pero los Bucks lograron adaptarse al escenario y demostrar por qué, datos en mano, eran los mejores de la competición. La gran pregunta era si dispondrían de algún as en la manga para no repetir errores en los *playoffs*. "Antetokounmpo y los Bucks están hechos para la burbuja", publicó *Bleacher Report* tras aquel primer encuentro.

Sin embargo, las dudas sobre tal afirmación no iban a tardar en llegar. Los Bucks cerraron la temporada regular con el mejor balance, pero sólo ganaron tres de los ocho *seeding games* previos a las eliminatorias. No era un buen augurio, y el propio Giannis se mostraba nervioso. Un cabezazo a Moritz Wagner, de los Washington Wizards –días antes se había encarado con Donta Hall, de los Nets–, le costó un partido de sanción justo antes de los *playoffs*. Llegaba el momento en que la franquicia y sus líderes, desde el banquillo y la cancha, tenían que demostrar si habían aprendido la lección de la temporada anterior. El armazón del equipo era muy similar: Nikola Mirotic, de vuelta a Europa, y Malcolm Brogdon, que se marchó a Indiana Pacers aduciendo que quería ir a un conjunto en el que realmente se le valorase, eran las dos únicas bajas reseñables en unos Bucks que apostaron por renovar a Khris Middleton, Brook Lopez y George Hill –Eric Bledsoe ya lo había hecho en marzo– a la espera del contrato de superestrella que Antetokounmpo debía firmar antes de ser agente libre en el verano de 2021, cuando el griego llevara siete años en la NBA. La decisión más peliaguda fue la de Brogdon, más joven, mejor tirador y más acertado en la toma de decisiones que Bledsoe. Tras las renovaciones citadas, su continuidad habría obligado a los de Wisconsin a pagar el impuesto de lujo. De ahí que finalmente Jon Horst llevara a cabo un *sign-and-trade* con los Pacers, a cambio de tres futuras elecciones del *draft*. Pese a que el propio Antetokounmpo aseguró que le habría gustado seguir junto a Brogdon, la llegada de los veteranos Wesley Matthews, Kyle Korver y Marvin Williams, justo antes de la burbuja, había completado una plantilla que, para muchos analistas, era la más profunda de toda la liga.

Pero los *playoffs* no tardaron en avisar a Milwaukee de que el camino no iba a recorrerse en una balsa de aceite. Una derrota ante los mermados Orlando Magic (110-122) en el primer partido hizo saltar las alarmas y aumentó el nivel de ansiedad. Cierto es que, a partir de ahí, los Bucks lograron cuatro victorias holgadas –si bien no demasiado convincentes– para sellar el pase de ronda. La última de ellas, por cierto, se produjo tras el parón provocado por el equipo de Budenholzer como protesta por el asesinato de Jacob Blake en Wisconsin. Un boicot que comenzó con el deseo de ponerse una noche en huelga y perder un partido ante los Magic y que acabó –tras cuestionar durante 48 horas tan emotivas como intensas el futuro de la competición– con el compromiso por parte de la NBA de llevar a cabo más medidas sociales contra el racismo. Además, la organización ofreció sus pabellones como colegios electorales para las elecciones presidenciales del 3 de noviembre, en las que el demócrata Joe Biden acabaría arrebatando la Casa Blanca al polémico Donald Trump.

El dominio de Antetokounmpo ante los Magic resultó abusivo. Se convirtió en el segundo jugador de la historia –tras Elgin Baylor– en promediar más de 30 puntos, 15 rebotes y 5 asistencias en una serie completa. Pero las sensaciones colectivas no eran las mejores y más cuando en la semifinal de Conferencia esperaba Miami Heat, la única franquicia que les había tumbado dos veces en la temporada. Con el libreto táctico de Erik Spoelstra como obra de cabecera, los pronósticos apuntaban que los de Florida eran muy capaces de complicar la vida a Antetokounmpo y los tiradores de los Bucks. Un escenario para el que, teóricamente, Milwaukee llevaba buena parte del curso preparándose: Budenholzer había recalcado que harían un mayor uso de la media distancia, y el propio Giannis –tras el sufrimiento un año antes frente a los Raptors, cuando sólo fue capaz de anotar 3 de sus 24 lanzamientos de dos puntos fuera de la zona– avisó de que estaba practicando más ese tipo de lanzamientos para enriquecer su juego más allá de la pintura y el triple.

Pese a los antecedentes, llegado el momento de demostrar su redención, los de Wisconsin tropezaron en la misma piedra y terminaron vapuleados por los Heat en cinco encuentros. El entramado defensivo planteado por Spoelstra incomodó a su rival desde el salto inicial del primer duelo. No era sólo la presencia de defensores de élite como Jimmy Butler, Jae Crowder, Bam Adebayo y Andre Iguodala, sino lo bien trabajada colectivamente que estaba su resistencia colectiva al mejor equipo de la temporada regular. En primer lugar, su magnífico balance defensivo dejó muy pocas opciones a Antetokounmpo, el mejor jugador del mundo a campo abierto, para correr la pista. Luego, en estático, el sistema de ayudas de Miami se les atragantó a los previsibles Bucks y al propio Giannis, incapaz de generar a su habitual nivel en el bloqueo y continuación. También sufrió en sus carnes un número exagerado de pérdidas, seis en el primer duelo, muchas de ellas con un rival quitándole el balón de sus poderosísimas manos. Tampoco ayudó a evitar ese escenario de ausencia de espacios y pintura colapsada la mala serie desde el perímetro de Milwaukee, donde sólo Khris Middleton y Brook Lopez se salvaron, suscitando dudas sobre si la plantilla era realmente del nivel que se presumía. Además, dos amenazas exteriores de garantías, como los veteranos Kyle Korver y Ersan Ilyasova, apenas fueron empleados por Budenholzer. El turco, de hecho, ni se estrenó en la eliminatoria.

Miami dominó el primer combate (104-115) con la misma meridiana claridad que el segundo, si bien el orgullo de los Bucks les dio una oportunidad, antes de que una polémica falta de Antetokounmpo permitiera a Jimmy Butler cerrar desde el tiro libre el segundo punto para los de Florida (114-116). En el tercero, pese a que el *Greek Freak* se torció el tobillo derecho en el primer cuarto, Milwaukee dio durante muchos minutos su mejor imagen de la serie, para acabar desplomándose en el descalzaperros del último cuarto. El parcial de 13 a 40 encajado supuso, según ESPN, el peor último periodo de un equipo en un duelo de *playoffs* desde la llegada del reloj de posesión en 1955. Así se consumó una nueva derrota (115-100) en la que quizá se vio la peor versión, pese a sus 21 puntos y 16 rebotes, de un Antetokounmpo desacertadísimo desde el perímetro. Giannis firmó un cero de siete en triples.

A esas alturas, la falta de un plan B por parte de Mike Budenholzer era evidente. Frente a la riqueza táctica de Miami, la rigidez del técnico de los Bucks resultaba notoria. Las crónicas recordaban que estaba a las puertas de firmar la tercera temporada de su carrera en la que, tras dirigir al mejor equipo de la *regular season* en la Conferencia Este, no alcanzaba la final de la NBA. Ya le había sucedido en 2015 con Atlanta y en 2019 en Milwaukee. Portales como *Bleacher Report* o *FiveThirtyEight* pusieron el foco en su escasa cintura para modificar el plan de partido, destacando el inmovilismo para reducir la rotación y aumentar los minutos de Antetokounmpo y Middleton cuando vinieron mal dadas. "Los Bucks han definido claramente quiénes son y así han pisoteado al resto. Pero cuando se han enfrentado a un emparejamiento en el que necesitaron ajustes distintos, no han estado preparados para ello", expuso Matt Moore en *The Action Network*.

El propio Giannis hizo alguna declaración en la que deslizaba su insatisfacción por no haber jugado más, mientras Budenholzer se mantuvo firme en sus postulados, convencido de que no habría mejorado el escenario para sus intereses con más minutos de sus dos estrellas. Otro de los señalados fue Eric Bledsoe, sólo anotó 4 de sus 22 suspensiones en la eliminatoria tras su 9 de 37 ante los Raptors el curso previo, según *Second Spectrum*, que disparó el debate sobre si la marcha de Malcolm Brogdon había sido un error estratégico, ya que su renovación era una operación asumible en Wisconsin.

Así las cosas, no iba a tardar en rubricarse el nuevo descalabro. Los Bucks sobrevivieron en el cuarto encuentro (115-118) pese a perder a Antetokounmpo –con otra torcedura en el tobillo derecho al inicio del segundo cuarto, en el que estaba siendo su mejor partido–, gracias un heroico Middleton. Sin embargo, con la baja de su referente griego, terminaron por hincar la rodilla en el quinto (94-103). El batacazo se había certificado.

Un castigo demasiado severo para quien era considerado un claro aspirante al anillo. Lo del ejercicio previo ante Toronto se pudo achacar a la falta de experiencia en lides desconocidas desde hacía décadas, pero lo de la burbuja de Orlando tenía mucha más difícil justificación y requería un profundo análisis en la franquicia. De hecho, con este desenlace nos encontramos –basándonos en los resultados de temporada regular y el tanteo de la serie– ante una de las mayores sorpresas en la historia de los *playoffs*, comparable al título de Golden State ante Washington en 1975 o al triunfo de Houston contra los Lakers del *showtime* en la final del Oeste en 1986. Un zarandeo en toda regla que confirmó las palabras de Sergio Scariolo en *Tirando a Fallar* y puso en cuestión, con argumentos, el proyecto al completo de Milwaukee Bucks y la valía del propio Giannis como líder de un equipo aspirante al título. Los recelos llegaban en el momento más inoportuno: a escasas semanas de que el *Greek Freak* tuviera que decidir si firmaba una extensión con los Bucks o si, a partir de 2021, se convertía en agente libre.

EL MEJOR CONTRATO DE LA HISTORIA

228,2 MILLONES DE DÓLARES por cinco temporadas, a contar desde la 2021/22, incluyendo una cláusula para salirse del contrato en 2025 y un 15% de aumento en el salario en caso de ser traspasado por Milwaukee antes de la finalización del nuevo acuerdo. Esos son, a grandes rasgos, los datos del pacto que Giannis Antetokounmpo y los Bucks rubricaron el martes 15 de diciembre de 2020, con el que se ponía fin a intensas semanas repletas de rumores sobre la continuidad del griego en Wisconsin. Y que supuso, hasta ese momento, la mayor extensión firmada en la historia de la NBA: Giannis ganaría una media de 45,6 millones por curso y, en la última temporada del vínculo, 51.935.268 dólares. Superaría incluso el mejor salario de LeBron James.

Detrás del acuerdo hubo una profunda reflexión por todas las partes, agudizada tras los últimos fracasos en *playoffs*. Pese a que Antetokounmpo esgrimiera en público que la decisión la tomó cuando su madre le dijo que no quería cambiar de ciudad, lo cierto es que hubo mucho más detrás. Sus opciones eran cuatro: renovar antes del 21 de diciembre aceptando la extensión *supermax* por cinco temporadas; hacerlo por menos años y dinero, para lo que no había fecha límite; esperar al verano de 2021 para convertirse en agente libre, aumentando las especulaciones y la presión sobre los Bucks para el curso 2020/21, y la última llevar a cabo un *sign-and-trade*. De este modo, terminaría dejando su equipo de siempre en la NBA, pero le dejaría una compensación a través de jugadores por su valor de mercado.

En todo caso, la decisión de Giannis era capital e iba a tener un enorme impacto en la competición, bien fuera por mantener a los Bucks entre los aspirantes al título o por, si cambiaba de equipo, alterar los equilibrios de poder de la liga. Cierto es que el jugador puso su futuro en manos de sus agentes –principalmente Alex Saratsis– pero no lo es menos que, de no haber estado convencido de que los Bucks le ofrecían un proyecto al fin ganador, no habría firmado. Y no resultó sencillo, pese al intenso movimiento de mercado que realizaron los Bucks. En plena pandemia mundial, Antetokounmpo pasó la mayor parte de la postemporada en Grecia –a donde se desplazaron Josh Oppenheimer y Vin Baker, miembros del cuerpo técnico de su equipo–, aunque realizó una visita exprés a Murcia, junto a Thanasis, para pulsar la evolución del pequeño Alex. También estuvo en otros países europeos, como Suecia, antes de regresar a Milwaukee el 29 de noviembre.

A partir de ahí, tal y como desveló *The Athletic,* hubo varias reuniones relevantes en las que tomaron parte tanto Jon Horst, *general manager* de los Bucks, como Marc Lasry y Wes Edens, copropietarios de la franquicia, así como Antetokounmpo, Saratsis y Giorgios Panou. No sólo en Milwaukee, pues de hecho la cita clave se llevó a cabo en Chicago el 12 de diciembre a mediodía, entre los dueños del equipo y Saratsis. Para entonces, ya eran conocidos los movimientos de los Bucks en el mercado; principalmente la revolución en el puesto de base, con la llegada de Jrue Holiday –a cambio de Eric Bledsoe, George Hill y varias rondas del *draft*– y D. J. Augustin. También el gran fiasco, que fue la incorporación fallida del escolta Bogdan Bogdanovic. Su llegada se dio por hecha por muchos de los principales periodistas NBA, pero el movimiento, finalmente, acabó costando incluso una sanción a los de Wisconsin por *tampering*. La investigación de la liga concluyó que "los Bucks contactaron con el serbio y/o su agente para negociar un contrato" antes de la apertura del mercado, lo que está taxativamente prohibido por la NBA. Así, el acuerdo que enviaría a Bogdanovic a Milwaukee desde Sacramento –a cambio de Donte DiVincenzo, Ersan Ilyasova y D. J. Wilson– fue paralizado, y los Bucks, sancionados con la pérdida de una segunda ronda del *draft* de 2022. Sin duda, un duro revés a la hora de convencer a Antetokounmpo –que había participado en las conversaciones con Bogdanovic, quien acabó firmando con Atlanta Hawks– de que renovase con el proyecto.

Este error de mercado incrementó la incertidumbre en torno al acuerdo; con el paso de los días no pocos analistas esgrimieron sus dudas sobre si los Bucks estaban rodeando con éxito a su estrella. El 6 de diciembre comenzaron los entrenamientos oficiales, justo en el día del 26º aniversario de Giannis. Khris Middleton le recibió con un curioso regalo de cumpleaños: un bolígrafo. Exactamente lo que le ofrecieron el resto de integrantes de la plantilla, en una broma organizada por el propio Middleton y Pat Connaughton para animarle a prorrogar su vínculo. No fue el único movimiento del núcleo duro del vestuario *buck* para convencerle. Según contó *The Athletic*, el 10 de diciembre se produjo una cena en la que, además de Middleton y Connaughton, se sentaron Brook Lopez, el entrenador Mike Budenholzer y otros miembros del cuerpo técnico para poner negro sobre blanco los planes de futuro del equipo. Una reunión, por cierto, engalanada con dos centros de flores: uno con motivos griegos y el otro simulando los cuernos de un ciervo, tal y como informó el *Milwaukee Journal Sentinel*.

Apenas veinticuatro horas antes, en su primera comparecencia ante los medios tras el inicio de los entrenamientos, Giannis había sembrado dudas sobre su futuro. "Sólo estoy centrado en el baloncesto. Hago lo que amo. Lo que amo es jugar al baloncesto, mejorar, ayudar a mis compañeros, ganar partidos. Fuera de la cancha no estoy centrado en temas de agentes y contratos. No es que no me interese, obviamente me preocupa. Es una decisión crucial en mi vida, probablemente una de las mayores que tendré que tomar. Pero simplemente dejo que mis agentes estén en ello", argumentó, dando a entender que la decisión final iría más allá de su lealtad y cariño por los Bucks. No fueron palabras tranquilizadoras en Wisconsin, y *The New York Times* publicó tras ellas que "una nube se cernía sobre la franquicia en los últimos meses por la incertidumbre que rodea a Antetokounmpo, oscurecida tras la última prematura salida de los *playoffs*". En noviembre, el griego ya había declarado en el periódico sueco *Aftonbladet* que su futuro en Milwaukee dependería "de las decisiones que tomen. Si son las correctas, estaré allí muchos años. Si no, ya veremos. La NBA es un negocio y se vive día a día. Ojalá podamos tener éxito juntos".

Por primera vez existía el temor fundamentado en Milwaukee sobre si el *Greek Freak* podría plantearse su futuro lejos de la ciudad cervecera. Más aún, porque el alto precio en rondas del *draft* pagado para la llegada al equipo de Jrue Holiday hipotecaba una posible reconstrucción en caso de que el griego acabara marchándose. La sensación creciente de que el anillo volvería a alejarse muchísimo si el ateniense se iba era inevitable. Si Antetokounmpo no renovaba y decidía esperar al verano de 2021, la gerencia de los Bucks tendría que valorar el traspaso una vez iniciada la temporada, ante el temor de perderlo sin nada a cambio meses más tarde; nadie les podría asegurar entonces que renovara, ni tan siquiera que firmara un *sign-and-trade*.

Si en 2019 el *general manager* Jon Horst había asegurado en *Sports Illustrated* que la franquicia "pensaba en el futuro de Giannis cada día desde un punto de vista estratégico", y que su plan, ante la amenaza de los principales mercados de la liga, pasaba por construir una cultura de baloncesto "inclusiva, personal y centrada en la excelencia" –al compás de los éxitos recientes de San Antonio Spurs y Golden State Warriors–, no es difícil entender cómo, en aquellos tensos días de diciembre, el heleno no se iba de su cabeza ni un segundo. El copropietario de los Bucks, Marc Lasry, ya se había encargado de hacer llegar a Antetokounmpo estos planes antes de sus vacaciones, en una larga reunión de tres horas desvelada por ESPN poco después de la eliminación ante Miami Heat. En ella el gestor había asegurado al jugador la voluntad de pagar el impuesto de lujo si era necesario para reforzar el equipo. Fue sólo la primera de muchas charlas de meses frenéticos hasta la firma, acordada en la cita del 12 de diciembre en Chicago.

Apenas tres días más tarde, una ciudad entera descansó aliviada. Milwaukee sonrió al saber que tras casi cinco décadas desde su último anillo de campeón iba a seguir en la lista de aspirantes a los siguientes títulos. El hombre que había rescatado a su equipo de la zozobra, e incluso salvado el futuro del baloncesto en Wisconsin, rubricaba su compromiso a largo plazo con los Bucks. Hasta el icónico puente Hoan –un importante eje de comunicaciones de la ciudad, que cruza el río Kinnickinnic muy cerca de su desembocadura en el lago Míchigan– se iluminó de blanco y azul, los colores de la bandera griega, para celebrar un acuerdo estratégico en todos los sentidos para la urbe.

Al final todo quedó en casa, pero el gran contrato vital de Giannis Antetokounmpo no había sido ni mucho menos un camino de rosas. Lejos de ser recta, la línea que unió los intereses de jugador y franquicia fue más tortuosa de lo que esperaban en Milwaukee, con los rescoldos candentes de la última decepción aún presentes. Los Bucks lograron asegurar su futuro y mantenerse en primera línea de los aspirantes, pero la presión irá a más a partir de ese momento, tanto para ellos como para Giannis Antetokounmpo; un triunfador en la vida, capaz de salir de la miseria merced a un talento innato en el que unos cuantos se empecinaron en confiar, contra viento y marea, hasta convertirlo en uno de los jugadores más impresionantes de todos los tiempos.

Giannis, un espécimen tan único en el mundo del baloncesto como lo es su recorrido vital, ya se sienta junto a Kareem Abdul-Jabbar y LeBron James en la mesa que reúne a los tres únicos baloncestistas capaces de ganar más de un MVP de la NBA con veinticinco años. Pero su historia, por increíble que parezca, no ha hecho más que empezar.

CONTINUARÁ

EPÍLOGO

LeBron James, Kevin Durant, Kawhi Leonard, Jayson Tatum... en plena era del *small-ball*, domina la NBA un perfil devastador de aleros a menudo desplazados al '4'. Físicos y versátiles, treses y medio, jugadores totales. La especie evoluciona en una sociedad global y en años recientes han surgido ejemplares anormalmente longilíneos como Brandon Ingram o panteras de parqué como Pascal Siakam. Sin embargo, la historia de este deporte no ha presenciado otra combinación de altura, envergadura, coordinación, zancada, fuerza explosiva, velocidad y salto vertical como la que aúna Giannis Antetokounmpo. Su ambición, ética de trabajo y el ecosistema que lo rodea en Milwaukee nos invita a intuir que el dos veces MVP todavía no ha alcanzado su techo.

Ya olvidamos los tiempos pretéritos en que Jason Kidd se empeñó en convertirlo en un creador, una suerte de Magic Johnson bajo el filtro temporal de tres décadas, apoyado en el alto ritmo y los espacios de la NBA moderna. Fórmula fallida, experimento enriquecedor. Su armamento es ahora vasto y su visión colectiva, pero la versión más dominante del griego ha llegado como finalizador. Su evolución ha sido masiva desde que Willy Villar vislumbró que aquel podía ser un base de más de dos metros para su CAI Zaragoza.

Exigidos por sus deficientes resultados, los Bucks han radicalizado su propuesta: nadie había convertido nunca tantos triples por encuentro en la historia de la liga. Milwaukee arrancó 2021 como líder en eficiencia ofensiva, promediando 125 puntos y más de 17 triples por noche por encima del 43% de acierto. La llegada de Jrue Holiday y D.J. Augustin ha resuelto la falta de tiro en la dirección que lastraba a los Bucks de Eric Bledsoe como cada verano detectamos en la Grecia de Nick Calathes. Giannis precisa de tiradores, especialmente sus bases, que le transformen la pintura en una autopista sin peaje. En *playoff* se reducen los espacios y el ritmo, y para optar al anillo es imperativo defender y brillar en el estático, incógnitas aún irresolutas en el proyecto de Mike Budenholzer. A finales de diciembre de 2020 los Bucks reventaron el récord de triples de la NBA con 29 convertidos contra Miami Heat. Trece jugadores de Milwaukee se vistieron de corto aquella noche y todos anotaron al menos un triple a excepción de su gran estrella, que apenas rebasa el 28% desde el perímetro en su carrera, aunque cada campaña asume un mayor volumen de lanzamientos exteriores. Quizá fluidez y precisión le sean siempre esquivas, Aquiles no tiene otro talón, pero aturde imaginar la dimensión inabordable que alcanzaría Giannis con un tiro consistente.

Asombra en *The Freak* su innegociable fidelidad a sus profundas raíces y a sus humildes orígenes, como ha demostrado sendas veces que ha hecho parada y fonda en la Península Ibérica ya instalado en la élite deportiva mundial. En septiembre de 2016 entrevisté a Thanasis en el Circuito Movistar de la Liga Endesa en Sant Julià de Vilatorta y al acabar nuestra charla tuvimos otra sobre cómo Giannis podía abonarse a nuestra plataforma para poder ver los partidos de MoraBanc Andorra desde Estados Unidos. Gabriel Fernández, director de comunicación del club andorrano, tuvo que ejercer poco menos que de técnico de instalaciones por la insistencia de los hermanos. ¿Cómo no se iba a ofrecer también Giannis a hacer solidariamente la compra a su hermano pequeño recién independizado? Meses después de haber participado vía Zoom en las negociaciones que finalizaron con un Antetokounmpo defendiendo la elástica del UCAM, en Murcia se plantaron Giannis y Thanasis para comprobar en persona las evoluciones de Alexis. Se hizo viral la fotografía de los dos jugadores de la NBA en la caja del supermercado camino de llenar la nevera del pequeño de la familia. Lo que el gran público desconoce es que cada uno de ellos fue cargando con tres bolsas llenas de comida en cada brazo durante cerca de dos kilómetros hasta el apartamento de Alex. El firmante del contrato más lucrativo de la historia de la NBA, más de 228 millones de dólares por las siguientes cinco temporadas, creció con la conciencia de que utilizar un taxi era algo prohibitivo y sigue dando valor a cada céntimo que gana. Si en su temporada como novato se llevaba en cajas los alimentos sobrantes del catering para los jugadores, siete años después tampoco tiene problema en enlazar varios vuelos regulares y un coche de alquiler para visitar a su hermano pequeño. No parece que Giannis Antetokounmpo vaya a formar parte de ese 60% de jugadores NBA que se declaran en bancarrota en los cinco años posteriores a su retirada. No se ajusta la narrativa del heleno a ningún patrón, ni dentro ni fuera de la cancha.

Fran Fermoso
Periodista y narrador de Movistar Plus
Enero de 2021